本书由新疆维吾尔自治区"十三五"重点学科民族学、
新疆师范大学民族学一级学科博士点资助出版

阳关三叠

河西走廊西端的乡村地方社会

关丙胜　著

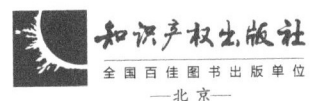

图书在版编目（CIP）数据

阳关三叠：河西走廊西端的乡村地方社会/关丙胜著. —北京：知识产权出版社，2022.1
ISBN 978-7-5130-7886-3

Ⅰ.①阳… Ⅱ.①关… Ⅲ.①河西走廊—概况 Ⅳ.①K924

中国版本图书馆CIP数据核字（2021）第238042号

责任编辑：高志方　　　　　　　责任校对：谷　洋
封面设计：陈　曦　陈　珊　　　责任印制：孙婷婷

阳关三叠：河西走廊西端的乡村地方社会
关丙胜　著

出版发行：	知识产权出版社有限责任公司	网　　址：	http://www.ipph.cn
社　　址：	北京市海淀区气象路50号院	邮　　编：	100081
责编电话：	010-82000860转8512	责编邮箱：	15803837@qq.com
发行电话：	010-82000860转8101/8102	发行传真：	010-82000893/82005070/82000270
印　　刷：	北京虎彩文化传播有限公司	经　　销：	各大网上书店、新华书店及相关专业书店
开　　本：	787mm×1092mm　1/16	印　　张：	18
版　　次：	2022年1月第1版	印　　次：	2022年1月第1次印刷
字　　数：	320千字	定　　价：	79.00元
ISBN 978-7-5130-7886-3			

出版权专有　侵权必究
如有印装质量问题，本社负责调换。

/ 自 序 /

一

作为一名人类学者,在逐渐熟悉了青藏高原、内蒙古高原和新疆地区之后,却发现有一个区域与上述这些地区有着千丝万缕的联系,这个区域便是河西走廊。它们之间的联系不仅是历史上的,也是现实中的。2017 年,正是基于这样的认识,我们把视野和精力从新疆地区东移至河西走廊,试图通过河西走廊更加清楚地认识新疆。这不仅是我们的目的,也是我们当时唯一的认知。然而,2018 年暑期,随着对河西走廊自西向东的游历性考察的开展,我们深深感受到体认河西走廊的意义远不止如此。从西端的阳关,经过河西走廊的一个个市镇,甚至很多个村落,一直到河西之起点的中卫,甚至再向东南至萧关古道及六盘山以北清水河流域,无不显露出这一区域内的同质性和内在联系性。我们逐渐发现,历史上和现实中的河西走廊不仅是周边广大地域的吸附区,更是延伸的基地。而这一切,需要人类学者通过扎实的田野调查显山露水地揭示出来。

如此,从 2019 年暑期开始,我们正式以团队的形式,有计划地自西向东展开了对河西走廊一些乡村的田野调查,首选地点便是河西走廊的最西端——阳关。

二

与以往多次的田野调查不同,这一次我们是应历史而来,却沉溺在现实中,我们是因为历史而选择了阳关作为调查点,但进入阳关开始正式田野调查之后发现,其实我们选择的是现实中的阳关。

因"西出阳关无故人""你走你的阳关道,我过我的独木桥"和《阳关三叠》等出名的阳关,正是历史上尤其是汉唐时期河西走廊最西端的军事要冲与商旅休憩之地。以阳关景区里面高高耸立的烽燧为代表,阳关村及周边汉唐时期的烽燧、城堡遗址就有十多处,还有多处湮没在黄沙之下。一半被黄沙埋没,一半仍高傲地屹立在黄沙之上的寿昌城,似乎诉说着阳关曾经的辉煌。近至民国中后期,蒙古族人、哈萨克族人、回族人、汉族人发生在阳关的故事也颇多。然而,我们围绕阳关社会展开的田野调查,除了与这些历史关联的片言只语,其他一切似乎和阳关辉煌的历史没有关系。村民们和普普通通的广大中国农村的村民一样,只管埋头苦干,尽着农民的本分。历史,一切与阳关有关的历史,与他们擦肩而过。哪怕是与阳关景区开发和经营相关的旅游产业,与他们中的绝大多数人都没有关系。于是,我们的田野调查只能埋头于当下,试图了解阳关人当下的状态以及背后的某种特质与规律。

如果在阳关的各村落住上几天,你会全然忘记你是身处大漠腹地的一小块绿洲里。村里,参天大树形成条条林荫大道,甚至可以称为树隧的地方也不少,而条条小溪、纵横交错的水渠、池塘、水库等使你产生如同身在水乡的错觉,更有"休闲钓鱼""水产养殖基地""金鳟鱼池塘""垂钓"等随处可见的招牌使你以为到了江南水乡。然而,你得明白:这里是河西走廊的最西端,是中国干旱荒漠的典型地貌。从秦汉以来,中国各历史时期的古籍文献以及近现代以来文人骚客的记述中,阳关素以干旱、荒漠、风沙以及没有人烟著称。

三

从暮春到中秋,注定是阳关农人的忙碌季节。我们看到,他们往往是清晨 5 点多就起床,6 点多就下地干活,午间从 13 点休息到 16 点多,又下地干活,一直到 20 点左右才回家,主要工作就是为葡萄打杈、施肥、浇水等。因此,我们的田野对象大多在忙碌,要见他们只能找空闲时间;而对老人们的访谈也集中于上午或下午,因为炎热的中午他们往往有午休两三个小时的习惯。好在,阳关镇十字街道旁的树荫下,每天下午就会集中许多附近村庄的老人畅意地闲聊打牌,我们便以此为契机访谈他们,并从他们口中得到一连串的访谈对象信息，于是田野调查就此展开。

对于一个形成不到百年尤其是大多数人口迁居于此只有半个世纪甚至更短的地区而言，人类学的田野调查有着更多复杂性。一方面，村庄的传统正在形成过程中，尤其是地方性知识体系正在建构中；另一方面，来自五湖四海的人口汇集一地，势必从多方面进行彼此审视和调整，且需要一定的时间来发酵。而更为复杂的是，对于阳关来说，就在这个移民村庄向传统型村庄转型的时候，远在天边的全球化和近在眼前的城镇化不约而至，使村庄已经或正在形成的传统逐渐丢失，而这种变化是中国高速增长的经济与科技牵引下的巨大中国社会转型使然。2000年以来，尤其是近十年来的人口进城期，阳关人得益于葡萄产业的兴盛，开始进入敦煌市区，越来越多的家户在敦煌市区购买了住房，形成了多数小孩在敦煌市区上学，诸多老人在市区照看孩子，年轻人也在每年葡萄收获完毕后的整个冬季生活在敦煌市区，夏季返回阳关进行农业田间管理经营的"居城劳乡"的城乡两栖住居和生产模式。

经过访谈和参与，感受到20世纪40—50年代出生的人是阳关迁移人口中的主力军。他们经历了各种艰苦岁月，历经了饥荒、"文革"等特殊年代，并在年轻或壮年时因为各种原因携家带口离开故乡，为了生活寻觅至阳关。他们全身都散发着浓郁的中国传统乡村气息，成为阳关传统社会形成的奠基者。如今他们已年过70岁，要么两栖于阳关与敦煌市区之间，要么定居于敦煌市区，也有一些人坚守在阳关。白天，尤其是下午，当你漫步阳关的村巷、街道，定能听到从各种音响设备传出的一阵阵高亢动听的秦腔，十之八九是这些老人正在享受乡味。如此，我们的田野调查，无论从哪个方面，都会集中于一个视野：这就是时间历程中的各种变化及人们的应对与感受。

四

几乎所有的经典人类学家都会关注一个人群在某个具体文化现象中的精彩故事与某种社会中他者的关联。然而，我们不能忽视的是，人类社会是伴随着人群的不断迁移而发展的，迁移中的文化变化与个体应对、持相异文化的人群聚集生活之后文化本身变化的规律值得关注。阳关正是如此，我们所面对的"文化传统"五花八门，在进入磨合期后的稳定发展期时，却赶上了乡村社会的现代转型，年青一代对诸如社火等民间文化活动不屑一顾。实质上，他们不仅不屑于传统民间文化活动，对农业耕作也抱有快速逃离的想法。

我们敢认定，不久的将来，随着年老一代人的凋谢和年青一代的纷纷进城，尤其是农业集约化经营进程的加快，此种转型将更加彻底。曾经的乡村传统将快速转移或隐没，那种乡间的乡音，终将成为回忆和故事。

阳关三十日，酷热，性格温和的我们也时时有浮躁感，但愿，最终的田野文字坚守于田野之道，呈现阳关之真实。

关丙胜
2020年9月1日
于乌鲁木齐

目 录

绪　论　地理环境与村落概况 …………………………………………… 001
　一、地理位置与自然生态 / 001
　二、村落与场部等概况 / 006
　　（一）阳关镇的村落 / 006
　　（二）国营林场 / 009
　　（三）阳关农场 / 010
　　（四）多坝沟乡 / 011
　三、阳关地区的特点 / 012

第一章　阳关地区的人口迁移历程与现状 …………………………… 015
　一、阳关镇的人口迁移历程 / 016
　　（一）1949年前的人口迁移与住居情况 / 016
　　（二）20世纪50—70年代：河南鲁山人和敦煌周边少量
　　　　　人口的迁入 / 019
　　（三）20世纪80—90年代：青海乐都、四川和甘肃移民
　　　　　的迁入 / 022
　　（四）2000年之后：两栖居住模式的出现 / 033
　二、国营林场的人口迁移情况 / 035
　三、多坝沟人口的迁移历程 / 038
　四、阳关农场的人口迁移情况 / 044
　五、阳关地区人口迁移特点 / 046
　六、阳关镇的人口现状 / 047

（一）阳关镇人口总体状况 / 048
（二）各村人口现状 / 052

第二章 阳关的基础设施建设与葡萄种植 ········· 063
一、阳关地区的基础设施建设概况 / 064
（一）营盘村 / 064
（二）阳关村 / 069
（三）寿昌村 / 072
（四）龙勒村 / 074
（五）二墩村 / 076
（六）多坝沟 / 080
二、阳关地区农业结构与副业的变化 / 082
（一）1980年前的农业 / 082
（二）主要副业 / 083
（三）多坝沟的农作物种植变化 / 087
三、葡萄种植业的兴起与发展 / 090
（一）葡萄的种植和初期发展 / 090
（二）葡萄的田间管理 / 093
（三）葡萄种植中的现代机械使用 / 103

第三章 阳关民居的建筑特色与庭院布局 ········· 108
一、从"传统"到"仿古"的阳关民居 / 108
二、阳关民居变迁中技艺者的应对 / 117
三、民居变迁中的个体差异 / 123

第四章 阳关的教育变迁 ········· 130
一、1949年前的教育情况 / 130
二、1949—1979年的教育情况 / 132
三、1980年至今的教育情况 / 136
（一）阳关中学的变化 / 136
（二）个体受教育的差异和感受 / 138

第五章　阳关旅游的发展与现状 …………………………………… 145

一、阳关的旅游资源 / 145
　　（一）历史文化遗址类旅游资源 / 145
　　（二）特色度假区类旅游资源 / 148
　　（三）休闲娱乐类旅游资源 / 150

二、阳关旅游的缘起与发展阶段 / 151
　　（一）阳关旅游发展缘起 / 151
　　（二）阳关旅游发展的三个阶段 / 155
　　（三）阳关旅游的总体发展情况 / 156

三、阳关地区开发运营成熟的旅游景点 / 160

四、阳关地区正在开发的旅游景点 / 164
　　（一）敦煌宫旅游度假区（"沙漠都江堰"景区）/ 164
　　（二）高老庄 / 166
　　（三）野麻湾 / 167

五、阳关地区尚未开发的旅游资源 / 169
　　（一）渥洼池 / 169
　　（二）寿昌古城 / 171

六、阳关旅游业中游客与村民感受 / 172
　　（一）游客的感受和认知 / 173
　　（二）阳关人的感受和认知 / 175

第六章　阳关地区的社会关系网络变迁 …………………………… 177

一、1949 年前阳关的社会关系网络 / 177

二、1950—1979 年阳关的社会关系网络 / 179
　　（一）1950 年至"四清"运动前阳关地区的社会关系网络 / 179
　　（二）"四清"运动到 1979 年阳关地区的社会关系网络 / 181

三、1980 年以来阳关地区的社会关系网络 / 184

四、阳关社会关系网络变化的特点 / 191

第七章　阳关的婚俗和丧俗变迁 …………………………………… 194

一、婚俗变迁及现状 / 194
　　（一）婚俗变迁 / 194

（二）阳关人的婚姻圈 / 198
　　（三）阳关人的通婚特征 / 218
二、丧俗的变迁 / 223

第八章　阳关地区村落文化与功能 ……… 230
一、民间信仰 / 230
　　（一）"文革"前的村庙与社会 / 231
　　（二）"文革"以后的村庙及变化 / 239
二、公共文化生活 / 246
　　（一）民间戏曲 / 246
　　（二）集市 / 250
　　（三）社火 / 253

第九章　阳关的神话传说和民间故事 ……… 259
一、神话传说 / 259
　　（一）阳关和龙勒 / 259
　　（二）包公石棺 / 260
　　（三）寿昌金鸡 / 262
　　（四）渥洼池与天马 / 265
二、民间故事 / 266
　　（一）阳关粮爷逸事 / 266
　　（二）古董滩 / 269
　　（三）土匪记忆 / 269

结语　阳关三叠：河西走廊西端的乡村地方社会特质 ……… 271
一、人口叠 / 272
二、社会叠 / 273
三、文化叠 / 275

后记 ……… 277

绪　论　地理环境与村落概况

一、地理位置与自然生态

阳关镇地处甘肃省敦煌市市区西南64千米的古阳关故址脚下的绿洲，是敦煌市最偏远的一个乡镇，现辖5个行政村：阳关村、营盘村、寿昌村、龙勒村、二墩村。2007年9月28日，原敦煌市南湖乡撤乡建镇后更名为阳关镇，俗称阳关府又名阳关大院。从敦煌市区出发，沿215国道前往肃北蒙古族自治县、阿克塞哈萨克族自治县、当金山以及青海各地时，行驶40余千米，就会看到走向西南的一个路口，从该路口向西南再行驶20余千米就会看到阳关绿洲。

即将通车的敦格铁路（敦煌至格尔木）、正在兴建的柳格高速公路（柳园至格尔木）都从上述这个交叉路口附近经过。从阳关到阿克塞哈萨克族自治县❶县城约40千米，到肃北蒙古族自治县❷县城为70余千米，到玉门关约150千米，到当金山口90千米。

本书所说的阳关镇即指以行政管辖而划分的敦煌市阳关镇所辖全境，而所说的阳关地区，除阳关镇行政所属的辖域之外，还指阳关绿洲和多坝沟绿洲组成的广大区域，也可以称为河西走廊西端地区。

在阳关绿洲上，除核心区域阳关镇之外，还包括敦煌市辖的国营林场（以下简称国营林场）和中国石油青海油田分公司所属阳关农场（以下简称阳关农场），这三个不同隶属关系的区域均分布在阳关绿洲上，自然生态一致，地理空间上连成一体，是阳关绿洲上不同管辖类型的小区域。其中，阳关镇处于核心区域，人口最多，地理空间上也在中间位置；国营林场和阳关农场

---

❶ 阿克塞哈萨克族自治县下文也简称阿克塞县。
❷ 肃北蒙古族自治县下文也简称肃北县。

为小区域，分处于阳关镇的西北部和东部。

多坝沟绿洲是指甘肃省阿克塞哈萨克族自治县所辖的多坝沟乡所在的绿洲，该地距阿克塞县县城90余千米，与阳关镇的公路距离为130余千米，如骑马穿过沙丘戈壁走直线距离则在40千米上下（在公路没有修筑之前，阳关和多坝沟的人们都是沿此路交往）。

阳关在玉门关之南，自古就是通往西域的门户和"丝绸之路"南路的必经关隘。阳关镇地理位置优越，水、光、土、热、野生动植物和旅游资源丰富，农业生产条件优越。同时，阳关镇又是著名的旅游胜地，阳关、寿昌城等故址以及渥洼池等都在该镇境内。

阳关地区属祁连山北麓的坡地，整体地势南高北低，平均海拔1297米，属大陆性干旱气候，气温年较差和气温日较差大，绿洲外是大面积的戈壁荒漠、沙丘。辖域内水资源丰富，年径流量达1.03亿立方米，农业生产条件优越。阳关地区年平均降水量仅为39.9毫米，降水季节分布不均匀，主要集中在4~9月，占全年总降水量的83%左右，冬季降水最少；年平均蒸发量为2465毫米，是年降水量的60倍，属极端干旱区。

阳关地区风大沙多，一般风力为2~4级，平均每年日平均风速≥3米/秒的有89天，全年平均风速为2.2米/秒，年平均大风（瞬时风速≥17米/秒）和沙暴日数分别为15.4天和15.8天，大风主要集中在春、冬两季，最高平均风速出现在4月和5月，常为东西风。

阳关地区的地表径流是由多处泉水露头汇集而成的泉水河流，主要水源是阿尔金山和祁连山的冰川融水，自然降水几乎起不到补充水量的作用。这些泉水大致在离祁连山脚十多千米的坡地上渗出，形成一条条小河，向北流向玉门关方向的戈壁荒漠处，形成一个个沼泽和多条河流。这些水源是国家重点野生保护动物黄羊等主要的饮水之处，更是黑鹳、大天鹅、莺、红隼等国家重点保护野生鸟类的栖息之所。

在阳关镇管辖范围内，主要有西土沟、山水沟、东沟等几条大小不等的泉水河。每年的4~6月份是泉水河的盛水期，而10月份左右水量最小，一些小的支流几近干涸。主要泉水河流中，西土沟长约53千米，山水沟长约29.4千米。阳关镇由南向北水系众多，以渥洼池（也即黄水坝水库）最为著名，蓄水量最大。渥洼池上游由大泉、半亩泉、车轱辘泉三个泉水供给，其中以大泉出水量最大，每年11月至次年的4月为蓄水期。渥洼池始建于1938年，于1987年进行第一次除险加固，是一座拦蓄泉水的泉水湖泊型水库。渥洼池是阳关镇、营盘村、寿昌村的灌溉和饮用水源。

阳关地区内面积大小不等的沼泽众多，主要是在一些海拔较低的地方由地下水溢出而形成。湖泊主要为淡水湖，此外有大小塘坝67座，主要集中在渥洼池周边和山水沟一带。沼泽的类型较为简单，主要是芦苇沼泽、狭叶香蒲沼泽等。因地表渗水或者泉水形成的大大小小的水塘地势低，位于阳关镇镇中大沟内。各类水塘一直延续至野麻湾汇入野麻湾水库。大沟内和水塘边缘均长满了芦苇，芦苇长势较旺，高均在2米以上。图绪-1所示为车轱辘泉实景。

图绪-1 阳关镇内的车轱辘泉（尼满摄于2019年7月13日）

阳关镇呈南北走向，南至渥洼池以南1千米的大泉，由渥洼池向南望去是大片的沙漠戈壁直至阿尔金山和祁连山，其间有大小不一的沙丘石砾，在渥洼池附近的沼泽内有大片的芦苇草丛。这里的沙漠戈壁相互夹杂，有连绵起伏的沙丘也有大大小小的砾石（见图绪-2）。

图绪-2 阳关镇渥洼池管护站以南地区地貌（尼满摄于2019年7月13日）

阳关绿洲上分布着大小泉眼近200个,由西向东汇集形成西土沟、渥洼池、山水沟三大主要水系,并以三大水系为中心,形成大面积芦苇沼泽和狭叶香蒲沼泽湿地。这三条主要水系的概况如下。

西土沟水系:起始于阳关地区南缘,由南向北流经阳关地区西侧大部分区域,总长约53千米,主要水源是阿尔金山的冰川融水,因特殊地质构造而在阳关地区南侧边缘形成了众多泉眼。这些泉眼不断向上涌水,汇集后形成了西土沟河,并在向北不断延伸的过程中,经途中大小泉眼的不断涌水补充,最终形成了由上西土沟、下西土沟为干流的西土沟水系。西土沟水系主流形成后,穿越戈壁和沙丘,夏季不断流,但因流经大范围的沙丘土质地区,下流水较浑浊,且经常年的流水冲刷,形成了较深的峡谷,该峡谷在一定程度上也截断了沙丘向东侵蚀的步伐,保护了阳关绿洲。其特点是,在冰川融水期、地质构造和蒸发量过大等因素的综合作用下,每年4~6月份为盛水期,10月份左右水量最小,一些小的支流几近干涸;在全年大部分时期,西土沟无泉眼分布的河段均出现断流现象,在经过有泉眼分布区域的涌水补充后,又重新形成水势较大的河段,进而在周边形成了大面积的沼泽湿地(见图绪-3)。

图绪-3 阳关地区西土沟水系地貌(关丙胜摄于2019年7月15日,由南向北拍摄)

渥洼池水系:位于阳关西南区域,原为一个内陆湖泊。为便于灌溉,当地居民在渥洼池南部修建了一座高程约3米、长度约1500米的蓄水坝,并定名为黄水坝。此后,又在黄水坝的南面,分别修建了新工三坝,并由此最终流向水尾地区。渥洼池的主要水源也来自阿尔金山冰川融水,其也同样是由于特殊地质构造而在阳关地区中部形成的众多泉眼,经不断涌水、汇水后形成的。其流经区域,形成了大面积的沼泽湿地(见图绪-4)。

图绪-4　阳关地区渥洼池实景（关丙胜摄于 2019 年 7 月 13 日）

山水沟水系：位于阳关地区东侧，公路（敦煌市区至阳关镇路段）以南名为沙沟，公路以北称为山水沟。与西土沟、渥洼池不同的是，山水沟的主要水源来自两个方面：党河地下渗水和阿尔金山的冰川融水。由于山水沟所在区域位于党河冲积扇西沿，地势低而地下水位高，海拔较党河河口低 100 米，故党河中、下游渗入地下的水和南山沟系渗入地下的水以及冰川融水形成潜流，在阳关地区内溢出，形成了大大小小数量极多的泉眼，进而形成地表径流，并在河沟两侧形成了大面积的沼泽湿地。山水沟水系在自然的基础上也形成了较大的水库，主要用于阳关农场及其周边田地的灌溉（见图绪-5）。

图绪-5　山水沟水系的水库实景（关丙胜摄于 2019 年 7 月 15 日）

上述三条水系，不仅造就了阳关绿洲，也在人们的不断改造和修筑中，形成了诸多的水库、水渠，浇灌滋养着阳关的田园，也形成了不少以此为依托的休闲度假小景区。经过几十年的维护、改造和建设，阳关水系早已成了阳关地区居民的饮用、浇灌、养殖等赖以生存的依托。以此为基础，阳关绿洲内水库水池众多，水渠纵横，沼泽接连，绿树成荫，成为名副其实的绿洲，也成为远近闻名的葡萄种植基地。如果没有实地进入阳关的村村落落，实难相信在沙漠戈壁的深处还有如此尽显小桥流水人家的乡村田园景象。

除上述渥洼池、山水沟的水库外，在阳关西北的国营林场，也有两个较大的水库，专为国营林场田地灌溉之用（见图绪-6）。

图绪-6　阳关地区国营林场水库实景（关丙胜摄于2019年7月15日）

二、村落与场部等概况

如前所述，阳关地区的村落或村落性质的场、基地较多，可以分以下四个方面加以详细介绍：阳关镇的村落、国营林场、阳关农场、多坝沟乡。

（一）阳关镇的村落

阳关镇由寿昌村、阳关村、营盘村、龙勒村以及二墩村这5个行政村组成。镇政府位于寿昌村。其中寿昌、阳关、营盘三村连在一起形成一个区块，位于阳关的中南部，是阳关镇的核心区块；龙勒村在这一区块的西北，由一条长不足1千米、由南向北而流的小河将它与核心区块连接在一起，标志性建筑阳关故址（烽燧台）就在龙勒村西南的小山顶上；而二墩村则在离核心区块以北26千米的一块小绿洲上，自为一个小区块。

阳关镇镇政府所在的十字形路口就是阳关镇的商业中心，路口及附近各类商业服务点包括：百货超市、农机具店、农药店、餐厅、肉店、招待所、学校、卫生院、派出所、邮局、文化广场（每月10日、20日、30日兼做集市）等。

1. 二墩村

二墩村距离阳关镇镇政府驻地以北26千米，位于古阳关至玉门关的中心位置，是通往"两关"的必经之路，因其境内有汉代两个烽燧墩而得名。20

世纪 70 年代中期，在"农业学大寨"的浪潮中，当时南湖公社粮食产量虽然超过了农业发展纲要"过长江"的指标，但因地少人多，仍然制约着经济的发展。1974 年春，酒泉地委领导来南湖检查指导工作时说："南湖过了江，还不如朝阳（敦煌市朝阳大队）上了纲（指粮食总产量）。"1974 年 4 月到 10 月，公社党委和管委多次研究、调查和走访，为南湖寻找出路，作出"跳出小南湖，开辟新天地"的决定。同年 10 月确定了农业开发点，即小拐枣墩这一片地方。小拐枣墩在南湖公社西北，位于由东向西延伸的第二个烽燧墩处，开垦者把这里泛起的一片新绿定名为二墩。1974 年 11 月下旬，全社召开三级干部会总动员，12 月 15 日动工，全公社动员男女全劳力、机关干部、中学师生等 1400 余人，在渠道全线摆开了战场。从开始实施，到初具规模、迁户安居、理顺关系，经历了四届党委领导，整整十年不懈的努力和"开渠引水，垦荒造田""修建水泥板防渗渠道""渠道改建攻坚战"三次较大的战役而达到了预期的目的。1979 年落实迁户 31 户 126 人，1981 年再迁 40 户 200 人左右。1982 年二墩农场成立（后改为二墩园艺场），1983 年行政体制改革，二墩园艺场更名为二墩村民委员会。

二墩村是全敦煌市最偏远的一个行政村。2019 年[1]全村农户 103 户，376 人，拥有耕地 2635 亩。近年来，二墩村充分利用当地水资源相对独立、土地资源丰富的优势，狠抓葡萄基地建设，实现了葡萄专业村的目标。2015 年，全村农业总收入 1280 万元，农民人均纯收入 18691 元，家家户户都购置了小四轮拖拉机，开通了有线电视。2018 年底时，村里 50 户农户改建了新房，84 户在敦煌市区购买了楼房，68 户购置了家庭小汽车。为了解决葡萄的运销和鲜贮加工，当地建起了 22 间恒温库，年鲜储能力 660 吨。

2. 龙勒村

龙勒村，原为南湖乡社办林场，古人称为水尾。1956 年，为了防风治沙增加土地，县社两级决定在此开荒造林，当年仅有 190 多亩。1965 年，当地利用冬闲引水冲沙，开渠拦坝改滩造林 1 万多亩；种植葡萄、玉米、小麦、蔬菜等。人口主要是从阳关、寿昌和营盘三个村迁过来的。1982 年始，当地大力发展无核白葡萄产业，经过十多年的发展，2000 年建成"一村一品"葡萄生产基地。2018 年，龙勒村有 111 户 490 多人，耕地 1860 亩，人均纯收入 18644 元。近年来，龙勒村先后被评为"全国休闲农业与乡村旅游示范点"

---

[1] 如无特别说明，本书中数据截止日期均为 2019 年 8 月。

3. 寿昌村

2019年的寿昌村共有8个生产队（村民小组），465户1803人，总耕地面积为4565亩，寿昌村的人口占了阳关镇总人口的三分之一还多。2007年，国家提倡合乡并村，将原南工村、北工村合并组成了寿昌村。因古代敦煌郡下设的四个县中有一个寿昌县，且与寿昌遗址较近，所以将其改名为寿昌村。同年，南湖乡也更名为阳关镇。1949年前，那里不仅人少而且还受到洪水灾害影响，当时的人们为了治理洪水在中间修了条坝，起名为新工坝，坝的北边是北工村，坝的南边是南工村。现在坝里的水都是用来农业灌溉的。随着葡萄种植业的快速发展，水渠的水已经难以保证农业灌溉用水，村里除用水渠的水浇灌之外，截至2019年，有28户家中打了灌溉井，大部分是以入股的形式合起来投资建成的，少部分是由政府投资而建的。寿昌村因在水道旁边，每年的7~8月是抗洪期，每个村都有抗洪的应急小分队；平时的小洪水一般都是村干部带头处置，但是当洪水危及村民的财产安全时，小分队甚至全村人都要前往抗洪。2005年，政府统一建的供水站，转变了以往自来水分散管理的现状。现全村总共有十家冷库，一家冷库有五六十平方米，用于葡萄鲜果的存储。

4. 营盘村

营盘村现共分为五个生产队，共279户1134人。一队38户186人，主要以年轻人居多；二队68户，老人相对多一点；三队59户234人，四队59户，五队50户，三、四、五队都以年轻人居多。五个大队总共有2860亩承包地，人均耕地两亩左右，根据人口多寡每队人均耕地面积也有所不同，五队由于人口较少所以人均耕地面积为3亩。该村在1996年12月15日15：00前是本地户籍的才分到承包耕地，这个时间点之后的就没有分到承包地。该村的主要水源黄水坝水库与镇政府的落差有近18米，所以黄水坝水库成为营盘村的主要灌溉水源。而该村的饮用水源以地下水为主，2000年初就通了自来水，2017年因为原有的自来水检测不达标，所以将水井挖至150米深。

随着居民收入的提升，营盘村的居民在敦煌市区买楼房的人越来越多。村内的外来人口大多来自玉门市、河南省、敦煌市及附近农村等，近几年的流动人口大约只有一两户，有部分来自青海省的没有本地户口的流动人口承包了已迁走的老户的土地。现在，村里拥有私人冷库的只有两户。

5. 阳关村

阳关村就是原来的大湖，1949年之前居住此地的人较少，是在20世纪三四十年代陆续迁来的，迁来的大多为甘肃张掖、武威、兰州等地的人，最早的居民就居住在现在一队、二队的地方，后来随着人口增多逐渐向北扩散。阳关村现有六个生产队，1200多人，2400多亩地。六队是土地承包时建立的，外面迁来的人多，本地人只有五六户，全队只有19户。土地承包时，阳关村一队依据户籍人均一亩八分地，由于一队在五个组中人数最多且无空地，无法再进行开垦；四队分的地最多，原因是人口较少且可开垦的土地较多。但四队的土地是各家各户自己开垦的。

当地防洪期为6月中旬到9月初，村里有应急防洪小队，但平时只是村里的干部驻在坝上观测洪水情况。2018年时村里翻修了柏油路、2016—2019年，村里翻修了几千米的水渠，都是国家投资；新农村建设在2018年时就全部完成；村里有六七个由私人投资建成的机井。

（二）国营林场

敦煌市国营林场地处阳关绿洲的最西南端，是库姆塔格大沙漠的东部边缘。为了防风固沙，1959年9月敦煌县委作出决定，创建阳关林场。1962年2月林场停办，1963年3月又决定恢复国营林场，明确了"造林防风治沙，林粮结合"的办场方向。1966年，首次从新疆引进1000多株葡萄苗定植试验。1967年开始，林场坚持自采、自育、自造的原则，先后拉土改良育苗地300多亩。从20世纪70年代开始，林场便从全国各地陆续引进了葡萄、苹果、梨、桃、杏等树种80多个，经过技术人员长期的试验、观察，筛选出了适合当地条件且品质优良的品种10多个，进行大面积推广栽培。

到了20世纪80年代，随着农村经济体制改革的不断深入，林场进一步加大了农业种植结构调整力度，并以葡萄种植为突破口，不断优化品种结构，扩大种植规模，按照产业化发展的要求，合理种植，科学管理，不断提高了果品质量。林场承担了省列"制干葡萄丰产试验""低产葡萄园改造"，市列"葡萄地膜覆盖育苗""乔砧矮密梨树栽培试验"等科研课题，均获得了成功和奖励。1985年林场建起了年产葡萄酒500吨的酿酒厂，1986年投产。1995年时国营林场有105户人家，400多人；全场有职工8人，季节工156人；经营总面积25000多亩，其中林地16790亩（防护林和用材林10000亩，天然林5000亩，经济林1790亩），非林业用地8200多亩；拥有各种林木400多万株，木材总蓄积量达16000多立方米。

经过五十多年的努力，国营林场经历了冲沙造林、产业调整、承包经营等发展阶段，终于在环境恶劣的沙漠前沿建成了长约5千米，宽2千米的防护林带，它像一条绿色的长城，屹立在风沙前沿，守护着阳关绿洲。林场的面貌也有极大的改观，建场时该地是"北风折百草，野狼窜沙窝"，植被稀疏、沙丘遍地、人迹罕至。为了治理风沙危害，保护阳关绿洲，经过阳关林场职工数十年的辛勤劳动和不懈努力，克服人力、物力、财力严重不足等重重困难，采取引水拉沙、引洪澄淤、拉土造田等多种措施，自繁自育苗木，大力植树造林，实施防沙治沙，取得了显著成效，基本实现了以果养林、以林护果的可持续发展之路。

截至2017年底，国营林场总人口227户687人，森林覆盖率达37.17%。

（三）阳关农场

阳关农场是指中国石油青海油田分公司敦煌基地的阳关农场。青海油田是我国八大油田之一，主要采油和勘探地区在柴达木盆地西部。青海油田从1954年起步，克服高海拔等各种困难，为保障国家能源供应做出了巨大贡献。随着油田的大力开发，大量产业工人与家属聚集，油田发展急需一个大型基地，同时也为科研、教学、办公、生活提供保障。但是当时的青海西部地区，由于气候、地理、历史以及交通原因，没有一个合适的城市可以提供这些保障。省内的西宁与格尔木距离油田又太远，交通不便，无法及时保障油田正常生产。当时青海油田主要开发点在冷湖地区，附近最近的只有隔着祁连山的敦煌市，于是青海油田决定把基地建在敦煌市的七里镇。青海油田敦煌基地从20世纪80年代启动大规模建设，经过几十年的发展，如今的七里镇已成为敦煌市第一镇，镇区规模不断扩大，已经是一座生机勃勃的小城市（见图绪-7）。

图绪-7 青海油田阳关（南湖）农场礼堂（关丙胜摄于2019年7月15日）

当初，青海油田敦煌基地建设之时，为向远在几百千米之外的油田作业区提供充足的蔬菜供应，在敦煌市的支持下，青海油田在阳关镇以东 1 千米的地方开垦土地建成阳关农场。该地原本就有两个较大的沼泽型小湖泊，经改造修建为中型水库，形成灌溉的水渠管网后，开发土地 2000 余亩。青海油田设置了农场性质的蔬菜基地，除派职工管理外，吸收和雇用外来人口进入农场进行蔬菜生产，为青海油田提供蔬菜。20 世纪 90 年代中期，该农场的职工、农户总人口达到 300 余人，修建有礼堂、住宅区等功能区，各种设施完善。自 2005 年以来，随着交通的逐步改善，以及市场上蔬菜供应的便捷和价格优势，该农场的作用逐步下降直至消失。目前，该基地除驻有几名管理人员外，所有土地均以承包形式外包给外来人口，共有十多户移民在此承包土地种植玉米、葡萄以及各种蔬菜供应敦煌市（见图绪-8）。

图绪-8 青海油田阳关农场内种植的芹菜（关丙胜摄于 2019 年 7 月 15 日）

（四）多坝沟乡

多坝沟乡位于阿克塞哈萨克族自治县与敦煌市阳关镇交界处，行政上属阿克塞哈萨克族自治县管辖。1949 年前多坝沟乡属于阳关镇辖地，在移居人口、社会特质上与阳关镇类似，且因直线距离不远，两地的各种交往关系也十分密切，完全可以视其为阳关地区的构成部分。

多坝沟乡是阿克塞哈萨克族自治县唯一的农业乡，全乡总面积 827 平方千米，其中耕地 3200 亩。该乡适宜种植玉米、小麦、胡麻、瓜菜等主要作物，是阿克塞哈萨克族自治县重要的粮、菜、油供给地。2018 年，多坝沟乡辖 2 个行政村，5 个村民小组，1 个乡企业公司，共 173 户 537 人。据阳关镇的老人们回忆，1949 年前就有阳关的几户人家在多坝沟的小绿洲上种植鸦片、小麦等作物。

20世纪70年代，很多来自武威等地的人迫于家乡的饥荒压力，背井离乡来到多坝沟落户扎根。20世纪90年代，有一批来自通渭县的人，在亲戚友人的介绍下迁居此地。该乡大多数早期住房是20世纪70年代盖的，人口最多时有近200户人家，但2000年以后，好多人家搬迁到阿克塞县城居住生活。一些人家是因为条件好搬迁到县城，还有一些是为了孩子在县城上学去陪读而长期居住在县城，所以2008年，村里的学校也搬迁到了县城。目前，该乡实际居住在村里的人家有50余户，以四十多岁的中年人居多，儿童和老年人较少。

从20世纪70年代到现在，多坝沟乡开垦的土地逐渐变多，现有土地2150亩，加上葡萄地和私人农场的种植总面积可达到3200亩。十几年前，有六七户阳关镇的人，经政府批准来多坝沟乡开荒种葡萄，带动了多坝沟乡葡萄产业的发展，但因距离太远，地理位置偏僻，葡萄卖不出去，所以种葡萄的有限。现在除了阳关来的人种植的300多亩葡萄以外，其他的耕地都是种植玉米和小麦（见图绪-9）。

图绪-9　多坝沟绿洲上的玉米田地（关丙胜摄于2019年8月1日）

三、阳关地区的特点

上述阳关地区，我们称为阳关和多坝沟绿洲，也可称为河西走廊的西段地区，是阳关社会之所以形成的基础和赖以发展的基本地理条件。从地理位置看，阳关地区西邻库木塔格沙漠，是古丝绸之路南线的必经之地。如果说，在河西走廊的其他地区，大多是村庄相接的大型绿洲或至少每隔几十千米就能相望的中小型绿洲地区的话，那么，在阳关之西，至少在300千米之外才能看到绿洲上的村落（若羌），这一距离本身说明了阳关地区作为丝绸之路南线上补给要地的重要性。所以说，阳关地区不仅是地理概念上的河西走廊的西端，也是通道上另一种区域文化类型的转折点。

从生态特征上而言，阳关地区地势较低，处于坡地之上，自然降水基本起不到补充水量的作用，绿洲完全依靠阿尔金山和祁连山的冰川融水，且一条条水系相对独立，自成一体。虽然当地水资源匮乏，但可以完全满足绿洲上的生活和生产需要，也因此，阳关地区无论村落分布还是区块划分，都是典型的相对独立的区块型绿洲社会。

从村落居民迁移和构成情况而言，阳关地区居民多为20世纪50—90年代迁移而来，1949年前迁来的人口比例不高，且越小的绿洲区块上人口迁居的时间越迟，形成了以核心绿洲不断向边缘绿洲发展扩延的特点。如从阳关核心区块向龙勒村、二敦村、国营林场区块的发展过程，20世纪80年代中期青海油田阳关农场的设置，70年代后开始的多坝沟绿洲上规模性定居人口的出现和村落形成等。

就一个外来者初到阳关的感观而言，由远及近，从戈壁荒漠上遥远的一点绿意到古树参天、小桥流水、水洼相连、水渠纵横，其震撼是极度强烈的。正如一位田野工作者所写：

> 初次进入阳关镇，它就给我们留下了深刻的印象，敦煌至阳关镇的路上两旁的戈壁滩荒芜无际，但这种荒芜又给人一种对历史的遐想，仿佛看到了戈壁上行走的驼队。越靠近阳关镇越能看到繁茂高大的树木，镇口的山坡上可以看到阳关绿洲的总体样貌。当你进入村里，参天大树形成条条林荫大道，甚至可以称为树隧的地方也不少。看到条条小溪、纵横交错发达的水渠、水洼、池塘、水库等，让你瞬间有一种身处水乡的感觉。而"休闲钓鱼""水产养殖基地""金鳟鱼池塘""垂钓"等随处可见的指示牌，使你真的以为到了江南水乡。转眼想起阳关镇周边的戈壁沙漠，一种错愕感油然而生。明明是戈壁中的一抹绿洲，但是这里水产养殖已经兴起，葡萄种植已成品牌效应。这就让人不禁想对阳关的前世今生一探究竟。村西南，半亩泉、大泉、车轱辘泉为主要的泉眼，泉水一直向渥洼池蓄积，从秋冬天开始，蓄水到春季，然后开始放水，供应全村的种植养殖用水。再由渥洼池向北，一直通到条条小溪、渠道，往北一直延伸到全镇，每家每户以泉水为中心，以水渠为纽带连接在一起。渥洼池碧波荡漾，天鹅在这里驻足，黄鸭等各类飞禽在这里栖息，一望无际的草地，金碧辉煌的沙山，银光闪烁的雪峰，使人心旷神怡（见图绪-10、图绪-11）。

图绪-10　阳关的一处养鱼基地和垂钓园（关丙胜摄于 2019 年 7 月 13 日）

图绪-11　阳关的一处林荫大道（关丙胜摄于 2019 年 7 月 13 日）

从产业的角度来看，阳关地区自 20 世纪 80 年代末开始的葡萄种植已经形成了良好的产业效应，品牌效应明显。以此为拉动力，吸引不少投资者前来承包或新垦土地种植葡萄，一方面增加了阳关的人口聚集效应，另一方面致使水资源紧张，只能以打机井的方式抽取地下水。但目前，土地开发基本处于饱和状态，未来的产业发展只能在农产品的加工上做文章。

从大的区域来看，虽然阳关镇是敦煌市最偏远的一个乡镇，阳关地区处于河西走廊的最西端，但得益于发达的交通，它早已经和敦煌市区紧密地联系在一起。每天来往于阳关和敦煌市区的中巴车就有 5 个班次，有需要的话，私家车更是随时可往来，往来的商户也不少。每月 10 日、20 日、30 日的阳关集市本身就是敦煌集市的一部分；更重要的是，初高中学生全部就学于敦煌市区，大部分阳关人在敦煌市区有住房，使得阳关已经超越了原来的小地域而融入了更大的大区域社会，深刻地影响了阳关地方社会的变迁。

第一章　阳关地区的人口迁移历程与现状

> 绝域阳关道，胡沙与塞尘。
> 三春时有雁，万里少行人。
> 苜蓿随天马，蒲桃逐汉臣。
> 当令外国惧，不敢觅和亲。

这首经典的送别诗《送刘司直赴安西》出自唐朝著名诗人王维之手，雄健的文笔之下展现了友人通往西域遥远的阳关古道上一派烽烟弥漫、满目凄凉之景象。古时的阳关，就以其特殊的门户、界域和地理位置，承载了军事、文化、外交等诸多重任。之后，以"西出阳关无故人""你走你的阳关道，我过我的独木桥"及《阳关三叠》等出名的阳关，作为中华文化家族中的一员，铸写着属于自己的独特内涵。因其厚重的历史，我们选择了阳关作为田野点，但进入阳关开始正式田野工作之后发现，其实我们所沉溺的是现实的阳关。

站在"客位"的角度来看，充满"他性"的田野研究对象从来都是最能吸引眼球的部分。对于形成不到百年尤其是大多数人口迁居于此只有半个世纪甚至更短的阳关而言，人类学的田野工作有着更多复杂性。移民村庄在向传统村庄转型之时，与高速发展的城镇化和席卷而来的全球化不期而遇，传统社会的轮廓被一步一步侵蚀，村庄已经或正在形成的传统逐渐削弱。诚然，这正是当下大多数移民社会所持有的共性，因此剖析这一社会的当下与过往足够去解释移民社会的一般规律。以小见大、以点带面对阳关社会的"深描"正是我们的终极目标。人类社会一直随着人群的不断迁移而发展和变化，迁移中的个体以及迁移变化的规律值得我们关注。阳关作为一个移民迁居不到百年的地区，对人口迁移变化的考察是认识其地方社会的重点。以下对阳关镇、多坝沟乡、阳关农场人口迁移的历程进行较为详细的呈现，因国营林场的人口类似于阳关镇1949年后的迁移情况，在此不作赘述。

一、阳关镇的人口迁移历程

（一）1949年前的人口迁移与住居情况

众所周知，家族是中国农村社会的一种重要组织形式，在村庄的政治场域、文化场域中扮演着重要的角色，深刻地影响着农村社会的各个方面。在阳关镇，早期人口迁移的规律必定要与四大家族的研究紧密联系在一起。北工村（现属于寿昌村）的夏家、营盘村的张家、阳关村的孙家是阳关人口中最早的迁居者，三家构成了当时阳关的核心力量，时间大概可以追溯到19世纪中后期。一直到20世纪20年代中后期，作为晋商的马家迁居而来，为1924年民国政府建设敦煌提供了大量的资金支持。如今在阳关还能偶尔从老人们的口中听到四大家族及其后代的故事，也能追寻到个别后人的身影，而大多数人已经对这些过往毫不知情。

阳关镇营盘村三队一位81岁高龄的老人，讲述了他出生之后所亲历的以及从老一辈口中所得知的阳关最早期的人口迁移史。

> 我[1]今年81岁，1938年出生于阳关，在我小的时候我们营盘有一位地主姓张叫张东，在阳关有一位地主姓孙叫孙耀武。不同的是，孙耀武当时通匪，保安队剿完匪后抓住孙耀武送到敦煌公审枪毙，而张东被定为"开明地主"，"是可以争取和团结的对象"。而且他还作为南湖的代表在新中国成立后去敦煌开会。虽然在后来"开明地主"等词汇随着局势发展不再使用，但是在当时认为"他在改造时有悔过之意，不是顽固不化的阶级敌人"，最后放他一马。营盘一队当时是属于阳关一队的，而这片地在当时是阳关地主孙耀武的，解放军在营盘一队那里开垦，当时这批解放军的首长是杨队长和马队长。土匪在四月份农忙时进攻，那时解放军正在孙耀武的土地上耕作，所以根本不知道，农民看到土匪就跑了，解放军看到土匪后准备反击时发现连枪都找不到了（枪被孙耀武指使人先藏起来了）。在那次战斗中杨队长死于土匪之手，而马队长因为去敦煌开会逃过一劫。那些土匪主要为哈族人，还有一些活不下去投奔他们的回族人。当时有一个叫彭兴财的贫下中农通匪，后来被发现了，好像是因为他的成分还行，只给判刑，并没有枪毙。在此次的土匪劫掠

---

[1] 访谈对象信息：男，81岁，汉族，营盘三队；访谈时间：2019年7月23日；访谈地点：访谈对象家中。

中张东的马队被抢了（他有一个马队，用马车从敦煌给南湖运东西），后来敦煌又派了一支部队来消灭土匪，当部队到南湖时已经是中午了，部队没有吃的，张东给部队做饭、送饭。在消灭土匪之后部队还给了张东一匹马。张东也因此被定为"开明地主"。

解放前，北工村有一个三官庙，在那里驻扎过国民党军队。南工村有一个西佛堂，在营盘二队有一个龙王庙，这个庙现在找不到了。在新中国成立后，南湖从初级社一直发展为人民公社。在这个过程中有一些从外面来的人，这些人有河南人、山西人，还有来自甘肃其他地方的人。

从1949年到1978年，南湖的干部基本都是本地人。在人民公社成立时，阳关和营盘都比现在要小：原来营盘五队、阳关四队和五队的一部分是属于南工的，在"四清运动"后这些地区才从南工分出来。

解放前，营盘和阳关的核心人员是地主，在过年时，长工、佃农、中农要向地主拜年，地主之间相互拜年，至于地主向中农等群众拜年是基本不可能的。到了后来的公社时期，早些时候过年时还有乡长组织请外面的戏团唱戏，稍微晚些时候就没有什么活动了。过年时最多是按照亲戚关系或其他关系去拜年，邻里之间基本不相互拜年，不带什么礼物，只去别人家上几炷香。当时大队长等干部也基本不向普通社员拜年。

我觉得公社的时候比较好，在我小的时候，感觉邻里乡亲之间的关系亲密，比现在好，当时一家修房子全队人帮忙，现在一家修房子都是花钱叫工程队，邻里也不关心你家的房子修建。现在的孩子吃不了苦，当时每年种的粮食大部要上交，现在连粮食税都不纳了。

我们老两口有四亩地，而且小儿子不种地，把自己的地给我们种，所以我们现在有六亩地，大儿子和二儿子分别有八九亩地，并且二儿子还在生态保护区当工作人员。这几年收成时好时坏，但比以前要强得多。

从这位老人的口述中，我们大致可以描绘出新中国成立之前阳关的基本轮廓：夏家、张家和孙家三大家族作为今阳关镇最早的迁入者，通过大户进入的形式分占阳关镇最有利的土地和区位，进行大规模的经营。但是，以"孙耀武"和"张东"为首的两大地主在1949年后的命运却截然不同。前者因通匪而被公审枪毙，后者作为"可以争取和团结的对象"而被定为"开明地主"。这位讲述者并非当事人，也非当事人的后代，他的回忆也只是碎片化的、粗线条的，但其站在旁观者的立场为我们重构了属于那个时代的记忆。

同时，这个时期从河西走廊的武威、张掖等地域有不少人口也辗转迁移至阳关,他们起初都居于现敦煌市附近,后迁移至阳关。

我[1]1945年出生在阳关南湖(即现在的阳关镇——笔者注),我听说我爷爷带着我父亲他们来到敦煌,当时我父亲16岁。我爷爷是木匠、兽医,是从金塔县上庄子迁过来的,现在那里还有很多亲戚,但也不太走动,因为隔了好几辈。父亲是在敦煌结婚之后迁到南湖这个地方来的。我父亲去世后就埋在阳关凉房那边的山上了,我们两口子去世后也会埋在那里。我父亲他们兄弟姐妹7个,现在有4个在敦煌。我们家原来是南工四队的。

我上了四年学,后来因为家里挣工分,我就回家在生产队里劳动,放过羊、赶过马车、赶过骆驼。1967年生产队派我们去茫崖那边挖石棉,从这里走两天就到了挖石棉的地方了,就在阿尔金山里面,挖了六年。1967—1969年在生产队当了三年出纳。在生产队的时候就是1968年、1969年生活最苦,活也最累。

1982年12月3日搬到这里的,我们南工的一起来了5家,1983年就承包给个人了。当时6口人,分了口粮地每人6亩,葡萄地每人3亩,全家当时50亩地。也就在那一年,国家发了葡萄苗子,我们开始种植葡萄,然后生活就一天天好起来了。现在听说我们二墩村有4000多亩地。我还有2亩多的枣园,枣由我女儿拿出去卖掉,每年也就卖个一万六七千元吧。2007年我们去海南、桂林去旅游,我们两口子每人花了7000多元。

我们有4个孩子,1男3女,儿子酒泉师专毕业后在敦煌市当老师,大女儿出嫁到阳关一队务农,还有两个女儿一个在敦煌市:一个商场打工,一个在当导游。现在我们家的葡萄地是我女儿在种。羊养了6只,十几天前把十几只羊卖了,还养了3只毛驴,现在岁数大了干不动了。

可见,新中国成立前阳关也有较多普通人家从敦煌市附近或河西走廊中西部地区的农村迁居而来,初步形成了以大户人家为主、普通人家为辅的具有鲜明小区域特色的地方社会。从老人们的讲述中可以知道,当时阳关地区已经有了以西佛堂、龙王庙等民间信仰为依托的公共建筑,大户人家甚至请了私塾先生开展教育,说明人口的聚集已初见规模,地方社会已经形成。而在阳关绿洲上,已经产生了人们认为的三户"地主"人家,也足以说明阳关地方生产和经济也初具规模。

---

[1] 访谈对象信息:男,1945年生,汉族;访谈时间:2019年7月31日上午;访谈地点:阳关二墩村对象家中。

（二）20世纪50—70年代：河南鲁山人和敦煌周边少量人口的迁入

20世纪50年代抗美援朝战争结束后，大批热血青年奔赴西北，国内掀起支援大西北的高潮。1956年前后，一大批人口在党和国家"建设大西北"号召之下从河南鲁山迁居于此。那时的阳关，还是一个极其落后的小镇子，没有平整的楼房，没有四通八达的铁路网，举目四望，皆是荒芜。这种大规模的政治性迁移在20世纪60年代初却发生了突变，由于扛不住"防风治沙"的繁重任务和艰苦条件，大部分鲁山人选择私自逃离这里，只留下了如今定居于此的三十几户。

> 我❶是三岁的时候跟随着父母、爷爷、三个兄弟姊妹一起从河南鲁山迁过来的，是响应政府"建设大西北"的号召而来的。现在居住在营盘村三队，我老伴是河南杞县的，1958年的时候从河南杞县迁移到了敦煌旁边的转渠口，她是1978年从转渠口嫁过来的。和我们两个人一批从河南迁过来的，一直从1956年持续到1962年，这一时期每一个县对应敦煌地区的每一个镇进行人口迁移。1956年、1957年两年生活还不错，但是到1958年，由于防风固沙任务重，生活条件艰苦，许多从河南迁过来的这一批人在1961年、1962年私自逃回了河南鲁山家乡。我们一家人来到这儿之后，又生了五个孩子，所以加上我一共有8个兄弟姊妹。至于为什么我们家没有离开，是因为我们家人口多，父亲身体又不好。
>
> 营盘村的一队在"四清运动"之前其实是属于阳关村的，最早的营盘村只有二、三队，四、五队是南滩，"四清运动"之后才将一、四、五队划入营盘村。营盘二队的"张家"（地主张东）是"开明地主"，是从山西来的，在定成分的时候连四类分子都没有定，没戴帽子，风评还不错。他有两个老婆，大老婆生了两个儿子：张希圣、张希原；二老婆也生了两个儿子：张希贤、张希怀。20世纪60年代末的时候政府组织调田，目的是将小块的、分散的田地整成大块的田地，六七个人分成一组，当时大家争红旗争得特别激烈。60年代末，社办林场（今龙勒村）就开始种瓜果蔬菜实验田，南湖乡最早开始种葡萄可以追溯到1987年。90年代初，营盘村试种过棉花，但是棉花不开絮，在种棉花之前基本上种的都是粮食作物，比如小麦、玉米、洋芋、大麦、

---

❶ 访谈对象信息：男，汉族，66岁，营盘三队；访谈时间：2019年7月17日；访谈地点：访谈对象家中。

青稞。种完棉花过两年后开始试栽葡萄，谁栽活谁有奖励，栽死的还要罚钱，但是每栽种一亩，政府还要奖励一些钱。

我们营盘村的灌溉水源主要是黄水坝水库，阳关村的灌溉水源是西土沟，寿昌村主要用新工坝灌溉土地。70年代末，修新渠种新树，这应该是公社在营盘村进行的最后一次大规模的工程建设。我们营盘村因为位于乡的主干道上，上级检查就经常来营盘村附近，阳关村位置比较偏，所以管理就相对松一些。

我在90年代的时候出了车祸，瘫痪了24年。我有两个儿子，大儿子在市政府工作，二儿子在七里镇的光电厂工作，二儿媳是市区周边的县城嫁进来的。大儿子和儿媳在市区工作并住在那儿，二儿媳农忙时在我们身边帮忙干农活，农闲时出去打零工，孙子由老伴每天接送照顾。两个儿子在市区都有房有车，如果不是因为我瘫痪在床，我和老伴就进城生活了。

二墩村是1974年全公社抽调劳力新开垦的土地，在1978年迁过去的就有十多户，改革开放后就逐渐有青海人迁入。

听说在1991年，有一批四川人承包了营盘林场签了三十年的合同，这一批四川人是一个邓姓大家族，成员包括姐姐、妹妹、父亲、侄儿、侄媳妇等。他们在这里常住，但没有落户。

另一位由鲁山迁居来此的老人也说：

我[1]是初中学历，现在住在阳关村一队。1956年从河南鲁山迁到这里，1968年到1974年初在西藏当兵，当时我所服役的军队是十一师，后来迁到了乌鲁木齐和吐鲁番一带。当兵回来之后与我老婆结婚，并育有三个孩子。大儿子1974年出生，大概在1994年结婚，大儿媳是从孟家桥嫁过来的，现在这两个人在市区开服装店，每个月要去乌鲁木齐进货。二女儿1976年出生，第一段婚姻以离婚收场，儿子判给了父亲，后来又再婚，现任丈夫是敦煌市区的一名中学教师，对方带了一个儿子，大概十二三岁。小儿子1978年出生，现在在阳关镇有一个名叫"飞天药业"的药店和"史丹利"的化肥店。我儿子的这家化肥店是附近这五家生意中最好的一家。

1956年，我们老家进行了三批大规模的迁移，是由政府组织的。第一批迁移到了青海湟源，第二、三批都迁到了敦煌市附近。我们也是那一时期从

---

[1] 访谈对象信息：男，73岁，汉族，阳关一队；访谈时间：2019年7月15日；访谈地点：访谈对象的小儿子的史丹利化肥店门口。

河南鲁山迁移到这儿的一员。改革开放后，由于户籍管理制度的放松，大部分适应不了这里的环境和生活，不习惯的人就又迁走了。现在全乡剩下三十几户从河南迁过来的，其中阳关村还剩下十几户。1956年，我们由政府组织到兰州，再从兰州坐车到这里，带着锅盔和咸菜当路上的干粮，一个县有一个领队的。当时我跟随着父母和哥哥一块迁过来。哥哥的儿子在青海石油的敦煌基地工作，哥哥现在跟随着他儿子和儿媳居住。在我们刚迁过来的时候，现在的营盘和阳关还只是荒滩，当时本地只有三五十户，有三个高级合作社。在我们还没有来时，据当地人所说，在渥洼池上面的草场上有一批维吾尔人和哈萨克人，后来他们中有亲戚的迁到了新疆的巴里坤，没有亲戚的迁到了阿克塞哈萨克族自治县。在解放前营盘二队有一个姓张的地主，阳关一队有一个姓宋的地主。

最早的黄水坝是由当时的两家地主为了防止水灾在20世纪40年代雇佣佃农所修，高两三米，宽一两米。黄水坝在20世纪50—90年代年年都要进行维修和加固，这由政府的水管所给各家分配任务，一般是一亩地两方土左右，这要视当时的修缮情况而定。我们一般都是冬天去修的，因为只有冬天是农闲，大家才有时间。最早大家用毛驴和手推车运送土到黄水坝，后来才逐渐用到拖拉机。黄水坝以前有人养鱼、划船、搞生态游，要收10元的门票钱，当时也有村民去卖酒烟、葡萄干，但是赚的并不多。21世纪初，黄水坝淹死了一个外地来旅游的小孩，水电局和黄水坝开发承包商互相推诿责任，最终事情也不了了之，此后也就无人承包了。黄水坝是在2011年改名为渥洼池的，现在的黄水坝在五一前后有很多外地游客来野炊，最多的时候有几百辆车，但是现在没有人承包黄水坝，因为大家都怕承担责任。

人口的迁移流动与一个国家的政治经济形势密切相关，因"开发大西北"而产生的迁移就是其中之一。作为调整国家发展的适时性战略，迁移至阳关镇的河南鲁山人也只是国家计划性迁移的一小部分，但也足以代表当时人口迁移的整体状况。

通过上述访谈，可以感受到以上的这两批人是阳关人口迁移的主力军，奠定了阳关人口主体的总基调，人口"聚合"的效应从这个时期开始慢慢彰显。他们经历了各种艰苦岁月，历经了饥荒等特殊年代。也正是因为这样，在年轻或壮年时主动或被动地选择携家带口离开故乡，为生活寻觅至阳关。一晃几十年，他们身上早已刻下了"阳关人"的烙印，他们全身都散发着浓郁的中国乡村传统气息，成为铸就阳关传统社会的开创者，是阳关这个移民村庄变迁过程的见证者。我们力图以村民的集体记忆为出发点，把他们放到阳关镇近百年的社会变迁过程中去考察，为探寻阳关镇的人口迁移史提供其应有的价值。可能是都经历过饥荒等重大的社会集体变革的缘故，属于他们这一辈人的集体记忆更为突出一点，对作为"阳关人"的身份认同感和集体凝聚力都比后来者更为强烈。

（三）20世纪80—90年代：青海乐都、四川和甘肃移民的迁入

1. 来自青海的移民

这批青海移民以青海省乐都县的移民居多，其他的青海移民多以散客的方式迁入，投亲靠友式的自发农业移民是这批移民迁入的主要方式。这类移民大多依靠亲缘与地缘的关系，采取投靠亲友的方式完成迁入。由于青海油田的阳关农场就在阳关地区，一些移民经过青海油田职工的介绍和亲缘引力而迁入阳关住居生活。下面这位当事人的迁移过程和原因正是如此：

我❶1947年出生在青海乐都县达拉土族乡滚子洼村，八九岁的时候在村里上小学，小学六年级还没毕业的时候回家在生产队参加劳动。1962年结婚，爱人是乐都县雨润乡汉庄的人。1965年开始在生产队当了两年会计，以后再没当过村里的任何职务。

从家谱上看，我们家族在老家是个大家族，在邻村有许多姓袁的人和我爷爷那一辈兄弟姐妹6个，我爷爷是老大，从名字看爷爷是秉字辈的，具体名字不清楚。我父亲兄弟姐妹6个，我父亲是老四，他们全部生活在滚子洼村。我兄弟姐妹5个，我是老三，有两个哥哥，两个姐姐。大姐出嫁到乐都雨润乡，过世早，另一个姐姐也出嫁到雨润乡，过世已经三四年了。我的二哥在青海石油局敦煌基地上班后退休，他是因为他的一个堂哥原来在青海油田上班，所以把他叫过去上班的，这个堂哥后来支援大庆油田去了大庆，他的后代现在也在大庆那里生活。我二哥刚到石油局时是工人，后来成为干部，最后在科级岗位上退休，现在他的后代都在青海石油管理局敦煌基地里上班。只有大哥、我们两家及子女们在这里生活。

我有5个小孩，3男2女，现在全部在这里。大儿子1966年出生，大儿

---

❶ 访谈对象信息：男，72岁，汉族，二墩村；访谈时间：2019年7月14日；访谈地点：访谈对象家中。

媳是乐都老家的；二儿媳是青海省乌兰县的，他们也是从乐都县移民到青海省乌兰县的人；三儿媳也是乐都老家的；最小的儿子是1977年生的。一个姑娘出嫁在本村，一个出嫁到湖北了。大儿子有2个小孩，大的小孩1989年出生，小学毕业，小儿子在兰州市上班；二儿子有1个姑娘1个儿子，都在本村，姑娘出嫁了，儿子还没结婚，姑娘大学毕业；三儿子也结婚了，在本村，也是1个儿子1个女儿，儿子现在新疆和田当兵。我大哥家5个儿子，其中2个儿子在青海石油局上班，3个儿子都在这里。

所以，现在我们袁家在本村共有6户共28口人。

1992年，我们通过二哥的关系迁移到阳关镇的二墩村，迁移到这里的主要原因是老家是在山上，是靠天吃饭的地方，没有灌溉，收成不好，生活也较困难，吃水困难，山路也不好走。当时我父亲82岁，他同意来这里，但是母亲不同意迁到这里，她78岁的时候就去世在老家，她去世3周年后我们才迁到了这里，户口等都一起迁过来了。迁到这里后房子全部是自己盖，土地给了每人6亩，当时我来这里的时候包括我们家在内二墩村总共53户，现在已经有110多户了。刚来的时候我们种小麦，但是产量不行，生活也很苦，比老家的生活还差一些。过了几年，开始种葡萄之后，生活水平慢慢提高了，收入增加较快。

父亲是1997年去世的，享年85岁，葬在了这里，坟就在村东南的沙地里。父亲去世的第二年，我们从老家把母亲的遗骨也迁到了这里，就葬在了父亲的旁边。现在每年我们在清明节这一天上坟，每年轮流宰坟猪，也滚馒头，进行清明节的祭祀活动。这个地方是在清明节上坟，老家是在田社时（就是春分）上坟。我们到这个地方后就跟着这里的风俗，清明节上坟。

在丧俗上有一点重要的不同，就是下葬之后必须做羊肉粉汤给所有参加送葬和葬礼的人吃，而我们老家是旗花面，也就是寸寸面，里面可以放猪肉，也可以放羊肉或者牛肉，看主人家的便利条件。但这里必须是羊肉粉汤，也不知道是什么原因，就是这个风俗。

我们到这里之后，和本地的人们关系很好，这里的人非常仁义，没有那种欺负外来人的情况。所以也没有感觉到受欺负，村里人的关系都处得不错，没什么矛盾。现在老家有亲戚有婚丧嫁娶的事情的时候回去参加，其他也没有多走动了。

儿子们10年前就在敦煌市区买了房子，我和老伴平时都在敦煌市区，主要是照看孙子们上学，他们一放暑假或寒假，我们就回到二墩村生活。一般情况下，这里的农活10月中旬就全部干完了，农活干完之后，儿子儿媳就回敦煌市区生活，我们老两口回到村里生活，一个冬天我俩就生活在村里，儿子孙子们在敦煌市。他们4月初农活开始的时候才回到村里来，所以他们生活在这里的时间也就每年7个月的样子。现在我们也把这里当成家乡了，毕竟生活了二十多年了，儿子孙子们更是习惯了这里的一切，把这里当成了家乡。但是村里的人都知道我们老家是青海的，所以一直叫我们是"青海人"。

类似的，一位1990年从青海乐都迁移至二墩村的老人说：

我❶是当年与我的老公带着几个孩子迁到这里的，我们是1990年迁到这里的。当时我们从乐都坐火车到格尔木，那时我们坐的是硬座，坐了大约一天左右，那时票价便宜但只有硬座；从格尔木到敦煌我们坐大巴过来的，花了一天时间。当时那里是山区，靠天吃饭，孩子又多；我们是听亲戚说这儿挺不错的，可以迁过来，所以我们就过来了。二墩村在那时候有大概二十来户，现在二墩有一百三十多户。在二墩的青海人不多，只有十多户，在镇政府那边还有十几户青海人。现在在二墩落户比较难，在十年前落户才开始艰难起来，我们这里最晚落户的差不多就是十年前，我们这里大部分都是从外面迁过来的：有高台、武威等甘肃其他地方的人。

刚迁过来时，什么都没有，连吃水都要在那两个涝坝里吃，那两个涝坝不仅人吃水，牲口也在那儿吃水，有时候牲口吃水边在那儿拉屎撒尿。我们没办法也只能吃这样的水，现在我们这儿大概有五六口井，我们吃的水就主要来自这些井。我们刚迁过来时就给我们分了地，落了户。当时是经过村委会同意，乡政府批准后我们才在这里落户。我们来时每人分了6亩地，一半口粮田，一半葡萄田。栽葡萄还没有收入前大家都不太愿意种，直到葡萄赚了钱，大家就把自家的口粮田中的粮食全部铲掉换成了葡萄。大概在我们迁过来一两年后大家就普遍开始种葡萄了。二墩后面的小沟里是葡萄长得最好的地方。分地的时候老户分的地葡萄藤都长到架子上了，我们新来的葡萄藤刚长起来也就一个手掌那么高。

我们有7个孩子，5个儿子2个女儿，其中我的儿子们找的妻子基本都是

---

❶ 访谈对象信息：女，汉族，1949年生；访谈时间：2019年7月25日；访谈地点：访谈对象家中。

老家青海那边的,我的两个女儿也都嫁回老家乐都去了。

另一位从青海迁入阳关的访谈对象说:

> 我[1]是1994年从青海乐都县迁过来的,从乐都坐班车先坐到武威,再从武威拐到敦煌,距离1100多千米,我们坐了一天半的班车。我们跟董旭是一年来的,但我们没有亲戚关系。我们兄弟姊妹总共有八个,我们迁过来的有兄弟三个,我是排行老四,另外两个排行老三和老五,其余的五个姊妹都还在老家。来的时候直接就将户口落在这儿了。两年之后就分了家。母亲才来了七年,户口还在青海没有迁过来。
>
> 原来在老家的时候,我们还没有分家,一个大家族大概有十七八口人一起种了三十多亩地,大概都种小麦、洋芋等,那时候都是靠天吃饭,也经常下雨,收成只够填饱肚子。当时选择迁过来肯定是因为经济困难,在老家的时候一般都是地种上就去打工了,8月份出去等到快收的时候就回来,一般都是哪儿有工就去哪儿打,也没有固定的地方。
>
> 我和我兄弟都是在老家结完婚之后才迁过来的,媳妇都是老家那边的。来的时候房子是自己修的,政府先给批的地。至于当时我们为什么会选择这个村,是因为我的侄儿是这儿的女婿,存在着这样一个亲戚关系才把我们引荐过来。迁过来之后一家子收了1500块钱的落户费。我们最开始迁过来的时候有五口人:我、我的媳妇、我的大儿子、兄弟和兄弟媳妇。最开始我妈还没有迁过来,是七年前把她从大哥手里接过来的,大哥在青海海西蒙古藏族自治州种地,其余时间还要去打工,所以没有空闲时间,我只种地不出去打工,所以有时间照顾我妈就把她接过来了。
>
> 最开始来的时候政府按人头分地,一人2.5亩地,我们家最开始有5亩地,后来又在七年前买了4亩地种。老家的地是在山脊,产量不好,一亩小麦也就收个三四百斤,勉强够喂饱肚子,额外的收入几乎没有。现在这儿种葡萄,产量也不稳定,像去年好的时候产量可以达到一亩5000斤,每家的价格也不确定,葡萄捂得好的话可以卖到三块四五一斤,捂得没有那么好的话卖到两块七八。我们家也没有搭棚,一个原因是代价太大了,另外一个原因是搭棚人工消耗太大了,十亩地我们也没有雇人,都是自己种,所以也不想增加负担。我们村里的冷库大都集中在我们北工这边,大库有五六家子,一

---

[1] 访谈对象信息:男,51岁,汉族,四清一队;访谈时间:2019年7月23日;访谈地点:访谈对象家中。

间冷库大概有将近80平方米。农户需要将老板挑好的葡萄送到库里,农户入库是不掏钱的,存库的钱是老板自己掏的。

前面那个房子是2012年盖下的,当时盖房子加装修大概花了20来万元,是自己找的工程队修的。我们冬天都进城去住了。我们5年前在敦煌市区买了房子,104平方米,当时买的时候大概4000元一平方米。在我们村里几乎每家都有一套房。生活条件也就是近几年才慢慢地提升,原来一直都不咋样。刚来的时候那些老户都已经把好地给弄走了,我们只能分到那些边上的地。迁过来之后我们大概打了十年工,一般都是给老户盖房子之类的工,等到葡萄地慢慢好起来了我们才全部将精力用到种地上。刚来的时候葡萄只是很少一部分人种,我们来的时候还没有种棉花,种的是麦子,但是产量不行,一亩也就产个200斤,种了一两年麦子之后开始种棉花,棉花产量也不理想,一亩大概三四百斤。

我们这个村都是从五湖四海迁过来的,只不过他们来的早一点,我们来的稍微迟一点,大家关系都是很好的,没有那种老户与新户的区别。

另一位来自青海化隆县于20世纪90年代初迁入阳关的访谈对象,讲述了她家的迁移过程及基本情况。

我[1]1954年出生在青海省化隆县下扎巴乡,没上过学。1972年出嫁到化隆县昂思多乡白土庄村,丈夫1952年出生,汉族。这个村是一个汉藏两个民族的混居村。来阳关之前一直生活在这个村里,现在自己的户口还在昂思多乡。曾经在20世纪90年代初到中期担任村妇联主任五年。现在我的父亲还在老家,身体很好,妈妈2017年去世。我的丈夫10年前因癌症去世了,去世时58岁,就葬在龙勒村。

我有4个孩子,2男2女,都在龙勒村。老大没上过学,老二读到小学四年级,老三上了个初一,现在均已结婚。大儿媳妇是阳关镇营盘村四队的,是本地人,2007年从营盘村嫁过来;老二媳妇是本村的,2005年结婚;两个女儿都嫁到了阳关国营林场。

90年代初,我的丈夫经人介绍,到青海海西的德令哈去包地,当年花了家里所有的积蓄,还借了钱,种上了小麦和青稞。但那一年麦苗出来后来了严重的霜冻,把麦苗都冻死了,小麦绝收,所以钱都赔光了。他从德令哈回

---

[1] 访谈对象信息:女,汉族,1954出生在青海省化隆县下扎巴乡,1998年随丈夫迁居阳关镇龙勒村,现居龙勒村;访谈时间:2019年7月14日下午;访谈地点:访谈对象家中。

来后，为了补回来这些亏掉的钱，在一个民和县朋友的介绍下，说甘肃肃北县有好的发展前途，就带我们全家，还有村里3户人家一起迁到了甘肃肃北县，我们两口除小孩之外还带着我丈夫的一个侄子，他的父亲去世后妈妈没办法管三个小孩，所以我和丈夫就把这个侄子也当成自己的小孩带上了。时间不长，我的大女儿就经人介绍出嫁到了阳关国营林场。住在那里的第二年夏天，肃北县发了大洪水，洪水非常大。我的侄女就住在我家不远处，但在洪水来临时不知去向。第二天洪水退去后一家人找她，也还到党河水库找，但找了8天都没有找见，最后就把她的衣服等收集起来，请来了阴阳先生举办了简单的葬礼。我们一家人非常伤心，就在丈夫的带领下全部到了德令哈，但住在那里生活还是困难。第二年我丈夫来阳关国营林场来看大女儿，听到这里可以迁户口，而且土地等条件不错，所以就又从德令哈举家迁到了阳关镇的龙勒村。这一年是1998年。

刚来的时候没有给我们分土地，我们以4000元/亩的价格买了7亩土地，开始种葡萄，后来儿子又买了2亩土地。1999年，我们把户口迁到了这里，但是我和丈夫的户口一直都没有批准签过来，所以我俩的户口一直在老家青海省化隆县昂思多乡，青海那边还有我俩的土地，每个月都会给我们发老年人生活补助金。

来的时候住的破房子、简单的房子。现在住的这个房子已经修建13年了，有地暖但不太热，大儿子结婚以后买了锅炉供暖，但还是不太热。这个房子条件还可以，是政府统一设计盖的，我们掏了一部分钱。这个房子我丈夫没享受几年，就因癌症去世了。

现在大儿子的女儿在兰州上大学，其他孙子孙女在上小学或初中，儿子儿媳都在村里种植葡萄，每年的收入还行，生活过得还可以。孩子们都因为在这儿长大甚至出生，所以把这里当成了自己的家乡，都非常适应。我的一个侄女嫁给了我丈夫的侄子，我的这个侄女就在村里的塞外农家园当服务员。所以在龙勒村我们有3家人是亲戚，加上那边阳关国营林场的2个女儿，亲戚也不少。

最近这两天在给葡萄上化肥，一直也没浇水。我们也是兄妹四个，我的父亲一辈子都在当干部，老师、村长、书记都干过。我们老家那边的藏族人收庄稼后就开始在村里举行射箭比赛，一个冬天都是这样，现在也这样。这里没有这样的活动，村里的文化活动很少。

除了种植葡萄，家里还养了三头猪，大儿子、小儿子、侄子每家一头，都是我在管理和喂养。这里的一只猪崽就1000元,因为贵,加上其他原因,所以村里的其他人都不养猪。我们家也没地方养羊,村里很多人家一般都会圈养几只羊,自己吃或者出售。院子里种了些枣树和桃树,到时家里人自己吃吃。

关于村里的青海籍移民,寿昌村的一名村干部说:

我❶今年52岁,大专毕业,2002年开始担任村支书,2016年考上了镇上的公务员,今年二月调到镇政府。1990年以后从青海迁来了两户人家,并在此落户。第一次土地承包是1983年,第二次土地承包是1996年,青海两户人家都分到了地,所以他们肯定是在1996年之前迁过来的,但是具体哪一年我记不清楚了。因为1996年12月15日晚上12点以后出生的人不能分到土地。

在过去靠天吃饭的状态下,由于生产技术不够发达,一个民族或群体形成何种社会生产方式,很大程度上取决于该民族或群体生活在怎样的环境中,可以说有怎样的自然环境,便会形成与之相符合的劳动生产方式。来自青海的移民群体大多都来自山间河谷交错的地带,随着山地抬高,气温逐渐降低,植被覆盖率也越来越低,土质疏松干燥,易降雨雪,虽然有利于耐寒植物的孕育,但是对于农耕经济的发展构成了根本上的阻碍,缺少额外的经济来源是青海移民举家迁移的直接动因。不可否认的是,转换一个新的生活环境需要进行方方面面的调适。首先,体现在自然环境的改变引发的生产结构和经营方式的改变。迁居到阳关镇后,由原来的粮食作物为主的农业生产方式转向以葡萄种植为主的经济作物生产模式。初期因缺乏葡萄种植的技术和市场经验,导致进入市场的成本很高,后期也因不能及时找到销路而全部烂掉;其次,面临着新的社会关系网络的建立以及与新的社会环境的融合。与四川移民相对比,青海移民在这两个方面的适应周期并没有太长。因甘青两省位置上的接邻关系,空间距离的接近以及行政建制的密切关系则会直接过渡到文化领域,使得甘青两地的文化异质型削弱,不会产生相互排斥的结果,更有利于移民者与当地文化的融入。现今的青海油田敦煌基地也是乐都人比较多的单位,至今依然有不少青海乐都人在那里工作和在敦煌定居,更加有利

---

❶ 访谈对象信息:何文武,1967年生,汉族;访谈时间:2019年7月20日上午;访谈地点:访谈对象家中。

于青海乐都人迁居阳关。

"推拉"理论是关于人口迁徙的重要理论，最早对人口迁移进行研究的学者是英国的莱文斯坦，他早在1885年发表的《人口迁移之规律》这篇论文中，就提出了人口迁移的七条规律。首先提出"推拉"理论并运用于研究人口流动原因的是巴格内，巴格内认为人口流动的目的是改善生活条件，流入地的那些有利于改善生活条件的因素就成为拉力，而流出地的不利的生活条件就是推力，人口流动就由这两股力量前拉后推所决定。运用该理论来解释青海移民的选择正合适不过。在人口流动自由的情况下，人口移动就是在改变生存和发展状况的"拉力"和限制个人发展的人口迁移"推力"两种力量的共同作用下完成的。高寒地带欠发达的农耕经济与阳关较为光明的发展前景共同构成合力，推动着他们迁移行为的发生。

移民者在进入新的生存环境中时，所面临的首要问题便是融入的问题，尤其是"文化融入"的问题。所谓"融入"，是指把个人在一个文化和族群多元化的社会中的处境混同于在一个文化和族群相对单一的社会中的处境。这时，移民的自我调适就显得尤为重要了。对于这批青海移民来说，清明节的祭祀活动、丧俗仪式等逐渐呈现"入乡随俗"的趋势，在一程度上与老家割裂了某种层面上的关系。

2. 来自四川的移民

一般来讲，移民村庄的历史短暂，社区记忆不强，如果移民的异质性很强的话，村民之间的信任度则会很低。四川人的到来将上述移民村庄的特征展现得淋漓尽致。阳关的四川移民其实就是专指营盘四队的某姓一大家子，十几口人的陆续到来呈现出"家族式迁移"的特点。

我[1]是1994年从重庆迁过来的，当时重庆还隶属于四川，来的时候我爸和我大伯带着我们四个堂兄弟姐妹，1997年承包了四队这儿的一百多亩地，签了三十年合同，当时大概花了几万元，因为之前发生了洪水把沙子带到这里，地就变得不好，所以当时卖得很便宜，买这块地直接通过乡政府。但是我们在这儿种地十来年才收回成本。1999年我们这几户在这儿落户，当时户口还比较好入，到了21世纪初落户就比较难了。刚到这里时我们种的是温室蔬菜，后来到1998年开始种葡萄。刚搬到这儿的时候宅基地是政府批的，我

---

[1] 访谈对象信息：男，汉族，39岁，营盘四队；访谈时间：2019年7月19日；访谈地点：访谈对象家中。

们自己修的房子,当时有一条大水渠,旁边的几条小水渠是自己修的。这几年中葡萄在去年赚得多,纯利润最高接近一万元一亩;最坏的时候是2015年,一亩挣个一两千元勉强保住了生活费。我们这几家不打伞只盖塑料棚。我们村有名的中介人有李明和田亚萍,收葡萄时是老板通过中介直接找到我们,与我们沟通价钱,随后老板又与中介商量冷库费用,通过哪个中介就进哪个中介的冷库。

2009年我们翻新房子政府补贴了几千元。但是柏油路到现在还没通,自来水也没有通,说是今年就会解决这些问题。我觉得这任的村长和村支书还不错。我们周围有6户人租了两百多亩地,据说有一家是老板买来包给他们的。这几年政府弄的绿化使空气比来的时候好多了。

我大伯、大伯母已经去世了,他们有三个孩子。我大侄子今年30岁,在上海工作;大侄女已经嫁人了;二哥家的儿子今年23岁,在四川传媒大学上大四,女儿才9岁;姐姐嫁给了本地人,她的大儿子今年30岁,在外地做摄影师,老婆是老家人,女儿今年26岁,在敦煌当代课老师,毕业于天津的一所大学。我的老婆是老家来的,我有两个孩子:大女儿今年16岁,在兰州文理学院上学,儿子13岁今年上初中。至于为什么选择这个地方定居,是为了在这儿可以落个农村户口。我们已经适应了这里的环境,所以不太想回老家,而且老家的地也已经卖完了。在老家的时候我们是按人头分地一人一亩,当时记得在老家干农活累,在这儿不太累。

众所周知,在传统型的农村社会中,对农民最重要的资源是"土地",谋生的重要手段是"农业生产",人们附着于土地而世代定居。因此,土地对于农民来说重要性十足,而这一家四川人的到来主要是因为阳关有很好的土地可以利用。

然而,人口的迁移中,先来者与后来者的矛盾普遍存在。对此,埃利亚斯在其名著 *The established and the outsiders: a sociological enquiry into community problems* 一书中有着淋漓尽致的描述和分析。埃利亚斯以文明化理论分析社区中不同群体的社会地位与社会关系,尽管埃利亚斯所选择的这个社区不是一个传统类型的社区,而是一个发达国家中典型的随工业化发展起来的现代小城镇,位于城市边缘,本地人与大量外来工混杂居住在一起,内部关系复杂,与今天中国城市周边的社区颇为类似。在他看来,社区群体间关系的形成是一个动态发展的结果,在此过程中,一个群体内部逐渐形成了对个体具有约束力的礼仪规则,个体越来越需要考虑自己的行为对他人与群体所造成的后果，遵守这样一套礼仪规则的人共同构成了"局内人"群体，而外来者往往因缺乏相应的礼仪规则，而出现行为取向上的诸多"偏差"，成为局外人。此种"局内人—局外人"的分析模式对于当代中国的传统社会研究具有重要的意义。先来者对后来的"四川人"存在一定的区分也就在所难免，以下访谈对象的说法印证了这种关系：

> 我❶是营盘三队的，四川人来的时候，我们村正好有一百多亩地闲置，因为发洪水，地也不成型所以就闲置下来了。他们跑过来也没有经过我们本队村民的同意就去找政府要地，政府也没经过我们本队村民的同意就把地给他们了。后来闹得我们村民都不乐意，不高兴就要地去，但是没人管。于是我们就自发地直接进去，反正地是我们的，地上的东西你腾走。最后找政府出面，政府说到2026年归还我们的土地。30年的承包合同，到2026年到期，还有几年时间，到期了他肯定是会归还我们的。
>
> 最开始就是他带着他几个亲兄弟、亲姐妹，后来又把他几个叔伯家的兄弟姐妹叫过来。他们当时承包了之后先搞的温室大棚，种了三五年的温室才开始改种葡萄的。我们也不知道啥时候他们的户口进入营盘了，我们本组村民落一个户口都多不容易，都需要挨家挨户签字同意，至少需要经过百分之八十的村民的同意才可以，而且那个是需要过会的，他们的户口都没有经过我们的同意就直接迁入了。他们来的时候住的房子都是自己找地方修的，那个时候根本就没有人管。修起来之后搞房屋确权的时候，我就说地是我们队的地，但是房屋这块地方也没有划分谁的，所以就把房屋确给人家了。去他们屋的那条路也不是很偏，就住了几家人，所以就没给他们修路。他们旁边住的五六家甘肃迁来的，不属于我们三队，营盘林场、四队、五队的都有，当时入户口的时候人家是经过村民承认的，地也是卖给人家的。营盘三队除了有四川人之外，还有几家是从武威、张掖等地迁过来的，他们的地有的是买的，有的是自己建的。因为那种三荒地一般承包合同是50年，最多70年，最少也有30年，所以大部分都出钱买地。但是户口大多数都是私底下搞起来的。各家各户和他们家联系的不多，没有啥交集。也不是说不联系，就是见面了打个招呼而已。

下面用图1-1来展示这二十年来四川人与阳关其他村民之间的关系。

---

❶ 访谈对象信息：男，汉族，营盘村三队的上任队长（育童超市老板）；访谈时间：2019年7月30日；访谈地点：阳关镇育童超市。

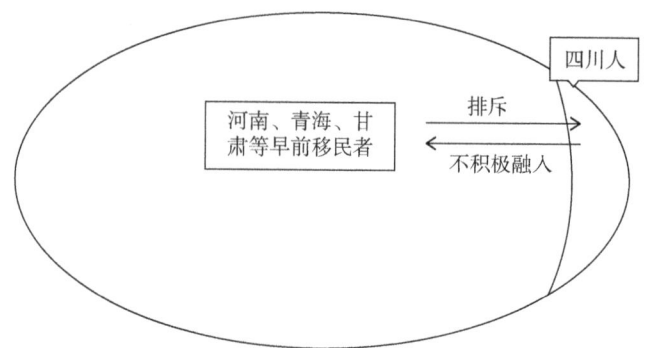

图 1-1　阳关地区先来者与后来者（四川人）的关系图

在移民村庄的整合过程中，不可避免地会因为资源的争夺而产生分歧，进而引发矛盾。这种冲突事件的发生不可避免地会对已有的或者尚未稳固的移民村庄的秩序带来冲击。土地是阳关镇最关键的利益资源之一，早先的移民者与后来的外来者即四川移民对于土地资源的享用和占有都各执己见，矛盾难免发生。早先的移民者在与四川移民对抗的时候总是显得那么团结。并且在对抗的过程中，先来者不约而同地与四川移民画下了一条长长的界线，激发了群体内新规范、规则和制度的建立，强化了人们对社会生活的参与，最终使得与已经变化了的社会条件相对应的社会关系的调整成为可能。

3. 来自甘肃的移民

这一时期从甘肃省迁入阳关镇的人口主要来源于甘肃武威地区和通渭、静宁等地，但人口总量不大。

一位村干部说：

我[1]们村里有3户从通渭迁来的人家，都是1997—1998年间迁来的，所以他们没有分到地，到这里后靠租地生活，同时他们自己在村西南的沙地那边开了一些地，现在的生活过得也很不错。20世纪80年代的时候迁来的少，因为那时候户口也不好落。后来有青海的来这里落了户，也分到了地。之后从通渭迁来的那几户就没分到地，但他们的户口现在都在这里。2000年之后，我们村几乎就没有从其他地方迁来的人，也不好落户口，更没有地可以分。

在林场那边，八九十年代迁过来的通渭人、静宁人等挺多的，因为他们

---

[1] 访谈对象信息：男，汉族，1969年生，村干部；访谈时间：2019年7月19日；访谈地点：对象家中。

是可以落户口的，地也比较多，而且有可以开发的土地。这个时期迁到阳关农场的人也挺多的，但后来都走了。因为林场、阳关农场从通渭、静宁等地来的人和我们这边通婚的比较多，所以知道一些他们的情况。

一位于1991年从武威市附近农村迁移到二墩村的访谈对象说：

我❶是1991年从武威来家那边迁来的，就是因为我的一个姑姑嫁到了敦煌郊区，后来我到这边打工，觉得这边种葡萄的收入很不错，比老家好得多，再加上这边当时也有机会落户口，分到地，所以就迁来了。我们家就我一个人迁来，现在父母亲、弟弟妹妹都在老家。但迁来后发现那几年迁过来的也有十几户，武威附近的、通渭的，还有一个是兰州郊区的，都有，青海的也有两三户。我是迁到这边后才结婚的，现在有两个儿子，都在外面打工，家里只有我们两口在种葡萄，收入还行。我们在敦煌市区还没有买房子，因为条件还达不到。

这一时期通过通婚嫁到阳关镇的人也不少，一位于1989年从瓜州嫁到阳关村的访谈对象说：

我❷是1966年出生的，我的娘家在瓜州县，1989年我嫁到了阳关村一队，我和我丈夫是通过我丈夫在瓜州的亲戚介绍认识的。我是我们家的老大，我们家有三个姑娘，只有我嫁到这儿来了，我们村从别的地方嫁到这里来的特别多。我有两个孩子，大的是儿子，小的是女儿，女儿今年24岁了，在学考幼师，没结婚。阳关一队我丈夫的亲戚的孩子大约三十多岁，嫁到上海去了，在那工作生活稳定，几年没回来了，我们都是姑舅亲。

总的来看，这一时期从甘肃省迁到阳关镇的人口数量不大，但几乎各村都有几户迁入，主要从甘肃的东部地区迁来。相较于这一时期从青海、四川迁来的人口，这部分移民由于在地缘、语缘上和原来的阳关人口相投，迁来后的融入是很快的，几乎不存在原居住者和新移民之间的关系问题。所以虽然数量不大，但很快就成为形塑地方社会的有效力量。

（四）2000年之后：两栖居住模式的出现

阳关人口在20世纪90年代末期之后进入恒定期，随着城镇化进程的加

---

❶ 访谈对象信息：男，汉族，1970年生；访谈时间：2019年7月20日；访谈地点：访谈对象家中。
❷ 访谈对象信息：女，汉族，1971年生；访谈时间：2019年7月22日；访谈地点：二墩村活动广场。

快和葡萄产业的迅猛发展,越来越多富裕起来的农民或因改善居住环境提高居住质量,或因子女上学的需求,或因进城务工等的需要,纷纷在敦煌市区购房,比例高达80%~90%,形成了农业季(4月至10月)的农村阳关到农闲季(11月到来年3月)的城市敦煌的住居模式,称为居城劳乡两栖住居模式。这种住房消费观念发生的重大改变,从内涵上则预示着农民从"生存需求"向"舒适需求"的转变。两栖住居模式的出现和发展更多地与葡萄产业的季节性特征紧密相关:大多数小孩在敦煌市区上学,由此也就出现了一个小孩一个大人的陪读模式,而家中剩余的年轻人则也会在每年11月份葡萄埋藤之后带着老人进城过冬,因此整个冬季村镇出现空无一人的景象也丝毫不令人奇怪。这种居城劳乡两栖住居模式可以用简图来展示,如图1-2所示。

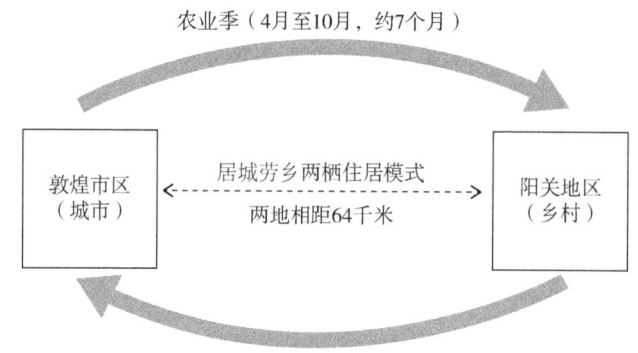

图1-2 阳关地区人口的居城劳乡两栖住居模式示意图

阳关在未受到城镇化浪潮的影响以前,还是一个较为稳定的传统社会。无论在文化观念,还是在生产方式、行为方式上,都突出表现了与现代城市社会不同的特征。然而,随着社会转型和现代化的推进,现代文化逐步走向开放、多元、批判,这从根本上转变了传统社会的结构与面貌,乡土观念逐渐淡化,生存理性逐步让位于经济理性和社会理性,村民对于乡村的乡土情结、社区归属感、认同感减弱乃至丧失。对于年青一代来说,这为他们逐步脱离传统乡村农耕文化提供了很好的借口。实质上,他们不仅不屑于社火等传统民间文化活动,对农业耕作也抱有快速逃离的想法。不可否认的是,随着城乡社会流动的加剧,人口迁移的活力也将进一步被激活,越来越多的乡土青年转化为务工青年,农村文化面临着持有者老龄化和年青一代快速出走的文化断层的局面,农村传统文化日益式微,乡间里的乡音也终将成为日后的回忆。

不仅仅是在阳关，当今世界的每一个角落都充斥着全球化的痕迹。全球化的 3.0 时代始于 2000 年，这也与阳关人陆续进城的时期不谋而合，它突出表现为建基在技术所引发的社会结构变化基础上的人类社会的一致性。全球化是解构传统化的过程，它把各种新型且明显不同的世界和生活方式集合在了一起，任何人都不可能坚持以传统的方式行事，而必须意识到在他面前存在着许多其他生活方式的选择。于阳关人而言，受现代化、城市化和全球化的影响，在城市文化、外来文化的传播与影响下，乡村地域文化受到冲击，地方特色文化被大众文化侵蚀，人们根深蒂固的乡土观念也相应处在快速地发展变化之中。"城乡两栖住居模式"正是全球化影响下的最新产物，城镇化的核心是人口城镇化，人口城镇化的重点是农村人口不断流向城市，而这正巧与当下阳关人口迁移的趋势相吻合。随着农业集约化的进程稳步加快，这种在科技牵引下的社会转型将更加彻底。

二、国营林场的人口迁移情况

这一时期来自甘肃的移民大部分落户在国营林场，少部分落户在阳关镇的其他村落，且这些移民大多来自甘肃的东部地区，如通渭、静宁、会宁等地。关于国营林场的人口迁移和运行情况，林场的一位干部说：

我❶们这里是 1996 年开始号召私人盖房的，家家都是 120 个平方米大小。国营林场直属于市里面的林业局管理，我们与阳关镇那边的管理模式最大的不同就是我们这儿都是城市户口，百分之八十的人都是城市户口。原先的国营林场本身就是城市户口，是带有工人性质的。他不像农民，身份就是农民，这里人的身份就是工人。2005 年体制改革以后与农民一样，职工身份买断。我们是国有土地，农村是集体土地，现在我们的土地还算国有，这边的防护林、生态林都还算是国有的。

场里百分之八九十都是从通渭、静宁、定西迁过来的，1985 年大规模地迁过来。1985 年农村开始土地承包了，我们还是国有的，林场职工只有几十个，当时只能采用招工的方式，招来的长期临时工一般都是来自敦煌附近的农村，他们通过表现慢慢就转成我们国营林场的正式职工，也就是农转非了。1979 年，国家号召要积极参与造林绿化活动，后来植树植得多

---

❶ 访谈对象信息：男，1967 年生，汉族，国营林场会计；访谈时间：2019 年 7 月 31 日；访谈地点：访谈对象办公室。

管理不过来了，就又招来了几十个敦煌本地人。到1985年时，农村开始承包改革，农民觉得自由了，各家种完地开始出去打工或者做小生意，随便出去做生意一天就挣个两元钱，所以本地人就陆续走了。林场就出现了人员缺少的情况。于是就走程序化进行招工，定西、会宁、通渭、静宁等地的人当时来的最多。那次招工就招了50个人，来的时候大多是一个人，干了几年都将老家的媳妇一起带过来在这儿落户。他们那些地方当时都是靠天吃饭，咱们这个地方1987年生态林转变为经济林，因为生态林光有投入没有回报，所以就改种葡萄。20世纪70年代我们就从新疆引进来葡萄，最开始有20亩地。我们是敦煌最早开始种葡萄的。开始的一年里，这20亩地葡萄，给职工分一点儿，上面搞接待的时候分一点儿，后来我们看这个产业发展前景应该会很不错，就让园业队的发展为30亩，后来又发展为50亩地。1983年又发展到100来亩。就是那一年，因为我们种的太多而且销路打不开，这些葡萄就滞销了。1987年、1988年又发展了两千多亩，再销路不好，它还是比种地强，这东西越少才越不好卖。我们达到两千多亩的时候就供不应求了。从那时开始我们的销路才真正打开。老板来收葡萄在那个时候已经形成规模了，而且在那个时候也已经形成了最早的代办人。最开始的葡萄特别便宜，大概也就一斤三毛。去年葡萄卖得最好，起价三块四，最高的可以到三块八。因为新疆的葡萄比我们这儿的熟得早，老板都先拉新疆的葡萄，拉完了再跑到我们这儿。我们这儿的葡萄有个好处，就是颗粒大，灌得好，显得精神，给人的感觉是鲜，所以我们的葡萄一到市场上去就把新疆的葡萄比下去了，但是人家的质量好。我们这儿的土地是流沙地，种葡萄最合适。

最早开始种生态林时主要种的是杨树，忘记是哪一年搞经济体制转型，转变为经济林。这几年开始号召搞生态建设，宣传绿水青山就是金山银山，又恢复原来生态林的建设，当然这一定是跟着国家的政策走的。生态林也就只起个防风固沙的社会效应，你说卖钱肯定一分钱不值。近几年，我们林场生态林栽得多。以前我们的葡萄从不打药，没有啥病菌，近些年病菌开始多了，而且降雨非常影响我们葡萄的收成。我们不像肃北地区人家是搞牧业的，人家需要降雨才能长草。有一年人家还搞了个人工降雨降到我们这儿了，影响我们了，但是一个地方一个环境，那个地方没有雨的话草长得不好。再一个影响因素就是大气污染，下的雨都脏得很，葡萄就烂在地里了。现在我们这儿种树全部是以单位形式种，不存在私人承包种树的情况。

1992 年迁入林场的一位访谈对象说：

我❶是 1992 年到这里来的，我家是通渭农村的。那里人多地少，我们家里弟兄 5 个，初中毕业后就在家劳动，也打了几年工。后来听朋友说阳关这里的农场招人，可以分地，也可以转户口，我就和我二哥到这里来看看情况。过来看了之后觉得很不错，回去后就和家里人商量正式迁过来了。当时我们 5 口人迁过来的，我哥哥、嫂嫂，就是他俩（访谈时对象正和其哥哥嫂嫂和侄子在葡萄地里劳动——笔者注），还有他们的两个孩子，还有我。我是到这里后的第三年结的婚，妻子是二墩村的。现在两个小孩，儿子在兰州打工，女儿在上大学。

我们这里归市里管，是国营林场，但其实和村里差不多。我们家现在有 10 亩葡萄地，收成好的话一年也有个七八万元，不好的话也就四五万元。虽然这里和阳关镇离得不远，但气候不一样。我们这边经常有大风、霜冻，主要是每年 4 月下旬到 5 月份的时候，一旦出现这样的天气葡萄就会受很大的影响，长势就不好，果子就少，品质也不好。今年算是比较正常的一年，但是葡萄还是没有营盘那边的好。我妻子的姐姐出嫁在营盘村，我前几天去她家时看到他们的葡萄比我们这边的长的好得多。

浇水的话也比较方便，这块地的上面不远处就是国家给我们林场专门修的水库，可以保证浇地。这个地方有时候还有洪水呢，去年的一场洪水就很大，冲了那边沙漠边上的好几块地。我和我哥哥家的这块地还不错，你看，两边都是树林，浇水方便，离家也不远。我们林场现在也有三四百人吧，总体上收入不如阳关镇上的，主要是地不多。现在村里的各种设施建得很好，道路也修得很好，就连田间道路也硬化了，很方便。我们这里的人基本都是甘肃人，少量的有青海、河南人，所以语言、风俗习惯方面也很相同，大家交往很好。

现在已经在敦煌市买房子去住的人家也不少，主要是二十几岁到三十几岁的年轻人，他们不愿生活在这里，葡萄收完就去敦煌住了。

另一位更年轻的访谈对象也说：

我❷家是静宁的，家里有 3 个孩子，1994 年我高中毕业没考上大学，复

---

❶ 对象基本信息：男，1967 年生，汉族，甘肃通渭人；访谈时间：2019 年 7 月 14 日；访谈地点：阳关国营林场访谈对象家的葡萄地里。

❷ 对象信息：男，1976 年生，汉族，甘肃静宁人；访谈时间：2019 年 7 月 13 日；访谈地点：龙勒村访谈对象的岳父家中。

读的话考上大学的希望也不大，就在家务农。这个时候有亲戚说这边可以分到地，于是我就想来，后来家里人也同意了，1995年春天我就跟着我的亲戚（表哥）一家人迁过来了。我当时分到了差不多4亩地，加上我在沙漠边上开的现在也有6亩多。我是1998年结的婚，因为龙勒村离我们近，和她认识后就慢慢交往结的婚。我的父母弟弟们都在老家，这边只有我和妻子、两个小孩。女儿已经在敦煌打工，儿子还在上大专。

可见，20世纪80—90年代，从甘肃各地移居阳关地区的人口主要迁移到了国营林场、阳关农场等带有企业性质的集体性农场，而较少落户到阳关镇的农村。一方面说明阳关镇的寿昌、阳关、营盘三个村落已经基本形成了传统村落的模式，外来的普通移民很难被接纳；另一方面，初具传统村落特点的上述三村的土地资源基本饱和，很难再有足够的土地资源供移民使用。

三、多坝沟人口的迁移历程

多坝沟人口迁入始于20世纪六七十年代，属于个体自发移民，大多来自甘肃武威市周边农村和通渭县农村。这些迁出地地少人多，在一些年份受自然灾害的影响，粮食短缺、无法解决温饱的问题突出。在这一时期，有一部分成分不好的人，在"文革"中受尽苦头，历尽磨难。他们都有着到外面的世界寻找更多谋生机会的渴望，为了摆脱当时的环境而自发迁徙，背井离乡远赴管理环境相对宽松且劳动力欠缺的西部地区。第一批已婚移民扎根安顿后，回到仍不景气的老家将家人或亲戚接来居住生活。部分未婚男性在多坝沟找不到另一半，他们会回老家寻找配偶带过来结婚，形成移民的姻亲迁移。70年代迁入的人口达到将近200户。移民群体大部分一直与家乡保持着联系，这使得家乡的人们对多坝沟的状况更加了解，给想要离开乡土另寻发展的人提供了一种选择。

80年代中期，之前在敦煌、阿克塞修水渠或在当金山里面挖石棉矿的少数外地人也落户在多坝沟。1998—2000年，在异地搬迁优惠政策的推动下，又有来自通渭、静宁、平凉、武威、天水、古浪等地的人陆续迁入。大多都是以家庭为单位，三五家亲戚一起迁入。为了获得更好的生活条件、更便利的交通，以及更多的生计选择。在同乡好友的介绍下，他们对此地有了一定了解后，才决定来到多坝沟。迁入后，在当地购买房子和政府流转土地，房子都是搬入县城的村民住过的老房子。有了土地，他们开始以作物种植为生。

可以看出，移民的形式是多样的，但同时移民也是一个连续性的过程。在这个过程中，一方面，国家是一个重要动力和导向，另一方面，移民也会形成一系列的以血缘、乡缘、亲缘等为纽带的人际关系迁移。移民群体中的大多数人是从事耕作的贫苦农民，农民以农耕文化为背景，生计选择与土地开发密切地联系在一起。因此迁移后也是以垦辟土地、发展农业为其特征的。

最早的房子是1970年盖的，70年代来的最多的是武威人，那时有100～200户人，80年代、90年代几乎就没有人来了，好多人后来就跑到县城去了，有的条件好了就不种地搬出去了，有的是为了孩子上学陪读去了。我❶来的时候就剩下110户了（1998年）。我们那一批来了有20～30户人，主要来自武威、平凉和通渭。在我们之后乡政府就不让外来人买地了，所以后来就没有人再迁过来。我是1998年从武威迁移过来的，当时因为我妻子在多坝沟，后来结了婚孩子一岁以后才来到这里的。刚来的时候这边条件很不好，就种了几亩地，用水也很紧张。当时还有很多地是被洪水冲击过，还没有被开垦整理出来，洪水是1996年发的。通往胡杨峡路上有个建设村，是这边最后形成的一个村庄，当时受到了洪水的影响，就搬到了我们多坝沟这边。房屋排列比较整齐集中，我们的房子是80年代修的，村里最早的房子是70年代修的，就是那些最破旧的房子。村里早期迁移过来的人修建了房屋，并且在逐渐开垦新的土地，当时农田整治最主要的问题是防沙。每年开春以后，坝后面一片都是刮来的沙子，对土地影响很大，一开始治沙采取的措施是种植红柳，红柳长起来之后就阻断了沙子的蔓延。

我❷今年65岁了，没上过学，5口人，儿子、儿媳妇、孙子，儿子、儿媳妇在云南打工，不愿意种地，一年最多回来一次，儿媳妇两年都没回来了。孙子12岁了，在阿克塞上学，小学毕业准备上初中。村里的孩子都在阿克塞上学。现在都是一个学生一个大人跟着伺候。父亲在1960年饿死的，母亲是80年代因为生病去世的。我们2000年从通渭迁过来，和母亲、儿子、儿媳一起过来的。老家是靠天吃饭，在老家五谷杂粮都种，有40多亩地。我跟我爱人是1980年结的婚，1981年生的丫头，嫁到阿克塞去了，在那儿打工。1983年生的儿子，也差不多是二十多岁结的婚，媳妇是西安来的。儿子不上学就

---

❶ 访谈对象信息：男，汉族，1977年生于甘肃武威；访谈地点：访谈对象家中；访谈时间：2019年8月1日。

❷ 访谈对象信息：男，汉族，1955年生于甘肃通渭；访谈地点：访谈对象家中；访谈时间：2019年8月1日。

让他去西安学厨师，厨师证也没拿上。孙子5岁的时候离婚，现在再婚娶了老家一个村子的媳妇，现在已经结婚三年了。孙子现在由我们老两口带。迁来的时候我们买了要进城的老户的房子，土地也从政府那流转过来了。房子和十亩地总共花了7000块钱，来的时候我们就种了玉米。

我❶刚来的时候，这里人还挺多的，主要是60年代左右从武威那边逃荒过来的人，也有一部分酒泉过来的人。2010年左右，从通渭那块地方来了一批人，刚来就到这儿落户了，必须买房子买地才能落户，光买地是不让落户的。在我们团结村总共只有5户7口人，这里面有三个年轻人，两个通渭的，一个武威的。他们跑过来在这儿种地落户，冬天也不回去。

我❷是1940年生的，甘肃通渭县华岭镇人，今年79岁，到多坝沟已有20年。1999年秋天经朋友介绍到多坝沟购买了武威人的地，然后买了房子。因为父亲国民党时期去当兵，母亲年龄偏大生活紧张去世了，家里情况不是很好，生活不景气，因此没有接受文化教育。从十几岁开始和家人一起种植小麦，干农活儿，一直持续了十几年。31岁左右结婚，1958年在靖远县煤矿工作的时候，经人介绍找了老伴儿（是个寡母），只有一个女儿（40岁）。大炼钢铁时期，乡上组织了200多人去挖煤，当时坐的解放牌卡车去的煤矿，去的是靖远县，国家统一做饭，常见的是苞谷面、小米，土豆和白菜都是国家供销的。吃饭的时候分为三个班，每班40个人，三班倒轮流吃饭。在煤矿工作主要就是挖煤、搬煤，持续了10年左右。结婚以后和老伴儿一起到马营镇，回到村里以后种植小麦和土豆，生产队那个时候挣工分换口粮，这样持续了二十七八年，老伴儿在包产到户的那个阶段去世了。1996年姑娘结婚了，1998年有了孙子，家里种植土地经济不景气，经济压力开始增大。后来，到多坝沟的朋友说这里可以承包土地，1999年冬天，我带着家人（共三人）到这里开始了另一段生活。1999年的春天，7个月没下雨，敦煌黄墩农场有个亲戚给我捎了个信让我来看一下这个地儿，我看这儿不靠天吃饭，生活有保障。我们那个亲戚是黄墩农场的职工（临时工），比我们早来了一年，他一来就落户了。我们刚迁到这儿的时候，这里有一百多户。有几户通渭人是同一年来的。我爱人姊妹三个都是同一年同时迁过来的。

---

❶ 访谈对象信息：男，汉族，1959年生于甘肃金塔县；访谈地点：访谈对象家中；访谈时间：2019年8月1日。

❷ 访谈对象信息：男，汉族，1940年生于甘肃通渭；访谈地点：访谈对象家中；访谈时间：2019年8月1日。

我❶叫王福鼎，今年60岁，是1959年出生的，当年老家在甘肃金塔县顿巴乡，我是在1983年左右来到这儿的，当年刚刚来这儿的时候先是在那边修灌渠，后来去了当金山里面挖石棉矿，干了4年，然后到了多坝沟村。当时多坝沟村是种粮食的，当时村子人挺多的，村子还可以，但是这七八年就不行了，当时我刚到这里时就直接在这儿入户了。我们家当时有6亩地，主要种的是玉米和小麦，靠这些只能吃饱肚子，主要是养上十几只羊，靠这些赚外快，到现在为止我家也就6亩地。要是在这儿落户，一人能分两亩地左右。如果你还想要更多的地的话，你就只能自己去开荒地了，现在多坝沟村能进县城的基本都进县城了，把地都包给留在这儿种地的人，这些种地的基本上都是我们这些老弱病残的人。

多坝沟村在七几年的时候就形成了，现在属于阿克塞哈萨克族自治县阿克旗乡，以前多坝沟村是个独立的乡，后来和其他两个村合成了一个乡。现已有村民37户，70多人。四十多岁的中年人居多，小孩和老年人不多。人多数都是从武威迁过来的，武威迁来的人最早，70年代就有迁过来的。也有通渭迁来的，迁来时间不长，约20年左右。当时政策很开放，落户容易，而且当时武威人多，吃不饱饭，压力大，所以多数人就带着亲戚朋友从武威迁过来了，村里以前到现在的房屋排列比较凌乱，早期来的人觉得都自己选的地方不错就盖了房子，后来的人基本不用盖房子，他们用的都是一些老户卖给他们的房子，同时把地也承包给他们，承包费用是一亩地两百，之后这部分老户就搬到县城去了，各户分布比较分散。村里的姑娘基本都嫁到外面了，大多都是嫁到外地了，少数嫁到县城。村里互相结婚的基本没有，像我孩子这么大的在村里基本找不到合适的姑娘。❷

近20年以来，多坝沟人搬到阿克塞或敦煌去住的人越来越多，这些人主要以青年人和中年人为主。究其原因，一方面是谋取更好的生计方式，比如做生意或者经营门市部。另一方面是让孩子上学。自从2008年小学搬走后，村里的学生都去县里上学。就最近几年来看，每到冬天，村子里就只剩下三四十户人，而且大多都是老年人。当然，也有一些老年人随子女住在县城的楼房里。搬到县城的人主要有两类，第一类是将土地长期包给别人，摆脱农

---

❶ 访谈对象信息：男，汉族，1959年生于甘肃金塔县；访谈地点：访谈对象家中；访谈时间：2019年8月1日。

❷ 访谈对象信息：男，汉族，1977年生于甘肃武威；访谈地点：访谈对象家中；访谈时间：2019年8月1日。

业一直在县城居住，从事餐饮、运输、保险等其他工作的；第二类是在村子和县城之间季节性搬迁的。他们一般是在每年11月至次年3月份居住在县城，而在4月至10月又返回村里播种、管理和收割作物。形成"居城劳乡"的两栖住居生活模式。这也是在快速的城市化进程中，多数村落出现"空心化"的普遍状态（见图1-3）。

村里迁到县城的人特别多，基本上能迁的都迁过去了，现在村里的人在县城基本上都有房子，农闲的时候就回县城休息了，一般11月收获完就回县城了，来年三月就回来。村里种不了地的老人和二三十岁在县城有工作的人都迁走了，将原有的房屋和土地长期承包给别人，之后就基本不回来了。村上的人一般家里一年能挣六七万块，地多的人家能挣七八万，村里种地最多的有8家，基本上家里都有70~80亩地。

现在的学校都在县城，以前这里只有一所小学，2008年以后就搬到县里去了，我在90年代从外面迁过来的时候这里就已经在办学了，也是只有那所小学，这所小学很早就有了，后来老师比学生都多，教育质量也不好，所以就搬到县城去了。以前村民的受教育程度大约都是小学水平，最多初中，现在的孩子受教育程度就高了，村里没什么考到名校的人，唯一一个就是我媳妇的侄儿，在兰州大学读了英语专业的本科和硕士，现在被兰州的公司聘请到非洲去工作了。学校的地现在被用作养殖场了，属于村上公有的，用于圈养羊。

村里现在去打工的人不多，基本都是农闲的时候去县城里待着，具体做什么工作取决于他们个人的选择，极少数可能找到了一些活儿，大多数都只是休息。玉米的种植需要人力的地方主要是浇水，七八月份一般12天浇一次水，其他时间需要人力的地方不多。❶

尤其是这几年，种地的效益不怎么样，年轻一辈的人在城里或者其他地方找到工作以后，老一辈的人就都离开村子走了，现在的村里显得有些荒芜和凄凉，生态环境没有原来好了。我们主要依靠雪水，前一年冬天不下雪第二年就没水，现在雪线也比原来高了很多。1996年的时候发过一次洪水，把整个村庄都淹没了，那边有个防洪坝以前是土坝，一犯洪水村里就组织村民到防洪坝上进行监测。2016年以后洪水发生的频率也比较小，去年改修为水

---

❶ 访谈对象信息：男，汉族，1977年生于甘肃武威；访谈地点：对象家中；访谈时间：2019年8月1日。

泥坝，防洪也便有了保障。❶

现在，多坝沟的姑娘大部分嫁到了阿克塞、敦煌附近，学习好的就出去了，学习不好的也最起码要去阿克塞，留在多坝沟的只有我们这些老弱病残。❷

我是这儿的老户，我们两个女儿，一个女儿嫁到了在阿克塞打工养羊，他们两个现在住在阿克塞附近的平房，平房是自己买下来的。我的耳朵因为在年轻时去挖石棉矿落下来病根，现在基本听不见了。我去了敦煌、酒泉，甚至到兰州的大医院看了，最后花了三万多块钱买了一副助听器，出去干活儿时戴上，回来就放下。戴上助听器只能听到一点声音，而且助听器还要换电池，但有总比没有强。我的老伴脑袋有点儿不好使，一家现在就我们老两口，生活也就混个温饱。❸

图1-3　多坝沟因村民进城而闲置的院落（关丙胜摄于2019年8月2日）

多坝沟的人口迁移历程基本与阳关镇的类似，只是人口的迁移开始期是在20世纪70年代，比阳关镇晚，大量人口迁入于80年代末至90年代，属于典型的移民村落，村落的传统功能尚未形成。另外，自2000年以来，尤其是2010年以来，随着经济社会的快速发展、交通的改变，多坝沟的部分人口定

---

❶ 访谈对象信息：男，汉族，1940年生于甘肃通渭县；访谈地点：访谈对象家中；访谈时间：2019年8月1日。

❷ 访谈对象信息：男，汉族，1959年生于甘肃金塔县；访谈地点：访谈对象家中；访谈时间：2019年8月1日。

❸ 访谈对象信息：男，汉族，1959年生于甘肃金塔县；访谈地点：访谈对象家中；访谈时间：2019年8月1日。

居于敦煌或阿克塞县城，只有部分形成了与阳关镇类似的居城劳乡两栖住居模式。其原因主要是：多坝沟离城市较远，且自然条件和土地相较于阳关镇而言优势不明显，故多坝沟对人口的黏固力不足，人口宁愿长期住居在城市也不愿意在两地之间形成两栖住居模式。

四、阳关农场的人口迁移情况

青海油田敦煌基地的阳关农场自 80 年代中期开始建立，以企业抽调干部职工管理、吸引周边及其他地方移民进行生产的方式进行蔬菜种植，并带有一定量的猪、牛、羊等繁育任务。因为只是企业内部进行蔬菜等的生产和供应，没有面向市场，规模一直不大，最多时人口也不过 200 多人。之所以没有形成大的、稳定持续的村落性质的聚落社区，主要原因在于企业无法完成这些移民的户口落地工作，致使移民只成为临时的蔬菜生产者，没有成为以定居为目的移民，也就无法形成持续性的村落社区。而自 2000 年以后，随着大区域市场能力的扩大和延伸，蔬菜的供应已经进入更广阔的市场链之中，如阳关农场一样的蔬菜生产模式就没有任何优势可言，所以人口迅速流失。阳光农场也就成为只有几位管理人员而无多少生产者的空心农场。在此情况下，阳关农场只能以市场化的规律，向外承包土地，让他们自主经营，而向企业提供蔬菜的功能早已失去。同时，人口的迁入也就成为零星短暂的市场行为，再无吸引移民定居的可能。

一位来阳关农场十多年的蔬菜种植者说道：

我❶1972 年出生，山丹县人。来这里差不多十年了，承包了 2 个温室大棚，一个棚一亩多，每亩地交 840 元给他们，自己种点油麦菜、菠菜、油白菜等其他的叶子菜。在外面也承包了 7 亩左右菜地，交了 360 元，主要就种植辣椒、西红柿、萝卜、芹菜之类的，基本都有。大棚今天浇完水以后种植甘蓝，两个月就能上市，一年种三茬。

小孩在江苏上大学，他三岁的时候我们来的这边，我当时在奶粉厂打零工。这个大棚是农场以前盖好的，现在承包土地的就十几户，种菜地的有 17 户。种植叶子菜的时候雇上人，一月一茬特别快，冬天的时候要把棚膜都拉上，还要盖一层草帘子保温。现在敦煌市修建的温室对农民的吸引力比较大，再加上在这边种植蔬菜大棚土非常大，都不愿意种。菜下来以后，我自己拉

---

❶ 访谈对象信息：男，1972 年生，汉族；访谈时间：2019 年 7 月 30 日；访谈地点：南湖农场菜园。

到北门的龙德盛市场批发，之前在金峰市场批发，菜卖起来也很快，从肃北、阿克塞、敦煌市区来的菜贩子也挺多，批发给他们就可以了。

一位来阳关农场三年的牛羊繁育者说道：

我❶是三年前从山丹过来的，先前从四川人手里买了20只羊，现在已经发展到80多只了，前一阵卖掉了40多只，现在只剩下40多只。羊圈是他们之前就盖好的，猪圈也有但没有养猪。天气热的时候，把羊圈在羊圈里羊也热，容易生病，我们就在外面重新插了一个羊圈。

儿子他们进城了，现在就剩我和老伴儿在这儿，我帮忙带孙子，老伴儿每天出去放羊，中午和晚上回来。这边蚊子也特别多，老伴儿一般早晨六点到十一点半左右放一次羊，下午天气凉的时候三点出去，现在温度比较高，天气热就晚一些出去，就像现在下午四点左右去放羊。这两天天气热，蚊子也多，一到十一点左右蚊子特别多，羊就不能放了，下午放到八点左右回来。现在羊主要就是吃沙滩上的红柳、骆驼刺、芦苇和河南人种的玉米。他去放羊，我就闲的时候去割些草，一天能割两车，存到冬天喂羊。这边种葡萄的也有，除了麦青饲料以外也要搜刮一些葡萄秧子，都能喂羊。前两年都是在猪圈旁边的那个房子里堆上满满一房子，一整个冬天喂羊的饲料就够了，去年那个敦煌的老板人也很好，给我们拉过来一房子的饲料。今年老伴儿说年龄大了，割草也累就买些青饲料给羊过冬就行了。

这边他们承包的土地租金有每年一百多元的也有两百多元的，玉米地和菜地都是如此。这边灌溉主要依靠水库，现在都是外来人，四川人居多，山丹人就我们一家，还有一家青海人，总共也就十几户，没多少人，我们的户口基本上都在老家，这里只是承包种地或放羊，土地等设施都是农场的。现在农场里只有3个管理的人员。这边种葡萄投入也不大，去年的收益不错，今年老板就要土地的种植费1万~2万元。我们的饮用水也很方便，除了自来水自己还从水库里挑一点儿回来用，离得也近而且干净。那边的大水池很大，有很多鱼，平时也有很多青海油田的职工来钓鱼，所以是对外经营的一个钓鱼休闲地，每年的承包费是5万元。

可见，阳关农场的人口迁移比较简单，但并没有形成稳定持续的村落型

---

❶ 访谈对象信息：女，1958年生，汉族；访谈地点：阳关农场访谈对象家的羊圈；访谈时间：2019年7月30日。

社区，而之所以将其人口迁移也纳入阳关地区总体人口状况来观察，主要是因为阳关农场的人口迁移的时间、来源地区和人口特质与阳关其他地区类似，尤其重要的是，除农场的少数管理职工以外，曾经住居生产的大量人员的社会文化背景与阳关人口相仿，且在日常的生产生活中联系紧密，是一个区域内的组成部分。

五、阳关地区人口迁移特点

通过以上对阳关地区各阶段人口迁移历程的回溯与概述，我们可得出以下结论：以阳关镇为中心，迫于生存压力而产生的"生存理性选择"驱动着来自青海、河南、甘肃等地的相对不发达的农村移民寻至阳关，2000年之前也可被称为人口的"聚合时期"。城镇化兴起之后，人口从阳关镇向城市迁移的趋势愈加明显，人口相对凝固的状态被打破，"扩散效应"不断彰显，如图1-4所示。

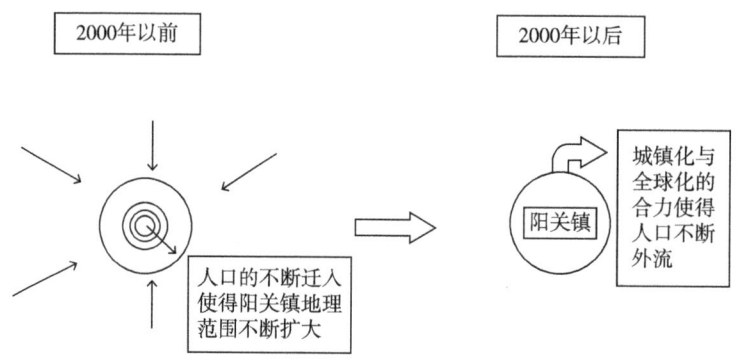

图1-4　阳关人口迁移特征示意图

阳关作为一个外来移民迁居于此不到百年的地区，人口迁移变化的重要时间节点尤为明显。

1950年前，就有以几家大户为核心的人家在此开发生产，并吸引一定数量的人口迁居于此，开展垦殖生产，形成了初具规模的村落，乡村地方社会的一些功能已经具备。

1950—1970年间，除来自甘肃的移民外，一大批人口在党和国家"建设大西北"号召之下从河南鲁山迁居于此，这种大规模的政治性迁移在60年代初却发生了突变，由于扛不住"防风治沙"的繁重任务和艰苦条件，一大批鲁山人逃离这里，只留下了如今定居于此的三十几户；与此同时，人口也在阳关区域内延伸和扩展，如二墩村、龙勒村的形成。

1980—2000年间，外来人口主要从敦煌市周边的乡村，甘肃武威、静宁、通渭、会宁等县，以及武威、张掖市周边等地迁来，除此之外，还有两批人的到来不容忽视——青海乐都和四川的自由移民。迁入者往往是以青壮年个人先行，其家人在不久之后加入迁移的行列，社会关系网络在家族式的迁移中占据着主导性力量；另外，国营林场和阳关农场等企业性质的农场也吸引了大量移民迁入。

2000年之后的人口进入恒定期，外来移民的迁入基本停止，而随着城镇化进程的加快和葡萄产业迅猛的发展，阳关人口进入了在敦煌市区和阳关镇的居城劳乡两地住居模式，乡村空心化的大幕已经拉开，并将其影响悄无声息地深入地方社会的方方面面。

通过大量具有代表性的访谈和参与观察，我们可以感知到文化涵化的威力之大、影响之深。来自青海、四川、河南等外来省份的移民在阳关镇至少生活20年之久，不同文化相互接触、影响的时间也长达20年之久。出生于40—50年代的老人或因各种因素拖家带口离开故乡，寻觅栖身之地至阳关，这一代人才是阳关社会的开创者和文化底蕴的缔造者。阳关镇独有的文化特质在他们这一代人的手中成型，外来者的介入似乎对这种文化的巨大变迁不会造成特别深重的影响。文化涵化与文化认同有着紧密的关系，对于这些外来移民来说，尽管在迁移之初就产生对阳关传统社会文化的认同是困难且道路曲折的，但是对异文化的认同却有着特殊意义。随着时间的积累，文化涵化是不可抗拒的事实。外来移民最开始是被阳关喜人的经济发展潜力和土地所吸引，而在成为"阳关人"道路上也是地方社会和文化形塑了这些不同时期从不同地方汇集于此的人们。

六、阳关镇的人口现状

人口是社会构成的基础，而人口结构又能反映出一个地区社会的基本现状，也可以从一些相关人口的结构指标看出当地社会发展的基本状况。以下人口的基本数据由阳关镇人民政府提供，除特别说明外，其余统计时间是截至2019年6月底。所有数据指的是具有阳关地区户口的人口。也就是说，没有阳关地区户口而生活在阳关的人不包括在以下数据内；同时，只要其户口在阳关，无论他本人现在生活在哪里，其人口信息也在以下统计数据之内。因阳关村落之间合并、迁移等的复杂性，阳关自1949年以来几个时间节点的人口基本资料无法得到，也就无从加以对比，所以下表数据均为特定时间节点的统计结果；另外，统计表中也将国营林场的人口统计在内，多坝沟、青海油田阳关农场的人口不在统计范围之内。

（一）阳关镇人口总体状况

截至2019年6月底，阳关镇5个行政村加上国营林场人口，户籍总人口为5496人，如果不含国营林场，总人口为5022人。从人口总数来看，各村中寿昌村人口最多，总数达1837人，占阳关镇总人口的三分之一；人口最少的是二墩村，只有403人，不到阳关总人口的十二分之一。阳关镇和国营林场总人口及各行政村人口数如表1-1所示。

表1-1 阳关各行政村人口统计表

行政村	营盘村	阳关村	寿昌村	龙勒村	二墩村	国营林场	合计
人口数（人）	1100	1192	1837	490	403	474	5496

2019年上半年阳关各村和国营林场人口的自然变动情况如表1-2所示。

表1-2 阳关镇2019年上半年人口自然变动情况表

村名	总人数（人）	年出生人数（人）	年出生率（‰）	死亡人数（人）	死亡率（‰）	自增人数（人）	自增率（‰）
营盘村	1100	5	4.55	5	4.55	0	0.00
阳关村	1192	6	5.03	5	4.19	1	0.84
寿昌村	1837	6	3.27	6	3.27	0	0.00
龙勒村	490	4	8.16	1	2.04	3	6.12
二墩村	403	1	2.48	1	2.48	0	0.00
国营林场	474	0	0.00	1	2.11	-1	-2.11
合计	5496	22	4.00	19	3.46	3	0.55

人口增长率最高的是龙勒村，人口不增反降的是国营林场。

2019年上半年，阳关镇共出生人口数为22人，为10男12女；其中为一孩的7人，二孩的14人，占大多数，三孩的只有1人。如表1-3所示。

表1-3 阳关镇2019年上半出生婴儿性别比情况表

村名	总出生（人）		一孩出生（人）		二孩出生（人）		多孩出生（人）	
	男	女	男	女	男	女	男	女
营盘村	2	3	1	1	1	2	0	0
阳关村	2	4	1	2	1	2	0	0
寿昌村	4	2	1	0	3	2	0	0
龙勒村	2	2	1	0	1	2	0	0
二墩村	0	1	0	0	0	0	0	1
国营林场	0	0	0	0	0	0	0	0
合计	10	12	4	3	6	8	0	1

2019年年底，阳关镇（含国营林场）总人口比上半年增长了24人，总数为5520人，以下以2019年年底的人口数据进行统计。2019年年底阳关镇人口年龄段与性别统计表如表1-4所示。

表1-4 2019年12月阳关镇人口年龄段与性别统计表

年龄段（岁）	男（人）	女（人）	合计（人）
0~4	77	84	161
5~9	133	123	256
10~14	162	132	294
15~19	141	152	293
20~24	219	164	383
25~29	199	210	409
30~34	288	271	559
35~39	151	173	324
40~44	139	133	272
45~49	197	217	414
50~54	273	311	584
55~59	300	264	564
60~64	169	141	310
65~69	144	165	309

续表

年龄段（岁）	男（人）	女（人）	合计（人）
70~74	82	78	160
75~79	67	76	143
80~84	23	29	52
85~89	11	18	29
90~94	1	1	2
95~99	1	1	2
合计（人）	2777	2743	5520

上述数据用人口金字塔结构图来直观表示，如图1-5所示。

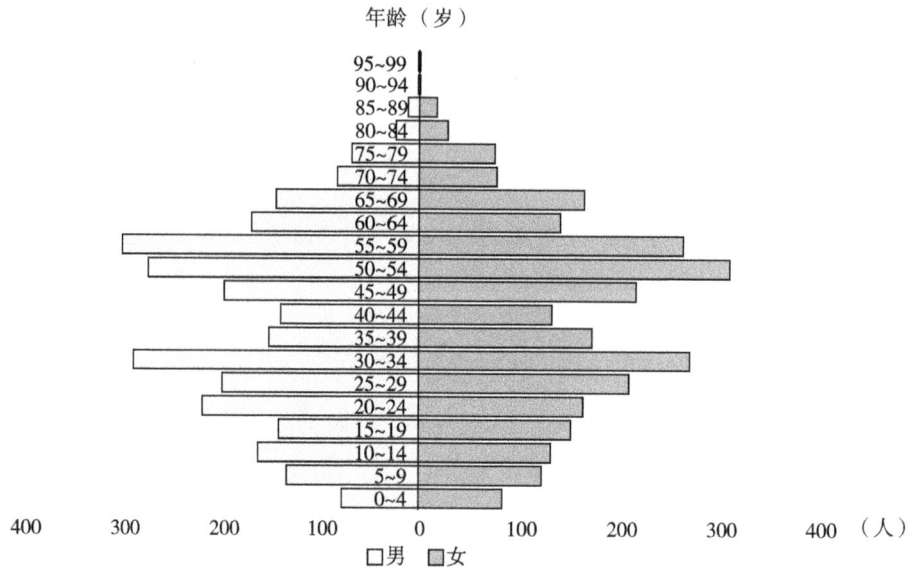

图1-5 阳关镇人口金字塔结构图

由2019年年底阳关镇人口年龄段与性别统计表可知，总人数为5520人，男女各有2777人和2743人。0~24岁的人数为1387人，这一阶段人数占总数的25%。其中男性732人，女性655人。男性比例较高于女性。25~49岁的共有1978人，占到总人数的36%。男性和女性各有974人和1004人，男女差别不大。50~74岁的共有1927人，占总数的35%。其中男性968人，女性959人。75~99岁共有228人，占总数的4%，男女各为103人和125人。可见，25~49 岁人数和 50~74 岁人数比例相当，0~24 岁人数次之，75~99 岁人数最少。从与之对应的人口金字塔结构图中也可以看出，金字塔下窄上宽，底部收缩，中间变细，上部变宽，金字塔已经变形。这表明在出生率长期下降的情况下，少年儿童和青年人口比例减小，老年人口的比重有所增大。尽管国家推出二孩政策，但随着婚龄的普遍推迟，以及生育观念的转变，未来的人口可能呈现缩减趋势。2000 年以来，有一部分青壮年人通过升学、外出务工、经商等途径迁出此地，导致 35~44 岁年龄段人口比例明显变小，形成细腰收缩型金字塔。

从 2016 年年底的一份阳关镇人口文化程度统计表来看，当时的阳关镇总人口比 2019 年上半年少 189 人。人口的文化程度统计表如表 1-5 所示。

表 1-5 阳关镇 2016 年年底人口文化程度统计表

性别	文盲	小学	初中	高中（中专）	大专	本科	研究生
男（人）	343	504	1581	212	23	14	1
女（人）	289	552	1583	165	27	13	0
合计（人）	632	1056	3164	377	50	27	1

用条形图可以表示为如图 1-6 所示。

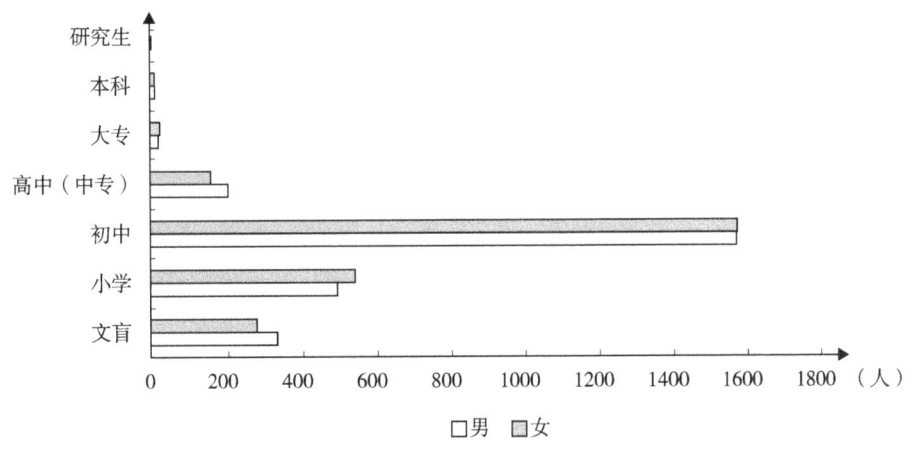

图 1-6 阳关镇人口文化程度统计图

由表 1-5 可知，阳关镇人口文化中，初中程度的人数为 3164，所占比重最大。男女比例持平。接下来比例由高到低依次是小学、文盲和高中，人数分别是1056人、632人和377人。大专以上人数最少,共有78人,其中大专、本科和研究生各有50人、27人和1人。由此可以发现,阳关镇人口教育水平总体偏低,尤其是20世纪六七十年代迁入的移民,在集体时期没有接受教育的良好条件。改革开放后,在全国扫盲工作的推动下,有一部分从未入过学的人也进入学校,获得小学教育。在70年代末期,高考制度恢复后,条件较好的人都接受了高中(中专)和大专教育。近年来,大专及以上人数有所增加。

(二)各村人口现状

以下对阳关镇5个村和国营林场人口各年龄段与性别进行简单的统计分析,以便对各村级单位的人口现状有更深入的了解。

阳关镇营盘村2019年12月人口年龄与性别统计表如表1-6所示,人口金字塔结构如图1-7所示。从营盘村人口阶段表格可知,总人数为1106人,其中男性562人,女性544人,男女比例相当。0~24岁的人数为285,占总人数的26%,其中男女各有147人和138人。25~49岁的人数共有385人,其中男性195人,女性190人。这一阶段占总人数比例约为35%。50~74岁人数为387人,占比约为35%。男性和女性各有200人和187人,女性明显多于男性。75~94岁的人共有49人,占比为4%,男性为20人,女性为29人。营盘村也属于收缩型。随着育龄人口比重缩减,未来的人口可能出现呈负增长态势。

表1-6 营盘村2019年12月人口年龄段与性别统计表

年龄段(岁)	男(人)	女(人)	合计(人)
0~4	17	18	35
5~9	21	27	48
10~14	35	23	58
15~19	35	34	69
20~24	39	36	75
25~29	40	43	83
30~34	65	53	118
35~39	28	34	62
40~44	30	23	53

续表

年龄段（岁）	男（人）	女（人）	合计（人）
45~49	32	37	69
50~54	45	55	100
55~59	69	50	119
60~64	32	32	64
65~69	37	36	73
70~74	17	14	31
75~79	13	19	32
80~84	6	4	10
85~89	1	6	7
90~94	0	0	0
合计（人）	562	544	1106

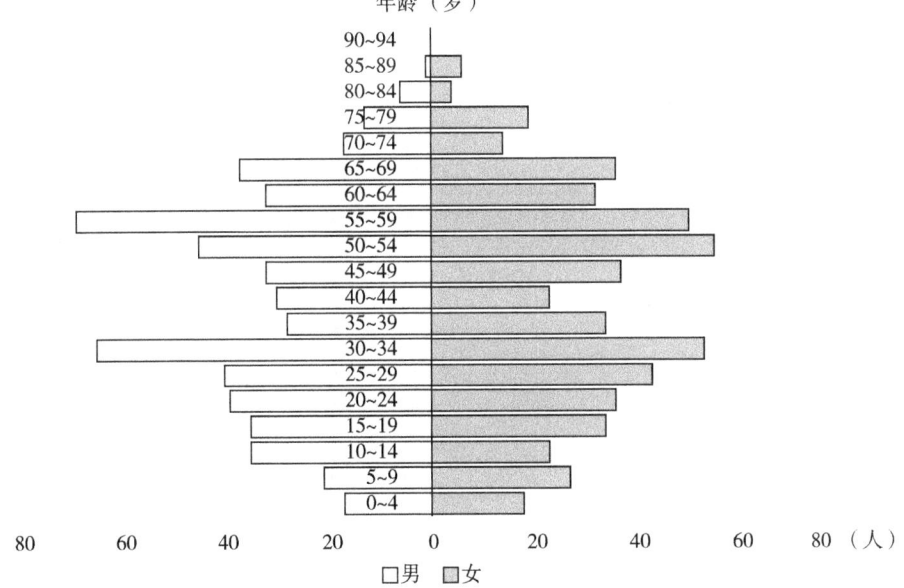

图 1-7 营盘村 2019 年 12 月人口金字塔结构图

阳关镇寿昌村 2019 年 12 月人口年龄与性别统计表如表 1-7 所示，人口金字塔结构图如图 1-8 所示。

表1-7 寿昌村2019年12月人口年龄段与性别统计表

年龄段（岁）	男（人）	女（人）	合计（人）
0~4	20	21	41
5~9	54	41	95
10~14	52	43	95
15~19	41	44	85
20~24	71	49	120
25~29	65	66	131
30~34	92	90	182
35~39	47	54	101
40~44	38	49	87
45~49	59	62	121
50~54	96	117	213
55~59	110	91	201
60~64	57	49	106
65~69	47	63	110
70~74	30	33	63
75~79	25	36	61
80~84	7	11	18
85~89	5	6	11
90~94	1	1	2
95~99	0	1	1
合计（人）	917	927	1844

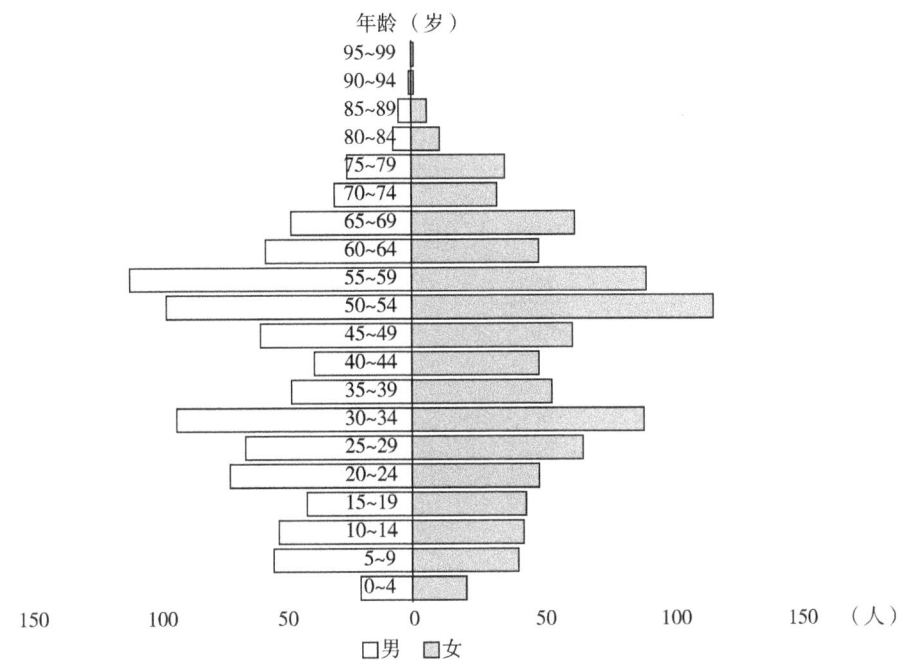

图 1-8 寿昌村 2019 年 12 月人口金字塔结构图

从 2019 年人口年龄段与性别统计表可知，寿昌村总人数为 1844 人，男女各有 917 人和 927 人。其中 0~24 岁的总人数为 436 人，占比 24%，其中男性 238 人，女性 198 人。这一阶段男女比例为 55% 和 45%。25~49 岁的有 622 人，占总人数的 34%，男女各有 301 人和 321 人，女性人数多于男性。50~74 岁的有 693 人，占比 38%，其中有 340 位男性，353 位女性。75~99 岁共有 93 人，占比 5%，其中男女各有 38 人和 55 人，男女这一阶段比例分别为 41% 和 59%。由此可以发现，只有 0~24 岁阶段男性人数大于女性人数。其他阶段都是女性人数较多于男性人数，主要原因是婚嫁阶段的女性，即 18~25 岁嫁出的较多，而同年龄段男性结婚的较少。可以看出，女性通过婚姻出现的人口外流主要集中在 20~24 岁。寿昌村人口金字塔结构图与营盘村相似，呈现出婴幼儿及青少年人口比重减少，老年人口增加的趋势。未来将面临养老负担加重，以及农业劳动力大量减少的问题。

阳关村的人口信息如表 1-8、图 1-9 所示。

表1-8 阳关村2019年12月人口年龄段与性别统计表

年龄段（岁）	男（人）	女（人）	合计（人）
0~4	22	21	43
5~9	30	23	53
10~14	32	29	61
15~19	29	27	56
20~24	46	37	83
25~29	42	49	91
30~34	69	63	132
35~39	39	31	70
40~44	26	23	49
45~49	37	39	76
50~54	59	69	128
55~59	55	56	111
60~64	52	48	100
65~69	23	29	52
70~74	21	19	40
75~79	13	18	31
80~84	6	6	12
85~89	4	3	7
90~94	0	1	1
95~99	2	3	5
合计（人）	607	594	1201

第一章 阳关地区的人口迁移历程与现状

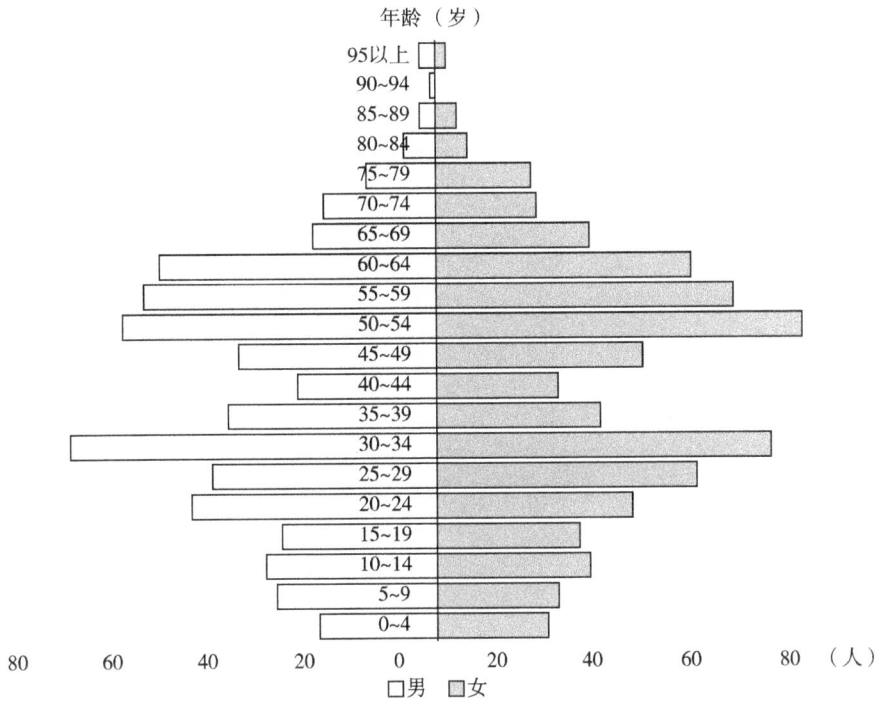

图1-9 阳关村2019年12月人口金字塔结构图

从2019年12月阳关村人口年龄段与性别统计表可知，总人数为1201人，男女各有607人和594人，各阶段男女人数差别很小，性别比例较为平衡。金字塔底部收缩，中间细，上面宽，呈现出婴幼儿童减少，老年人口增加的趋势。

二墩村的人口信息如表1-9、图1-10所示。

表1-9 二墩村2019年12月人口年龄段与性别统计表

年龄段（岁）	男（人）	女（人）	合计（人）
0~4	6	4	10
5~9	11	12	23
10~14	13	12	25
15~19	15	17	32
20~24	14	14	28
25~29	11	12	23
30~34	17	27	44

续表

年龄段（岁）	男（人）	女（人）	合计（人）
35～39	11	14	25
40～44	11	12	23
45～49	23	26	49
50～54	19	15	34
55～59	12	12	24
60～64	16	9	25
65～69	5	11	16
70～74	10	3	13
75～79	4	3	7
80～84	1	1	2
85～89	0	1	1
90～94	0	0	0
95～99	0	0	0
合计（人）	199	205	404

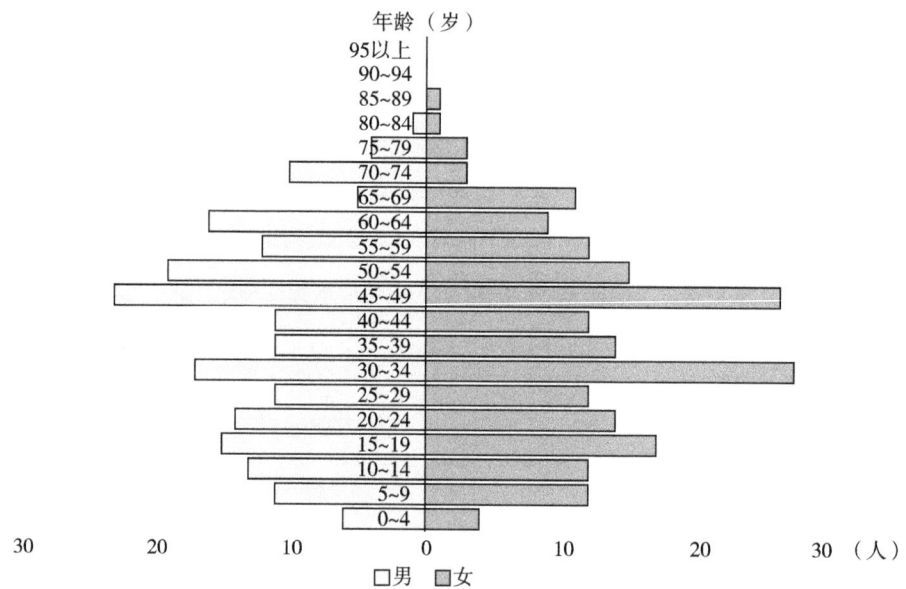

图1-10 二墩村2019年12月人口金字塔结构图

二墩村的人口在阳关镇中最少，总人数为404人，男性199人，女性205

人。结构上表现出明显的人口数下降以及 20~44 岁男性较少，主要是因为该村这个年龄段的男性外迁较多。

龙勒村的人口信息如表 1-10、图 1-11 所示。

表 1-10　龙勒村 2019 年 12 月人口年龄段与性别统计表

年龄段（岁）	男（人）	女（人）	合计（人）
0~4	16	21	37
5~9	16	19	35
10~14	15	14	29
15~19	14	15	29
20~24	18	13	31
25~29	14	17	31
30~34	18	22	40
35~39	22	16	38
40~44	14	14	28
45~49	25	23	48
50~54	19	21	40
55~59	19	13	32
60~64	12	15	27
65~69	14	8	22
70~74	4	6	10
75~79	5	1	6
80~84	1	5	6
85~89	2	1	3
90~94	0	0	0
95~99	0	1	1
合计（人）	248	245	493

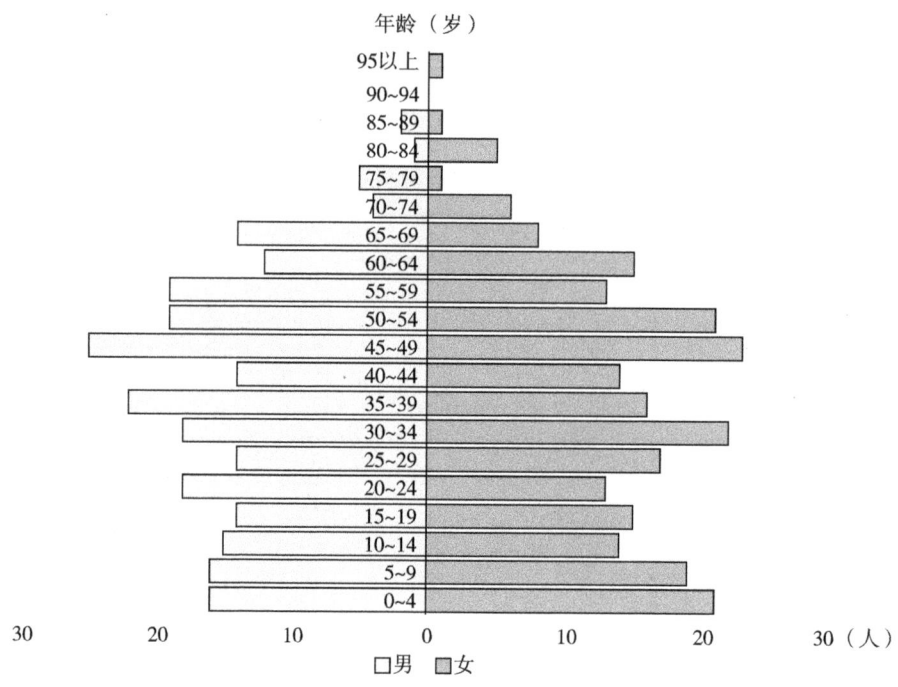

图 1-11　龙勒村 2019 年 12 月人口金字塔结构图

龙勒村 2019 年 12 月总人数为 493 人,男女人数各为 248 人和 245 人。可以看出,该村的人口结构比较合理,无论 10 岁以下儿童数还是各年龄段性别比例都处于正常的状态。

与上述 5 个村相比,国营林场的人口体现出各年龄段参差不齐且总体呈明显下降趋势。2019 年年底国营林场人口年龄段与性别统计表如表 1-11 所示,金字塔结构图如图 1-12 所示。

表 1-11　国营林场 2019 年年底人口年龄段与性别统计表

年龄段(岁)	男(人)	女(人)	合计(人)
0~4	2	8	10
5~9	13	6	19
10~14	17	8	25
15~19	8	14	22
20~24	24	23	47

续表

年龄段（岁）	男（人）	女（人）	合计（人）
25~29	24	19	43
30~34	22	21	43
35~39	10	10	20
40~44	11	18	29
45~49	33	37	70
50~54	38	37	75
55~59	23	23	46
60~64	9	4	13
65~69	7	2	9
70~74	2	0	2
75~79	0	0	0
80~84	0	0	0
85~89	0	0	0
90~94	0	0	0
合计（人）	243	230	473

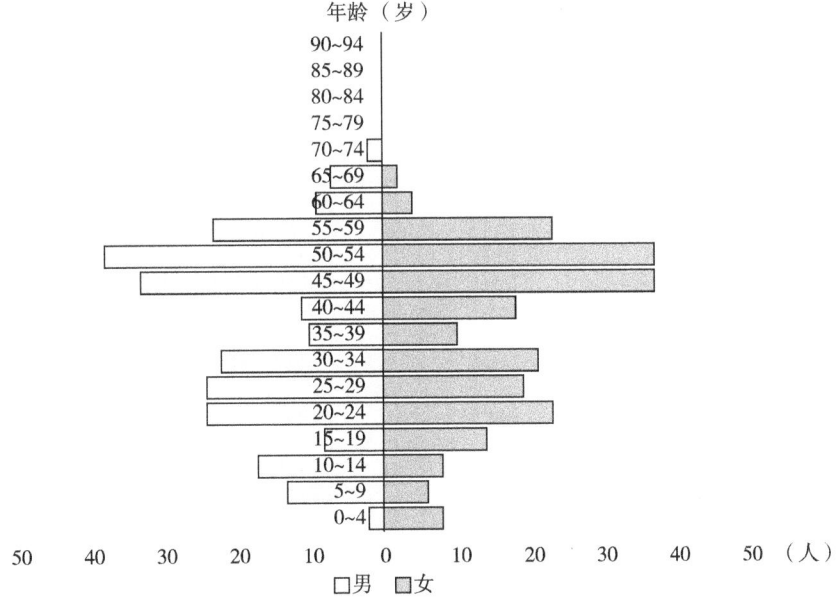

图 1-12　国营林场人口金字塔结构图

从国营林场2019年人口年龄段与性别统计表可以看出，总人数为473人，其中男性243人，女性230人。0~24岁的人数为123，占比26%，男女各有64人和59人。25~49岁共有205人，占总数的43%，男性100人，女性105人。50~74岁的共有145人，占总数的31%，其中男性79人，女性66人。没有75岁以上的人。由以上数据可知，该地男性人数略多于女性人数。国营林场人口金字塔结构图呈现出倒三角形的特征，体现出人口严重萎缩的状态，青壮年劳动力人口不足。同时可以看出，35~44岁人数明显变少，且男性少于女性。这是由于国营林场地理位置偏僻，农业发展滞后，近年有一些人为了获得更好的生计生活，选择去敦煌及周边务工、做生意，也有一些人在亲友介绍下，搬迁到新疆等地，所以出现金字塔中间变细的现象。

总的来看，阳关地区的人口结构处于比较合理的状态，而整体人口的减少不仅仅是因为出生人口减少，而且是因往城镇的迁移引起的。当然，多数村落45岁以下人口减少的另一个原因是人们生育观念的变化，那就是根据国家的计划生育政策1970—1990年出生的这些夫妻只能要一胎或二胎，比上个时代的人口减少是正常的。在此特别强调的是，以上人口数据仅是以户籍人口来统计的，实际生活在阳关的人口比这一数据少很多。

第二章　阳关的基础设施建设与葡萄种植

无论在城市还是乡村，基础设施建设都将对其社会的发展有着重要的促进作用和影响力；反过来，社会发展在很大程度上决定着基础设施的建设情况，一个发达的社会一定伴随着良好的基础设施建设。在传统乡村，基础设施的建设发展与不断完善，一定程度上体现着乡村权利秩序是否良好运行，乡村基础设施建设往往要经过社会动员，不仅要从民间筹措所需资金，还得组织大量劳动力参与。如今的乡村基础设施基本都包括在国家的规划和实施中，乡民不需再投入相应的人力物力等。一般而言，乡村的基础设施建设主要包括道路、水利设施、农田建设、住房以及公共活动场所、电力、绿化等其他设施建设。

道路是最基本的基础设施，诸多的乡村往往以道路来进行村落的整体布局与规划，村落中的院落往往分布于道路两侧或交汇处周围，形成了复杂或简单的交通网线。当然，在道路的新建、扩宽的过程中会不可避免地付出土地、已有建筑、树木等代价，产生将树木、房屋等进行拆迁处理以及土地的占用赔偿等问题；乡村水利设施的建设一方面伴随当地社会的发展需求以及当地水资源的现在使用与未来预期的某种使用，另一方面体现在产业的用水需求上。阳关地区生活用水方面普遍没有大问题，但存在极个别地方生活用水供给不稳定的现象，例如营盘村一组、二组的用水在一些时段不太稳定。多数村落都有其独立的灌溉水库以提供主要灌溉节点的用水，除发达的灌溉引水渠道，每个村都有灌溉用井以辅助灌溉，在水库处于枯水期或农田极度缺水之时使用；新式乡村房屋的出现及演变过程反映着当地历史、经济、文化的发展，从以前简陋的房屋到现如今的现代化乡村住房，摒弃了以前旧房屋的多种缺点，无论在防灾害，还是防大风大雨等具有较大以及严重的破坏力的气象灾害等方面,都有着显著的提升,而整齐统一的现代房屋在一定意义上也体现着当地的建筑文化以及村民们现在的经济收入等有了相应的提高。独具特色整齐划一的乡村房屋布局,也构成了阳关地区亮丽的民居风景线;学校、政府各部门、活动广场等公共场所和活动设施、电力和电信等网络移动设施的建设更是能直观地反映出当地基础设施建设现状,它们深入每一个村落甚至每一户家庭,为乡村社会的发展提供了各方面的保障。

在有良好的基础设施前提下,阳关地区充分利用当地自然生态资源,逐步发展起了精耕细作的葡萄种植业,取得了良好的经济效益,以此促进了当地社会与城镇化的快速发展。以下主要是通过道路、水利等方面的建设详细呈现阳关地区各村基础设施建设情况,进一步描述阳关地区葡萄种植业的发展过程和具体情况,以便更深入地了解阳关地区乡村社会的依赖基础。

一、阳关地区的基础设施建设概况

(一)营盘村

对营盘村基础设施建设的了解是通过对各个组的一些相关村民及年长者的入户访谈形成的,通过对多人多次的访谈,再现了营盘村几十年来基础设施建设历程和主要变化节点。

对象1❶:营盘村以及其他村主干道柏油路的建设是在20世纪80年代,具体的年份日期因时间太久,不记得了。在这之前都是土路,用小石头垫起来的,到了80年代,政府认为道路现在的样子非常颠簸不利于发展,不便于村民们出行和劳动,就开始修柏油路。但是竣工后不久,到后期路面质量出现问题,大约2000年的时候政府对镇上村上的柏油路进行了加宽翻修,后来这些柏油路用到现在。镇上以及这些村上的柏油路都是一起建的,主要都是修建主干道,村上路边分布的都是葡萄地,路的分支很少,主路两侧的个别分支都是因为有村民居,这些住房在各分支的周围或者最里面分布。其他因为大多都是沿路的葡萄地,所以没有再修建分支柏油路。

营盘村的房子以前都是土木结构的,由于阳关镇以前叫南湖乡,现在的镇政府也就是以前的南湖乡政府,最早的设置地点是在现在的阳关村的位置,我们叫堡子,后来又搬迁到了现在的寿昌村。寿昌村有8个队,南工和北工

---

❶ 访谈对象信息:男,1946年生,汉族;访谈时间:2019年7月15日;访谈地点:访谈对象家中。

各有4个队,后来政府将两个村合并成一个村,即现在的寿昌村。后来南湖乡改名阳关镇以后,政府再次进行搬迁,就在现在阳关镇中学对面的位置。以前村上的房屋都是老式的土木结构,下雨天受影响很大,有一次连续下了14个小时的大雨,土木结构的房屋基本毁了。这些房子不是统一建的,统一的点在于将门面进行统一改造,政府补助2000块钱。房子内饰等根据每家自己的想法设计。我们家的砖结构的房子是在2007年建的,以前从土木结构房子向砖房转变的过程中好多人都是自己直接就建房子,不管政府管不管,自愿建房、铺地砖、建卫生间等。

在1982年以前,这里的种植业以棉花、小麦、玉米为主。那时都是每家每户按人口计算,家里人多了分的地就多。地里是一半棉花一半粮食,不像现在有钱需要的东西都能买。那时棉花价格也很低,由于当时管理比较落后,也经常在回收棉花的时候闹笑话或者发生矛盾。后来1980年左右,政府从新疆吐鲁番拿来了葡萄的秧苗来敦煌试验。后来发现这里和新疆气候光照等很接近,葡萄的种植也很有成效。从1982年开始,大家就基本不种棉花改种葡萄。一般是从4月份地里开始种植准备工作,从开始到结束历时半年。11月份,多数人在市里有房子,就住在市里。葡萄的收获完成后都是被内地的老板收购,价格好时一亩地可以收入1万块钱左右。老板大多来自四川、湖南、广东等地,也有来自陕西的收购商,但是很少。

葡萄地是每个月浇灌一次水,这是一直以来的灌溉方式,这里没有推广滴灌,都是通过水渠放水的方式,一个队大概是50个小时左右,由总渠控水。由于提供灌溉的水井不只是队上打的,还有的是私人打的井,由于水泵的用电程度、水量、维修维护费用的不同,价格也不一样,但价位差不多。饮用水方面在以前是打井取水,提着扁担带两个水桶去打水再运回来储存在水缸里以供生活用水。那时的方式是用绳子绑着桶往下放再提上来,后来又出现另一种节省力气的方法——握杆。原理是在绳子头上绑上石头,再做个勾把桶卡好,水满了以后使石头把桶往上压,人稍微一提就可以上来,后来有一个井叫贺家渠,家里姊妹亲戚都在那里取水,再后来出现压井。自来水出现以后,一个月正常来算一吨水,水费价格从一块五涨到一块八,后期水费不断变化,总体上价位差不大,现在整个阳关镇的自来水水费是1.5元/吨。

对象2[1]:村上的路最早是出现在20世纪70年代,具体是1975年左右,

---

[1] 访谈对象信息:男,1952年生,汉族;访谈时间:2019年7月16日;访谈地点:访谈对象家院落外树荫下。

当时建的柏油路是很简单的一种形态。油罐车在土路上撒了一层油之后再由队上村上的人用拉石头的方式去填充柏油路。虽然这种柏油路构造极其简单，但也是区别于以前土路的一中新的道路的性质。在这之前都是用石头垫起来的土路。需要村民用驴车等工具前往5千米以外的山上拉石头回来铺路，路程就要耗费三四个小时。1979年的时候，南湖遭遇了一次山洪的冲击导致村庄被淹，部分村民房屋受损严重，部分程度轻一些，严重的整个房子都被冲倒了。当时的补贴基本等于没有，都是村民自己承担损失。那时应该是集体资金紧张，村里房屋都是土木结构，经不起洪水的冲击。而且因为柏油路的质量不好，自然洪水把村庄淹了以后，柏油路也受到了很大的影响。于是对当时的路进行了第一次的翻修修复。1979年以前，虽然灌溉也用水库的水，但多半还是使用自然洪水灌溉，带来的洪泥同时也有助于土地肥力的提升。1985年左右进行了第二次的翻修，起始是从镇政府到黄水坝这条路。有一部分原因是1985年水库由于人为管理不善导致水库决堤村庄又一次被淹，并且当时村民都是自己拉石头铺路，并没有出钱，也是由于村民条件很差。90年代的时候对道路进行了第三次的改进，主要表现在从政府到水库这条主干道的变道分支路段，而且不是同一时间修好的，而是以逐年的方式进行改进变道。当时村民自己出了一部分钱，按照国家的安排，一个人几十块钱左右。由于投资项目的不同，有些路村民就出了一些钱，有些就没出。2002年的时候，路本身质量是可以的，由于路线是旅游专线，所以政府比较重视，又在完成的情况下重新铺了一层油。之后就再没有变动，再动就是路间的水泥岩了，再后来路都是国家在管，村民不需要再有任何的参与了。

新式房子的建设没有在乎政府的管束，有条件的时候大多就选择建造新式的房子。一直以来都有人在建，按照各自的经济条件选择建造的时间早晚。除了统一门面，其他的内饰设计都是自主设计。

葡萄是从1981年开始种植的，之前去了新疆吐鲁番引进葡萄，学习参观。刚开始的时候，并不是大家都种植，还是有一部分种植以前的作物，现在将近99%的人都种葡萄，以前种粮食的时候也有种植棉花的，但是棉花这种经济作物比例特别少。农田在种植以前都是按照政府的计划种植，让种什么就种什么——毕竟当时是计划经济。到1983年左右，因为改革开放后进入市场经济对土地逐渐放开。南湖乡自从来了人以后就在不断开垦，1968年就对进行土地整治，把凹凸不平的土地修平用于种植。大集体的时候有多少人就出多少人，由大集体组织，初中毕业就参加劳务。那时候是给工分，一个工分是六七毛钱，不一定拿得到手，买粮食就会扣掉。土地开垦和整治如果追溯源头从这里有人就开始了。九十多岁的人都可能不清楚，可能需要查阅相关文献记载。如敦煌志、县志等。土地整治的时候把高出来的地方用架子车推平。当时灌溉用水以渠道的方式把水坝里的水引到地里——渠道以前就有，后来进行了改造变成砖渠，一直以来渠道都在使用。

对象3❶：队上的柏油路最早出现于20世纪80年代初，当时出现自然洪水的时候还是土路，80年代初的时候，黄水坝出现人为管理不善而引发的人为洪水，由于五队相对较远，受到的影响比较小，那个时候柏油路才刚出现。后来大的翻修经历了三次左右，80年代的时候由于道路质量差就进行了第一次翻修。早期的时候修柏油路村民要出力出钱，按照家里的人口数，一个人大约是几十块钱。后来在90年代也翻修过一次，最后一次就是2016年我家里盖房子那年重新铺了油。

五队的新式结构房屋是在20世纪80年代逐渐出现的，当时主要是村民自己有足够的资金计划要盖新式的平房，一直以来，新式房屋的出现都是经济原因所引发的。我自己家的房子修建了三年，是2016年建的，耗资18万元左右。我们队上最早建造新式房屋的一批人是蔡中、张定等。队上的统一门面是国家开文博会的那年修的。我们家的墙漆是自己弄的，有些原来没有抹水泥的墙是建筑队一起修建，统一门面也是2016年的事情，镇上的门面较早，其他村庄都是后来统一门面的。

队上种植葡萄以前主要以种植粮食作物为主，占了很大比例，主要有小麦、玉米等。90年代的时候开始种植棉花，以前因为产量太低，所以拖到了后面。葡萄是1985年左右引进来的。大集体的时候进行的农田整治，这里的土壤是沙子成分，每遇到大风天气，作物就会受到影响，小麦会被沙子埋没，之后需要用铁锹等工具整治农田。从队上的红土滩上运土把沙子盖住，现在比原来的情况好多了，影响很少。大集体生产队的时候有队长会安排各队任务，是以工分的形式计算的，到年底计算所有的工分，再除去粮食发放用费，最后发放相应报酬。"四清"运动时——在1966年左右，这个队被分到营盘村成了现在的五队。

对象4❷：70年代自然洪水那年柏油路刚出现，记得我父亲当时在柏油路上打扫道路。道路两边有长为0.5米的水泥路沿。80年代翻修时是由人工和

---

❶ 访谈对象信息：男，1948年生，汉族；访谈时间：2019年7月20日；访谈地点：访谈对象家中。
❷ 访谈对象信息：男，1943年生，汉族；访谈时间：2019年7月25日；访谈地点：访谈对象家中。

小型压路机修建，路面质量很差。那时道路两边有两棵大树，阻挡了道路的修建，之后就把两棵树处理掉才保证了道路的正常修建，而小路便道是很晚才出现的，是进入2000年以后才出现的，当时也是大家集体出钱，三四百米耗资12万元修建。其他队例如一、二队便道的修建有一部分是国家出资，一部分是大家集资，而三队的则全是由本队村民集资修建的。按照人口数出钱，90年代的时候没有过大的翻修，最近的两次翻修都是在2010年之后。房屋集中建造主要在2000年到2010年之间。现在新式的房屋建造越来越少，有些人在等政府的补助，统一门面修建的时候政府也发放了一定的补助，但数额太少，帮助并不大。

新中国成立以前阳关土地是由四家地主一起控制的，四家将整个阳关资源收入囊中。这里在新中国成立以前是荒滩，树特别少，荒滩上长的都是草类，除了农田以外，荒滩都是地主所有。水资源也是地主控制，以前没有井，灌溉及生活用水依赖于泉水，地主控制着泉水。新中国成立以后，打倒了地主，资源回归到国家手里，才有了转变。1956年开始了农田整治，大集体的时候才一百多号人，农田开垦整治都是无偿的，毕竟国家经济情况不乐观。当时全乡只有一个生产队一百人左右。当时土地灌溉用的是水库的水，以前水库是通过人为运材料建成的土制水库，通过修建渠道的方式用于农田灌溉，渠道沿用至今还存在土渠，也有水泥渠。尽量按照农田分布并且浇灌更多土地的原则修建，三队的渠道一直是土渠，直到今年才修建了砖渠。

从以上对营盘村四位较为年长的村民的访谈可以得知并看出，四人所讲述的多数部分存共性，少部分则在时间或原因节点上存在差异，对于道路的修建确切时间及翻修节点以及原因方面有所差异。毕竟道路的修建翻修历程涉及时间相对久远，大家在确切的记忆上存在误差，并且时间差异显著，间隔较长。但时间久远无法确定具体日期，并且早期的道路修建过程中较为年长的人都表示，当时家庭有出人出力以及按照地亩或其他标准出资的情况。直到2000年后，基本上村民不再参与村里基础设施的建设，统一由国家规划和实施。新式房屋方面，了解到的是营盘村大多数在2000年到2010年修建新式房屋较为集中，至今稀疏但仍有人因经济原因在修建，耗资在10万元左右。主干路门面房的统一修建，主要是在2015年之后由政府组织的，也有相应的补贴，但仍存在新式门面下是旧房屋和村队便道延伸深处不显眼人家房屋门面仍是旧样式的现象。早期的农田整治等方面涉及时间早、历时长，或从阳关有居民开始就在开垦和整治，是以大集体生产队的形式所组织实行的，集体参加劳动，按工分的方式发放粮食等，直到20世纪80年代土地承包给私人就不再进行土地整治。80年代起，所种植的农作物发生了变化，由以前的以生存需求种植的粮食作物到后来的经济作物葡萄的引进种植，发展至今便有了我们所看到的阳关一如葡萄园的景象。水利方面，营盘村所展现的是有其独立的黄水坝水库在水利灌溉方面起着保障和坚强的后盾供水作用，最主要的灌溉用水来自水量丰富的水库，除灌溉营盘村以外还提供着寿昌村一二队的灌溉用水。通过对各队的水井管理员的访谈，得知各队用井的具体数量以及建设等相关情况：营盘村现有灌溉用井一队一口、二队两口、三队三口、四队三口、五队四口，总计十三口井。

（二）阳关村

对于阳关村基础设施建设情况的了解是通过对以下村民的访谈。

对象5[1]：柏油路刚开始修建到现在已有20年的历史，当时我们村家家户户拉石头来垫路，自己出一些钱按照一个人180元的标准。以前翻修都是小翻修，就是把坑坑洼洼的地方补了油，比较大的翻修就是2017年的时候把这个路全部挖掉，因为质量不行，就重新铺油修路，再有是把路沿用水泥修好——为了保护柏油路。五队的门面现在基本都是统一的，但有些房屋还是以前的旧的土木结构之类的，当时统一修建门面的时候政府补贴了大约5000元。基本都是2017年修整的。但是阳关村五队这边似乎不受重视，一般修一些东西都是到了前几个队就停止了。现在重新建造新式的房屋成本在15万~20万元。这里在种植葡萄以前种植的是粮食作物，主要是玉米、小麦等。1981年把新疆的葡萄苗子引进来，到了1982年开始种植葡萄。之前也种过棉花但是产量太低，就没有种植。后来大家看到葡萄收入可观都开始逐渐种植葡萄，到2000年后基本百分百种植葡萄。收入最差的一亩地能赚8000元左右，产量好的可以达到一亩地一万元多。以前土地整治的时候可以算到20世纪50年代，生产队的时候，大约20岁就要参加土地整治，直到80年代土地分给个人就没整过。这里的土地灌溉用水主要来自洪泉坝，因为那里常发洪水，但是洪水不能用于葡萄地的灌溉，所以要在沟那边用闸门挡住和分流洪水，有六条砖渠。队上目前有三口井，但基本处于无人管辖或者半废弃状态。自来水等生活用水大约有30年，自来水的水费是1.5元/立方米，全乡

---

[1] 访谈对象信息：男，1945年生，汉族；访谈时间：2019年7月22日；访谈地点：访谈对象家中。

都一样，都由一个人管理。但五队的饮用水来源是一队的吃水井。

对象6[1]：柏油路现在除了主干道，便道都是土路，其他村修的比较好，这里相比之下较为落后。第一次的柏油路大约在80年代末修建，每家每户拉石头垫路，每家分一段路，按照每亩地出钱，大约是几十元。前几年路两边各加了0.5米，现在宽度是六米。以前土路的时候宽度就有六米，后来修了五米，好像是和上面要求不一样就变成了五米，最后加宽以后就成了六米。阳关村的统一门面就在二队和三队实行，其他队基本没修，是因为四队这边房屋高低不平，条件不允许，统一门面难度大，修建新式房屋最早的是队上的王正成和王正明家。

四队现在有两口井，都是公家的，这两口井都是我在管，今年才刚接手，这两口井大约有四十年。两口井离得不远，都有井房，国家出资建造的，具体投资多少不清楚，因为我也并没有参与了解。井是在村里老杨当队长的时候和姓李的一个人开供销社的时候打的，大约在20世纪80年代和葡萄刚引进来的时间比较吻合。当时打一口井大约花费一万多元。由于农田干旱的时候都是个人需要加水的时候才用井水灌溉，属于小面积灌溉，所以具体能浇多少亩地没办法说明。收费是按照用电量每度电1.5元，把电费和水费除外，管理员也有一小部分管理费。现在是各队都有各队的井，都只供各队人的灌溉用水。水井设施维护方面，水泵坏了换新的就得一两千元，管子坏了要找很多人才能维修好——管子埋在地下，比较复杂，水泵用的时间长了或许十年才换一个新的，时间短了一两年就要换。这里平时下雨就会发洪水，来源是阿克塞山上那边。四队这边渠道等水利设施非常落后，仅有别村的三分之一左右，大多数还是沙渠，渗透比较严重，比较缺水。自然条件也不好，阳关村这边好久都没浇水了，要不是有井水，葡萄已经严重干旱了。以前粮食种植的时候还可以用洪水灌溉，葡萄不行。现在不奢求什么，四队这里最主要还是希望能把水利设施提升完善一下，阳关村这里水利设施条件太差。以前的渠道五六十个小时才能浇完，有了砖渠可以提高一半的效率，沙渠渗漏严重，浪费太多的水。阳关村的砖渠修到三队就停止了，这样渠道修建还是断断续续的，情况非常不好。平时如果水量正常，不发洪水的时候可以达到二十多天浇一次水，最多则一个月。洪水下来到洪泉坝的沟里在经过整治把水引走。自来水大约是20世纪90年代通的，当时的饮水井变成了灌溉用水井。

---

[1] 访谈对象信息：男，1947年生，汉族；访谈时间：2019年7月29日；访谈地点：访谈对象家中。

对象 7[1]：三队现在有两口井，一个在去黄水坝路上的那个厂子里，那个厂子以前是阳关小学，一个在队上后面三四百米的地方，一个浇这边，厂子里那个浇路边的地。井的管子是大禹公司投资修好的。厂子里面的井大约是 80 年代打的，这边的大约是 90 年代，具体记得不清楚了。队长推举了两个人对井进行保护管理，按照电度收费，一度电 7 毛钱左右，毕竟有人管，还要收点管理费就是一度电 1.5 元左右。当时打的井大约花费一万元，现在打就贵了。另外现在地下水位下降，不让随便打井。我们这里当时地下水位比较浅，可能十几米就有水，现在估计是五六十米。洪泉坝的水是祁连山流下来的水和地下泉水，一下雨就发洪水，洪水一下来就和泉水混合一起，无法用于灌溉，只能用闸把水控住。一直以来洪水自然冲击出来的水道用于分流水，让洪水自然流，没有洪水的时候就用水坝里的水浇地，反之则需要井水浇灌。自来水通了十几年，当时并没打好，水质量出现问题，一队的吃水井和乡政府那里打的井供全乡使用，一队的还提供阳关村这边用水，政府那边的用于另外一边的用水，基本是覆盖了全乡的饮用水。一队前两年还有新修建的吃水井还未投入使用。主要还是用水库的水作为农田灌溉用水。村上的水利设施也不太好，渠道里不用于灌溉的时候本来想申请修建小的蓄水池把水储存下来，即使有洪水也可以用蓄水池的水灌溉，但至今没修成。现在敦煌发展旅游业，洪泉坝按照国家要求分为试验区等，也是没有办法。现在如果全村都修建成砖渠总长度大约有 30 千米，主渠修了一些，子渠就没怎么修。三队的统一门面修建在 2017 年，修建和出资都是政府总揽的，百姓只需要配合。

阳关村现由六个队组成，分布较为整齐，沿一条柏油路干道分布两侧，村委会地址位于三队。柏油路出现于 20 世纪 80 年代后期，中间经历了次数较少的翻修，沿用至今，每家每户按照地亩数出钱出力。新式房屋最早出现于 80—90 年代，出现相对较早，花费数万元不等，也存在一些旧式房屋，一、二、三队几乎同一时间出现统一门面，大致出现在 2017 年。现存水利方面主要灌溉水源来自洪泉坝水库，但洪泉坝和黄水坝截然不同，条件差很多，距离阳关村较远，中间经过沙地等渗漏较大，并且常受自然洪水的影响，灌溉难度大，受水质影响大，需要人为管理整治。各队都有灌溉用井作辅助灌溉，一队的井相对特别，数量多，还为镇上提供用水。阳关村现存水利设施

---

[1] 访谈对象信息：男，1944 年生，汉族；访谈时间：2019 年 7 月 26 日；访谈地点：村活动广场。

如渠道等相对于其他村较落后，土渠所占比例大，渗漏大，灌溉效率低。总体上门面、水利设施等也落后于其他村。

（三）寿昌村

作为阳关最大的村落，也是从敦煌市区到阳关镇人民政府、阳关村、营盘村以及渥洼池等必经的村落，寿昌村的基础设施建设较为完善，加之该村居民集中连片，不仅道路、水渠、水电等设施完善，而且村舍、绿化等建设也很突出。

对象8[①]：一到四队属于北工，五到八队属于南工，三四年前合并成寿昌村。80年代以前种植的是粮食作物，以玉米、小麦为主，80年代后就都开始种植葡萄，当时也有种植经济作物棉花的，不过特别少，产量不行。以前这边队只有五六百亩地，能种植的地很少，现在队上有上千亩地。早期农田整治的时候是在大集体的时候，按照劳动情况给予工分，一年一结算，扣除以外可以领一定的粮食。至于钱，不求多少，不倒贴就很高兴了，一天满分是十分，差一点儿的就是七八分。评定很大一方面是取决于政治学习，政治好的就工分高一些。"文化大革命"的时候社会比较乱，如果想整谁贴个条子就批斗，一年200斤粮食，每天喝粥都远远不够。当时一个工分一斤粮食，一斤一毛三，不求拿钱，若有更多的粮食就很高兴了，生存第一。如果当个有职位的人，条件就好一点，当个民兵连长权力就很大，可以分到更多的粮食。现在有几百亩地的人的地都是承包的，1983年农田分产到户，当时还没有彻底分地，到1984年左右才彻底分地，那时候没有以前的地主富农了，大家都一样。

村上的柏油路最早大约是出现在1984年，中间翻修了几次，具体的时间年份不清楚了，刚开始从土路到柏油路的建设过程中，通过牛车驴车拉石头垫路，架子车晒石头把路垫起来，每家分一定石头的任务和一段距离，高度也挺高和五六米的长度路面，实在完不成任务可以雇人完成。我们村修路的时候记得好像没有交钱，太久了，具体也记不起来了。当时主要是劳动力，按照每亩地一定距离高度等，雇人一天是五六元。当时早上五六点就起来干活，不像现在都是国家在负责整治。土地方面新中国成立以前是四家地主管理涵盖了整个乡，掌管全乡的土地和水源，南工的马家，阳关村的孙家，营

[①] 谈对象信息：男，1943年生，汉族；访谈时间：2019年7月21日；访谈地点：访谈对象家中。

盘村的张家，北工的夏家。80年代建房子的很少，一块砖2分钱，一共要花2000块左右，跟现在的20万元差不多。当时一块钱就像现在的一百块一样。之前新式房屋的出现主要集中在2000年到2010年左右，现在建新房子的人基本没有了，成本高了都可以买楼房了，也就不建了。我们村的门面是国家统一修的，路边的房子统一修的，便道延伸进来的房屋没人管，都是自己出资修建的。

灌溉用水方面，用的是兴工坝的水，在以前是土制水坝，后来成了泥制的。水坝上坝的水浇灌的是三、四队，中坝浇灌的是五、六队，下坝浇灌的是七、八队，一二队用的是黄水坝的水。寿昌村现在的渠道基本都是砖渠和水泥渠，后来合并了以后南工就用兴工坝的水灌溉，总的来说上坝水量还是充足的，中坝下坝就相对水量少得多。寿昌村水利设施、道路房屋方面都比其他村好一些。但是南工现在的水利设施没有北工好，表现在灌溉用水和渠道建设方面。自来水通了很久，在这之前是用井水作为生活用水，后来出现压水井，用的时间长，通自来水的时间也就十年左右，平时自来水的用量也很少，主要是孩子们都出去工作，家里剩老人就用一点水就足够了。

对象9[1]：五队没有井，都要靠兴工坝的水来浇灌。在没有合并村以前，水库灌溉用水是很紧张的，再加上一直以来队上的渠道大多数都是土渠，灌溉用水效率低，水有渗透，现在砖渠只有四分之一，土渠还有四五千米的长度。灌溉水量也还行。营盘村的黄水坝附近有我们村上的200亩农田和一段水渠，渠道从黄水坝一队那里延伸下来，按照一到五队的灌溉顺序浇完，由于我们寿昌五队离营盘五队近，所以五队浇完放水到我们寿昌五队，我们这里浇灌完了再放水到寿昌一队和二队。现在队上除了前门门面和前面的柏油路，后面的小门、便道里面的小门和那里的路基本修得差不多了，门面大约都是在2016年修建的。便道里面还需要农户把地方腾出来，里面有三角水泥路的那种地方修建的是消防通道。新式房屋是在2004年开始出现的，之前都是土房子，我自己的房子就是队上最早修建的，是我们五队第一户。到现在房屋内部由自己设计，但门面无论经济状况如何都是必须统一的，这样下来就存在门面一样里面仍然是土房子。五队的自来水是20世纪80年代通的，后来政府打了一个80米的吃水井用于全镇的生活用水，现在井位于水管所的院子里面。柏油路在我小时候就已经有了，那时候的路很窄，我们村民自己

---

[1] 谈对象信息：男，1944年生，汉族；访谈时间：2019年7月20日；访谈地点：访谈对象家中。

拉石头垫路，然后铺油车铺油。早期的柏油路比较简单，机器少、质量不太好，主要是老百姓出力参与修建的。80年代的时候都是我们村民参与的，每家每户分了一段长度距离按照每亩地一定立方米的石头任务把路基弄好，镇上的主干道修建的比较早，个别的农户房子因为修路的原因被推倒了，主要是为了把道路位置腾出来。像延伸出来的便道是在2006年翻修的，当时我们自己也出资，队上缺钱就把村委会的房子租出去了，合同好像是15年，现在都还没到期，拿了一些钱用于柏油路的翻修。

如前所说，寿昌村基础设施建设整体上在全镇算是最好的，源于其相对而言广阔的面积、优越的位置、较为完善的水利设施建设和新式房屋的普及率。道路及房屋变化节点方面，柏油路的出现在80年代，每家每户出劳力做好路基的铺垫整理工作，翻修次数较少。由于旅游业的推动等因素，大力翻修则是在近几年。新式房屋的出现和统一门面的修建在2000年之后，根据村民个人的经济原因，建造得相对集中，耗资十万元不等。统一门面的修建大约在2016—2017年，寿昌村的分布相对有优势，在大路两边，小的便道几乎很少，导致门面和新式房屋普及率很高。水利建设方面设施较为完善，绝大部分都是砖渠，拥有独立的灌溉水库——兴工坝。上坝浇灌三四队，中坝浇灌五六队，下坝浇灌七八队。各队除五队以外都有相应的灌溉用井以备不时之需。

早期的农田整治方面与营盘村四队老队长描述所差无几，大集体生产队时期农田整治调田没有报酬，算入工分，以年底发放粮食的方式结算，直到80年代土地完全承包给私人后也就没有集体土地整治了。

（四）龙勒村

由于龙勒村是后来才形成的村落，人口较少，前期基础建设较少，但自90年代中期，龙勒村的阳关景区逐步形成并开放接待游客以来，各种基础设施日新月异，并具有鲜明的旅游特点（见图2-1）。

对象10❶：龙勒村在种植葡萄以前种植的是杨树，当时种植的粮食作物很少，葡萄是1975年种植的，当时是大集体时期，大家全部都在土地整治，都是共同劳动，大集体结束后1984年把土地分给个人调田就结束了。调田的

---

❶ 谈对象信息：男，1947年生，汉族；访谈时间：2019年7月26日；访谈地点：访谈对象家中。

时候和大集体时期大家一起劳动，按照工分的方式，可以分到粮食和钱。土地灌溉用水是从阿克塞祁连山上的雪融水引到水沟再从渠道引进来，从阳关那里有泉水从地下冒出来。我们这里浇水不用黄水坝的水，吃水井有一个，在山上那边，村上是打不出井的，没有水，山那边的井就使用了四五年，打了30米，那里水位高，30米就有水，这个村300米都没水，当时是因为盐碱度太高，水质不好，井就荒废了。村里的房子以前都是土坯房子，我家的房子是2008年建的，加上里面的内饰装修下来花费30万元。村上的新式房屋大多数都是2010年到现在盖的，现在虽然村上还有个别土坯房子，绝大多数都是这种门面统一的新房子了，门面统一是在二〇〇几年的时候，自己出一部分钱，政府补贴一部分钱，一户大约是5000元，基本补贴的钱就可以把门面修好。自来水是20世纪90年代通的，之前用的是个人打的井，后来不行了，现在公家又打的井，在用水方面从外面迁过来的人没有存在用水纷争的情况。村上在通电之前用的煤油灯，50年代就用电了，不过那时候的电只用于照明，水电站发的电也用于照明。早期的时候出门随便走没有固定的土路，需要当时村民拉石头垫路整理好路基。柏油路的出现是在1988年之后，大概是在90年代，柏油路从刚开始的时候很窄只能过一辆车的宽度，90年代后期就加宽了，有了两个车位的宽度，又把路面铲掉，重新铺油翻修的，从2000年到现在20年没有再动过路面了。

图 2-1　龙勒村主干道旁的水渠实景（于志疆摄于 2019 年 8 月 2 日）

对象 11❶：村里的阳关景区是企业自己建的，已经二十多年了吧，包括

---

❶ 谈对象信息：男，1950年生，汉族；访谈时间：2019年7月28日；访谈地点：访谈对象家中。

景区里面的所有建筑和外面的停车场、摊位等。村里正路旁的水渠是大约十年前修整的，水渠是在建村的时候把小溪经过整治后形成的，现在两边都是水泥的渠，还有一些小桥、栏杆等景区性质的美化建筑，全部是政府给的项目修建的。这个水渠主要是因为旅游和村庄环境，当然，渠里的水也可以用来灌溉，对村里的环境美化起到了很大的作用，加上渠两边有几十年前栽的大树，有一种古老的感觉，也有小桥流水人家的感觉。游客来这里后都在这里照相，对于提升村里的形象帮助很大。

龙勒村作为阳关发展旅游业的典型村庄，村庄呈狭长分布，紧紧围绕几条主干道分布，大集体时期主要种植的是白杨树而不是粮食作物。1975年开始种植葡萄，大集体时期大家一起参与劳动——整治土地、参加生产活动等。1984年土地分给个人后，就结束了大集体生产。水利建设方面，最初只有一口在山上的30米的吃水井，后因为水质出现问题停止了使用。现在吃水用的自来水是20世纪90年代投入使用，以前是个人打的井，之后是国家投资打的井。而农田灌溉用水是来自祁连山上的雪融水，从水沟再到渠道引到村上用于农田灌溉。村上没有灌溉用井，都要依靠自然融水灌溉。新式房屋以及统一门面的出现主要集中在2010年至今，门面建设在政府补贴和村民配合下基本于2000年之后完成。道路方面，柏油路出现以前没有固定的路线，90年代随着旅游业开发修筑了柏油路，当时村民都有出力，翻修完成后至今未发生变化。

（五）二墩村

二墩村是70年代中期才逐步开发形成的村庄，但其基础设施建设也和上述村落一样经过了几个阶段，现在无论道路、水渠、电力设施、公共活动广场还是村舍都已经很有水准。因为是一个独立的村落，与其他村落相距甚远，该村的道路和水渠建设显得尤为重要（见图2-2）。

对象12[1]：二墩村至今只有45年的历史，1975年从阳关镇过来了大约40户人家，多数是外面迁来的人，我1978年来的时候16岁，所以对村里的事情了解得比较多。刚开始的时候，在这里没有什么优势条件下就迁过来了，那时候是大集体时期，南湖乡那里的土地面积小，粮食收获以后上交完后不

---

[1] 谈对象信息：男，1960年生，汉族；访谈时间：2019年7月27日；访谈地点：村委会内小院。

够生存所需，后来提出来再开垦一些土地种植粮食，这也是迁移到这里的主要原因之一。在这之前60年代的时候出现饥荒也饿死了很多人，所以后来我们迁移到了这里开垦新的土地。以前水资源从20千米外的南湖下来的，当时大集体除了人还有马、牛、猪等牲畜，有个蓄水池，人和牲畜都用池子里的水。住房方面是地窖，搭的树枝，挖地窖条件极其艰苦。当时有民兵在这里搞训练，有连部、厂部，一个大队一个连部，训练加劳动。在这种背景下有训练有生产，当时还有知识青年上山下乡，同吃住，给予工分，不愿意出勤劳动的年底没有钱，分粮食就很难，没钱衣食住行都很难。改革开放的时候，当时的大集体生产模式不适应时代的生产需要，1978年这里要种植3000亩地，还要修房子，没怎么修就被自然洪水给淹掉了。这个地方为什么能开垦出来就是因为这里位于低洼地，经常受洪水的影响，再后来有大风的影响又把土地刮了，导致那会儿就2000亩地。在种植葡萄以前这里种植的粮食作物，小麦、小米等，一年可以收获两种作物。1980年开始发展葡萄产业，后期如果还种植粮食村里可能没人了，1980年开始种植葡萄的时候因为刚开始引进种植，所以还是有部分人种的粮食作物，后来葡萄普及以后，葡萄地里就有种植的其他东西——瓜果蔬菜等，以供生活所需，就像家里的菜园子一样。当时一个单位承包一片区域，我们村是供销系统单位负责的，后来觉得种植葡萄，当时除了新疆有葡萄，这里也没人种。当时共有30万元，用其中15万元引进来葡萄苗子，另外15万元配备了水渠设施。刚引进来时大家的种植技术基本都很差，大车来村里收葡萄时的产量都不够一车，1000亩地一块地收入两三千元，才留住了村里的人，之后葡萄种植业慢慢发展。南湖乡看到村里葡萄发展有好的趋势，逐渐也开始发展葡萄产业。除了新疆、敦煌的葡萄种植在甘肃是最好的，有些种植技术和新疆吐鲁番不同。新疆人也有过来参观学习新的技术，有些种植技术是比吐鲁番要好的，修剪呀，管理呀各方面。当时参观学习的时候新疆好多种植葡萄的地方我们都去过。洪水冲来的淤泥改良堆积了土壤，后来修了水沟用于排洪水，村上没有水坝水库，只有一个较小的蓄水池，是最近这两年才修建的，以前都是直接用南湖的水引进来灌溉，现在的池子里蓄水很少，两三天就浇灌得没水了，还得靠南湖引过来的水灌溉，蓄水池的实际作用有限。村里有六七口井，三个是私人的，其他是公家的，现在平时也用于土地灌溉。这里的土地和阳关镇不一样，是迁移过来以后新开垦的，阳关镇那边的土地是历史上就存在了。

村里的电是1993年通的,以前没有电的时候,使用煤油灯。路是2003年修筑的柏油路,在这之前是土路,没有固定的路线,大集体的时候出门随意走,出行效率非常低。这里是2003年开文博会的原因才修建了柏油路,刚进村那里路很窄,到村里面才比较宽,村上这些路宽的窄的都是同一时间修的,当时我们自己出的钱,上面并没有给钱。当时每家每户道路交钱的时候按照每亩地170元,我家那会儿交了几千块,地的亩数方面平均一家有20亩。村里的道路两边房屋排列还算整齐,延伸进去还是有一些土坯房子,路两边的门面里面也有土坯房子。村庄90年代末迁来了一些移民在村里户数做了补充。以前地窖住完以后,都建的土坯房子,现在的土坯房子都早已拆掉用来开垦土地,村上土坯房子是从1979年和1980年逐渐出现的。从土坯房子转变到砖房我这个房子建得最早,是在1989年修建的。本来房子有两层,我拆了一层加了一层晾房,再早一点的二层楼啥的都是在2004年左右才出现的,我盖房子那会儿有些人家土坯房子都建不起,更别说砖房了,从外面运砖过来的时候没路走,交通效率很低,当时花费2万多元,一块砖才几分钱,几十公里的运费50元左右,现在不可能了。村上门面统一是在2012年改造的,房屋结构不一样导致墙和门面会有所不同,门面改造的时候村民没有补贴,自己花1500元买门,剩下的事情就是改造门面的工人负责修建和获得政府的工资。家里通自来水以前,每家每户在吃水井那里挑水带回家用水,那时用发电机抽水,直到90年代通了自来水,地底下埋了管子通到各家,自来水现在仍为间歇性供水,有时候没水,本来说要改造,至今没什么变化,水费则全乡统一价1.5元每立方米。

图2-2 二墩村村委会正门(于志疆拍摄于2019年7月24日)

图 2-3　二墩村内主干道以及两边实景（于志疆拍摄于 2019 年 7 月 24 日）

图 2-4　二墩村村外水渠实景（于志疆拍摄于 2019 年 7 月 24 日）

二墩村是一个在 20 世纪 70 年代由阳关镇及外地人员迁移而形成的村庄，只有四十多年的发展历史，当时导致人口迁移过来的重要原因之一是土地面积狭小，产出的粮食无法达到人们的生活需求，迫使一部分人迁移出去寻求新的土地种植粮食。在往后的发展中经历了地窖、土坯房屋等直到如今的新式砖构房屋。从当时艰苦的条件发展至今，二墩村展现的是新农村新时代的新面貌——分布于宽大马路两侧整齐划一的房屋门面，崭新的柏油路，便利的交通等。农业发展至今，从粮食作物转变到经济作物葡萄，在阳关镇起到了葡萄种植引路人的作用。除南湖供应的从地下流通的坎儿井形式供水和水渠源源不断的水源外，村里修建了蓄水池，以节约用水和提高水资源利用率（见图 2-3、图 2-4）。

（六）多坝沟

20世纪70年代，在国家项目的投资下，多坝沟第一次修建了较为正规的土渠。生产生活用水都是来自阿尔金山的雪水。2013年修在村主干道两侧新打了四口机井，井的深度在80~120米，村里有专人负责管理井水。2016年，在国家水利工程项目的支持下，开始修建水泥渠，2018年竣工。在用水的高峰期，也会使用村里的三口灌溉用井，解决渠水水资源不足的问题。总体来讲，灌溉用水以渠水为主，井水和雨水为辅。水利设施的完善，使作物种植面积也有所扩大，推动了农业的发展。在90年代末期通自来水之前，一直用的是井水。2012年，村里建了一个水厂，现在大多数都能用上自来水，有一少部分村民由于水管老化，用不了自来水，这些人在村委会水槽取水。但这些问题在2019年10月前全部解决了。

村里的活动室主要用来打牌等休闲娱乐，过春节时还会组织社火表演，在阿克塞哈萨克族自治县统一培训。初一和十五各演一次，在县城里演。当地社火不是每年都进行，而是表演三年，停三年，一直如此循环。村民认为多坝沟的社火是阿克塞哈萨克族自治县最传统的社火。村里的柏油路是在2008年开始修的，之前是混合砂石的土路。交通较为便利，班车到县城需要五个小时左右，私家车到县城只需一个小时。村卫生所紧挨着村委会分布，商店位于村委会对面，中间隔着村路。

对象13[1]：2010年左右，乡政府有开发胡杨峡的意愿，所以把主干道两边农户家的房子进行了翻修，大概有二十几户。乡政府统一请的工程队，门面和室内布局结构大家都是一样的，但是一进院子，那些有户口和没户口的差别就出来了。有户口的给吊了顶，铺了瓷砖。没户口的就只做了个表面工程。有户口的要掏五千块钱，没户口的没有掏钱。近两年才准备开发胡杨峡，去年修了两个彩钢房、四个公厕和一条路，听说还准备修一个大门和停车场。领导检查的时候把宣传牌摆上，人一走就把它给收掉。五一、十一的时候游客相对多一点，今年五一的时候好像来了四个敦煌的大巴车。前年来了大概五六十个人，村委会的院子都停满了，待了一天一夜第二天就走了。

---

[1] 访谈对象信息：男，汉族，1955年生于甘肃通渭；访谈时间：2019年8月1日；访谈地点：访谈对象家中。

对象14❶：可以说现在有些人能用上自来水，有些人用不上。时间长了自来水管老化了，这个管道已经修了三年，主干道已经修好了，就差穿户了。吃不上自来水的人需要到村委会院子里的水槽拉水，冬天我还要用破被子把水槽暖上，没有人管的话就会冻住。大电是2002年或者2003年通的，以前都是用柴油机发电，现在供电还算稳定，不经常停电。

村上有活动室，活动室主要用来休闲娱乐，打打牌之类的，过春节时村上会组织演社火，到县上培训，从准备到结束大约一个月。春节前会组织练习半个月左右，等到初一和十五各演一次，在县城里演。这里的社火是传统社火，阿克塞哈萨克族自治县只有我们这是传统社火。我们是三年演，三年不演，前年刚演完第三年，今年是休息的第二年。

柏油路是2008左右修的。以前这边都是用石子垫起来的土路，进县城都是坐班车，从县城到村里大约需要五六个小时。一个星期只有一趟班车。现在油路修好了，一个星期有三趟班车，分别是周一、周三、周五有车，而且条件好的家庭都有私家车，到县城只需要一个小时。

村上自来水是一九九几年开始通的，以前和现在都是靠阿尔金山的雪水灌溉，从梧桐沟和葫芦丝台两个沟里的水流下来的，这些地名都是哈萨克族起的地名。水渠是一九七几年709工程项目时修下的土渠，那时候多用人力，渠道沿用至今，质量一直很好。2016年通过国家工程项目翻修了水泥渠，到2018年竣工了，从山上那边引下来的水渠前一部分是露天的，到后段进入暗渠，暗渠部分风沙大，为了防止风沙把渠埋掉，所以把渠盖住形成暗渠。冬天因为不需要灌溉用水，但山上还是有水，通过控闸的方式可以把水引到其他地方。灌溉用水在紧张的时候就用村里的三口灌溉用井辅助灌溉。一九九几年我们刚来的时候各村都有几口老井，现在都荒废不用了。2013年左右修了四口新的机井，井的深度在80~120米，分布在路的两边，由一个人统一管理。灌溉用井的收费是按用电量的方式计算的，每度电1.5元。今年因为降雨多，所以灌溉用井基本没有用。灌溉条件好了，种植面积也就大了。村上有个水厂，是2012年建的，建的时候拆掉了那里原有住房的墙体。

多坝沟的基础设施建设较落后于阳关镇的5个村，主要原因是它所属县城较远，是河西走廊最为西端的一个村落，另外是因为村里人口少且不稳定，

---

❶ 访谈对象信息：男，汉族，1977年生于甘肃武威；访谈时间：2019年8月1日；访谈地点：访谈对象家中。

大量人口迁入于 90 年代，还存在迁移他处的可能性，再加上自身建设资源十分有限，且没有可以依托的旅游业，所以基础建设集中在道路、水利、电力和民居方面，但这些方面也起步较晚。

总体来看，阳关地区基础设施的建设离不开当地旅游业的大力推动。当代社会的发展使得阳关越来越现代化，历史上的气息或许变少了，仅存的沙漠、零碎的古城墙等文化古迹少之又少。同时，农业发展迅速，如大力发展壮大的葡萄产业。五个村中的有三个村都有自己独立的水库，再加上各村众多的灌溉用井，水资源丰富。伴随着敦煌旅游业的发展，道路和房屋也得到了更新。重点发展旅游业的龙勒村，后来迁移而成的二墩村，各凭独特的发展方向前进，使阳关各村的基础设施建设步入良性发展阶段，有力地推动了当地社会经济的发展，也提升了村民们的幸福感。但综合来看，阳关地区基础设施的建设有力地配合了葡萄种植业的逐步发展需求，是随着葡萄种植的发展而不断完善的，而阳关地区的种植业也是经过了一些变化之后才逐步走向葡萄种植业的。

二、阳关地区农业结构与副业的变化

（一）1980 年前的农业

传统中国社会是乡土性的，中国的农民是聚村而居的，每家的耕地面积小，是所谓的小农经营，所以聚在一起住，住宅和农田距离不会太远。需要水利以及人多更容易保卫安全，住在一起合作起来更加方便。农村的社会更多的是"各人自扫门前雪，莫管他人瓦上霜"，他们的社会网络关系也是一个以己为中心的形成过程，就好比差序格局的形成，社会关系是逐渐从一个一个人推出去的，是私人联系的增加，社会范围是一根根私人联系所构成的网络，这也是中国乡土社会的基层结构。❶ 自 1955 年始，阳关地区主要依靠丰富的水资源和沙土地发展农业。龙勒村老人说：

我们村属于林场，主要发展农业，这里一直是荒漠，有一股清水流经，当时有四家人号召村里人种植了桃树和杏树，那个时候都是自己食用。1955 年到 1975 年期间种植杨树；1975 年开始种植葡萄，主要是无核白。这个地方种植葡萄主要原因是当时请了人进行土地普查，普查结果反映只能种植葡萄，

---

❶ 费孝通. 乡土中国 [M]. 北京：人民出版社，2015：25-34.

那个时候都是集体种植的、国营林场大概有3000亩左右。1955年始，我们这边依靠水源，种植了包菜、茄子和辣子等蔬菜，当时小麦只有100~200亩。❶

这一时期至之前和之后很长一段时期，阳关地区基本以种植小麦为主，也建成了用以加工小麦的水磨。1958年，粮食的产量达到了丰产期，除了按规定上缴的粮食外，还有自己食用的小麦。自己食用的小麦需要磨成面粉，于是这一年在渥洼池泉眼这个占据了绝对水位地势的地方架设了第一座集体用的水磨，它的架设方便了村民，虽然当时修建的时候条件比较差，设施简陋，是木板搭建的一座简易的老房子，当时也没有专门的人看管，谁需要用就可以直接用，通常一家推磨大概需要一天的时间，大家都是互相提前打好招呼，然后相继使用，直到体制下放时期。到了1984年，曾经大集体使用的水磨设施也就慢慢都拆掉了，仅剩下那一座简陋的经历了风吹日晒雨淋的老房子孤零零地矗立在那里。这一年以后，应村民的需求，在距离原来架设了水磨设施不远的地方兴修了钢磨，用起来比水磨方便一些，也安排了专人看管。现在阳关村有一家钢磨为了满足部分村民的需求还在运行，其他的钢磨均已无人看管，也无人使用了。

（二）主要副业

在葡萄产业还没形成、村民收入还不稳定之前，很多村民也利用农闲时期参与副业，如挖水晶石、挖沙金、挖石棉，去的人主要是来自北工村、南工村、阳关村和营盘村的村民，挖这些东西的地点就是在离阳关镇不远的阿克塞哈萨克族自治县境内的大山中。其中挖石棉的人最多，挖石棉是集体性采挖，一年有100~200人按规定务工时限轮流去挖。1958—1988年这段时期，驴拉车是他们的主要工具，1988—2000年的时候才慢慢有了四轮子。

1. 采挖石棉

20世纪60年代在阿克塞哈萨克族当金山那一带挖石棉，生产队的一个劳力调两三个人待三个月，因为那里空气稀薄所以三个月一换。当时50斤算10份工，山地面积大，自己找地方挖看运气。每天早晨每人发一个炸药、雷管、导火索，当时农建师因为是公家的，这些都是整盒整盒的发。1970年我也去挖过石棉，没有煤，每个星期大家拿着绳子去山上打柴，100斤柴才能换10

---

❶ 访谈对象信息：男，汉族，龙勒村村民，1969年从寿昌北工四队迁户到龙勒村；访谈时间：2019年7月29日；访谈地点：龙勒村访谈对象家里。

分工，当时大家取暖就靠这个。

石棉矿在阿克塞哈萨克族自治县的山顶，1966年各个生产队调人开始去挖。我16岁的时候（1972年）是骑着骆驼走了四天才到的，这是我第一次去那里。那个时候的条件很艰苦，靠阳关队的骆驼每半个月来回运一次肉、面、油等，酒泉、民乐、泉湖的人也在挖石棉。县上也有一个石棉矿，各生产队调人去挖，我们队长是张大庆，当时去的是县上的石棉矿，连着几年都在那儿。吃饭的时候发饭票，吃馒头、面条，因为海拔比较高都煮不熟，一周有一次红烧肉，伙食我还是挺满意的。上山的时候弓着背往上爬，下山坡比较大。茫捱当时在我们的南边，他要过当金山，现在我们当时挖的石棉矿还在运行。

崔木土沟归属于阳关镇，当时是个生产队，大概有60~70里路。每个生产队调一个人过去，时间没有明确的规定，不想干的时候回来然后换别人过去，那个时候崔木土沟的人交通工具是驴和马。安南坝也有石棉矿，在大红山一带，洪水很大，经常会阻断南疆公路，我们也走这条路，主要走红柳沟这一带。我们在2号山挖，1号山是农建师的人，3号4号矿都是县里的矿。六七十年代，大集体时期它带给了农民一定的财富。挖矿的时候就依靠人力，推架车，有时候早晨五六点就走，炊事员把酱油汤和馍馍准备好，背上中午的干粮就上工了，一直到下午四五点才回来。那个时候乡政府有拖拉机、汽车送到柳园，攒够一车皮发到需要的地方。山上的野羊也多，可以用来改善伙食，慢慢到改革开放之前，体制下放以后90年代的时候由老板承包，就是企业经营了。❶

2. 采挖沙金和水晶

1992年到1993年左右去挖金子，那个时候租用了小四轮，我们弟兄两个跟其他人一起去了肃北两次，第一次是半个汢，前前后后经历了三个月左右；第二次去了肃北的大水河。1989年到1990年这一时期都是农闲时期去的，每次时间差不多都在三个月左右。去的时候都是我们自己带面粉、油、盐、咸菜（韭菜、萝卜、辣椒）和土豆。当时矿主要是肃北的井管管理，自己交点儿钱办个手续就可以进行开采、挖沙金，后来管理方式更加正规以后，要办理正式的手续才可以开采，我们只好跟着采金队挖金子。第二次去矿上的时候是1990—1991年，我们当时坐着班车去的，到了那边挖到金子要用手推车推到河边洗金子，雨水太多，我们身体实在受不了，就收拾东西回来了。

---

❶ 访谈对象信息：男，汉族，1956年出生，原寿昌村村民，1979年自愿报名参加生产队，后定居在二墩村；访谈时间：2019年7月24日；访谈地点：二墩村访谈对象家。

水晶石我也去挖过，1989年到1990年的两到三个月内，我去北山挖的，后来去大红山挖了一两个月。地点在罗布泊附近，我们租了一辆拖拉机，挖了十几天，我们还得给他们租车费。挖了水晶石后主要是变卖了做工艺品，金子一天也就能挖十几克，卖价可以达到70~80元/克，我们还要交手续费、生活费什么的，一堆费用下来也不挣钱。阳关村四队和五队的人当时挖水晶石挖得好，矿山管理进一步规范后，没有开采证、破坏生态环境、无正规手续是限制矿山私人开采的。

我是个木工，主要就是修建房子。我祖籍是山西大槐树下祁县，我已经是到这儿的第十代人了。1968年以后，我也就二十一二岁，那个时候是大集体，我们生产队也都是手工开采，就是去阿克塞沟、红柳沟，矿号分为1~7号。直到1969年，矿归为公开矿，成立了人民公社矿，生产队一开始1~2个月换一次人，后面（1969年以后）三个月换一次。我们骑骆驼两天就到了，中间要住一晚，就在戈壁上有红柳或者麻黄的地方住，因为风比较小。吃饭的话，就是大锅饭，每人每月交30~40斤的面给生产队。❶

可见，这些副业有的是个人行为，有些是集体外派性质的，是不同时期内对农业生产的有力补充。但这些副业基本局限在阳关周边和临近的地区，并没有发生在很远的地区。

3. 家庭养殖业

传统的生计结构除了种植业以外，在阳关较为典型的就是家庭养殖业，主要是养猪、鸡等，虽然现在养的人家在逐步减少，但还是以养猪的为多，其中一些还形成了家庭养殖业。

我有20头母猪，2头公猪，规模养猪已经12年了。除了零卖猪肉，还卖猪崽儿，为了成活率，原本两年能产五窝，现控制到一年两窝，每年1月和7月各一次，平均一头母猪一次能产至少10只猪崽儿，这样一年能产400头猪崽儿。但猪崽儿一年只卖一次，3、4月份出栏前一年的猪崽儿，平均一只可以卖到800~1000元，实际上称公斤和论头卖的价格差不多，一只猪崽儿四五十斤左右，平时也就卖20元1公斤。

我养的这些猪崽儿主要是卖给阳关镇的农户，因为我们这儿养的猪不生病，

---

❶ 访谈对象信息：男，汉族，1947年出生，籍贯山西祁县，现在在寿昌村常住，家族迁到南湖已有十代人了；访谈时间：2019年7月31日；访谈地点：寿昌村访谈对象家。

所以大家都喜欢来我这儿买。猪的养殖方面,也是绿色放心健康的,我们用的猪饲料都是我们这儿的农作物,主要就是玉米、葡萄枝和苜蓿。但为了保证猪肉的质量,我们使用的玉米一部分是在敦煌市买的,苜蓿这边种植数量很少,冬天苜蓿储备的货源地主要就是肃北,他们那的苜蓿价格也比较合适。

由于防疫工作的相关要求,我家养猪场一般是不允许外人进入的,特别是今年非洲猪瘟流行。我主要以消毒方式进行防疫,一般一个礼拜一次,外用强力消毒灵Ⅱ(二氟一氯脲酸钠粉)。猪圈内用猪口蹄疫 O 型灭活疫苗,这个一般两三天一次(见图2-5)。❶

 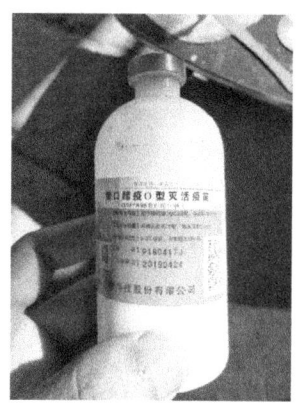

图 2-5 强力消毒灵Ⅱ和猪口蹄疫 O 型灭活疫苗(王雪芳摄于 2019 年 7 月 19 日)

如前文提及的,除了阳关镇的养猪户以外,青海油田石油基地阳关农场也有家庭养殖业,较为常见的是养羊业。其中养殖业较为突出的是多坝沟,因为这一地区相对独立,离周边其他村落很远,村落以南到阿尔金山山脚下还有着几十千米的广阔地域,有着较好的养殖条件。

调查了解到,多坝沟养殖的牲畜主要是羊、牛和骆驼,每家每户几乎都养羊,养殖数量每户在 10~50 只,平均每只羊 700~1000 元。养骆驼的只有三家,平均每家有 50 只,最多的一户达到 80 只,骆驼每只 8000 元左右。养牛的最迟,2018 年才开始,只有一户,是从陕西买的牛犊,办了一个养殖场。喂养牲畜的饲料以青储和玉米为主。农业补充养殖业的同时,养殖业也在支持农业的发展。村民一般在秋末会卖掉一部分牲畜,在开春时节,可以将这部分钱投资到农业生产中去,用来购买化肥、农药、种子,以及支付机耕费

---

❶ 访谈对象信息:男,汉族,1963 年生;访谈时间:2019 年 7 月 19 日;访谈地点:寿昌村养猪场。

等。农业和养殖业在一定程度上总是互补的，单一的生产经营方式没办法满足村民的日常生活需要。

村里的住房分为两栖住房、安全住房和长期闲置住房，是去年的这个时候进行的区分。我们家的这个房子是2008年建的，没有翻修过。1997—1998年村里人在5号山挖石棉，2018年开始便不让私人开采了。家里养了20只羊以贩卖为主，平均每只羊700~1000元，收购羊的是敦煌来的回族人或者汉族人，其中汉族人居多。建设村的人养骆驼，主要是汉族人养殖。

村上有养羊的、养骆驼的、养牛的，养骆驼的有三家，一家大约有五六十只骆驼，最多的一家大约有八十只骆驼。养牛的只有一家。主要为了销售，一只骆驼大约能卖到七八千元左右；养羊的基本每家都有，少则十几只，多则四五十只，一只能卖到七八元百元；养牛的是去年才开始养的，大约有二十只，是从陕西买过来的，买的时候成本很高，一只在六七千元左右，不清楚能卖多少钱。养牛的那家办了一个养殖场。

村里草鳖子（蜱虫）很多，主要对牲畜的影响很大，尤其对骆驼的影响比较大，到了夏天骆驼的毛开始褪的时候就往骆驼身上爬，引发感染，养骆驼的让人每年都会定期召回骆驼进行驱虫，虫害影响较大，但一般不会致死。❶

多坝沟的养殖业明显多于阳关其他村落，除有利的自然资源因素之外，主要是农业结构中没有形成有利的农产品种植作物，村民无法如阳关镇的村民一样，靠葡萄等经济作物有良好的经济收入，只能在自身条件允许的情况下发挥其他资源优势发展养殖业以增加收入。

（三）多坝沟的农作物种植变化

在多坝沟，20世纪90年代末由于小麦需水量大，种植成本高，产量低，收益不好，小麦逐渐被淘汰。2001年开始大量种植玉米，玉米种植每年3月中旬就开始浇水，保墒保湿，4月中旬进行播种，在玉米叶片长到7~8片时开始第一次浇水。玉米种植的主要灾害是虫灾，长在玉米叶子背面的红蜘蛛繁殖速度特别快，在叶子上结网，叶子很快便枯萎，以前没有农药治理的时候就通过烟熏和撒炕灰❷的方式治理。现在通过农药治理就能取得扼杀病虫的

---

❶ 访谈对象信息：男，汉族，1977年生于甘肃武威；访谈时间：2019年8月1日；访谈地点：访谈对象家中。
❷ 冬天炕下柴火燃烧产生的灰。

作用。5月底6月初浇水并施肥，肥料主要以尿素为主。在玉米抽穗时期再施一次肥，之后每隔一段时间都要进行渠水漫灌，一直持续到10月份。

2014年开始，人工收割改为机器作业，目前村里有两台收割机，因为土地连片且分布较集中，农业机械化程度高。玉米产量大约2000斤/亩，小麦是800~1000斤/亩。收购玉米的老板多是敦煌和肃北本地的，他们把玉米售往敦煌饲料厂或发往河南。玉米市场价格每年不一样，2018年因为种植的人多而出现滞销。玉米价格从之前的0.5元/斤涨到了现在的0.9元/斤，每亩毛收益可以达到1600~1800元，平均每亩地的机耕费、化肥、地膜、水基肥、水费、人工费等的投入大概是800元，承包费为200元/亩，所以每亩地的纯收入在800元左右。

多坝沟尝试种植的作物比较多，主要有洋芋、枣树、葡萄等，最早尝试的是土豆，因气候土壤不适宜，产量低，销售市场不理想而停止种植。十几年来也尝试过枣树、葡萄等，当时枣树种植面积达到400~500亩。但因为多坝沟位置偏远，枣和葡萄都因为运输不便、销路不畅而放弃种植。七八年前有7户阳关镇过来的村民在这边开荒种葡萄，带动了多坝沟葡萄产业的发展。但是葡萄种植、采摘、装框、储存、运输成本高，保鲜程度差，如果不能及时销售，就需要建立冷库储存，所以葡萄种植面积占到很小的比例。2011年，政府鼓励当地村民种葡萄，但村民的积极性不高，最后还是没有落实下来。因葡萄收益不佳，种葡萄的人家全部挖掉了葡萄苗。目前除了有一户还没有挖掉枣树，其他农户都已经挖掉枣树，改种玉米。村子里有好多家种100多亩玉米的种植大户，最少的也种40亩。多坝沟的一位中年人说道：

> 现在除了阳关村的几户在这里种植的300亩地葡萄以外种植的都是玉米，以前这里试种过葡萄，后来种植不成功就没有再种植了。其中如果有家用蔬菜水果的种植就是在玉米地中留出一小部分空间。村子里玉米种植大户有100多亩的，少则40亩左右。现在玉米的种植销量很好，不愁销路，每到收获季节都有外地的老板到这里来收购，源于收购商们需要加工原料等需求。我们这里以前试种植的作物比较多，洋芋、枣树、葡萄。枣树种植面积达四五百亩地。之后由于枣树的销路不好逐渐停止了种植。整个村子种植面积有2150亩（不含阳关村300亩葡萄），如果加上葡萄地和私人农场的种植总面积可达到2800亩。❶

---

❶ 访谈对象信息：男，汉族，1977年生；访谈时间：2019年8月1日；访谈地点：访谈对象家中。

另一位多坝沟的老年人也说道：

现在我们家主要种的是玉米，一亩地能收1700斤左右，大概一斤能卖8毛钱，最后再减掉人工化肥的话，一亩地也就赚个700块钱左右，现在还可以，原来的话是种小麦，一亩最多收个800斤左右，一斤也就卖一块钱，如果再减掉人工和化肥钱的话，甚至都要赔钱，而且每年小麦成熟的时候麻雀还要来吃小麦。我们这里农机和雇的人全部都是从外面来的，农机的话大概翻一亩地要150块钱。老两口现在在这儿，一年也就是大概收入了1万块钱左右，主要靠的是国家的低保在吃饭。我家的房子是1984年我刚来时就修好的，当时能修这房子还挺不容易的，感觉还行，但是现在的话，由于是土坯房，一下雨房子就漏雨，就比较害怕。❶

对于多坝沟种植作物的变化及现在的农田管理情况，一位老人说：

来到这儿最先种植的小麦，小麦的收益不好，也没人收购，于是2001年改种了玉米。当时玉米亩产2000斤，小麦800~1000斤/亩。在这儿种植玉米有二道贩子来收购，把玉米发往敦煌饲料厂和河南。家里共种植了50亩地，去年因为敦煌种玉米的比较多，我们这边的玉米出现了滞销，这是前几年都没有的。现在玉米价格从0.5元/斤涨到了现在的0.9元/斤，每亩毛收益可以达到1600~1800元，平均每亩地的化肥、地膜、水基肥、水费的投入在800元左右，承包费200元/亩，一年的纯收入在4万元左右。玉米种植每年3月十几日开始浇水，4月十几日进行播种，玉米第一次浇水在其叶片长到7~8片开始。5月底6月初浇水并施肥，主要以尿素为主。在玉米抽穗时期再施一次肥然后浇水，每隔一段时期都要进行大水漫灌，一直持续到10月份。水是渠里流淌的雪山融水，2012年由政府组织，工程队将之前石头砌的渠改成了U型渠。除了种植玉米外自家还种植了蔬菜，主要是西红柿、茄子、辣椒和大白菜。出门买菜路途比较远，只能去阿克塞县城，过冬时期主要买大白菜腌制，已备过冬。我们家冬天把萝卜、白菜等放在检查井里，温度比较适宜。❷

---

❶ 访谈对象信息：男，汉族，1959年生；访谈时间：2019年8月1日；访谈地点：访谈对象家中。
❷ 访谈对象信息：男，汉族，1940年生于甘肃通渭；访谈时间：2019年8月1日；访谈地点：访谈对象家中。

对此，另一位老人也说：

> 最开始来的时候十亩地有70%种麦子，玉米卖不出去，剩下再种些自己吃的菜，包括茄子、辣子、西红柿、甜瓜。现在95%都是玉米，种玉米就是为了发展养殖业，现在懂得技术了，也知道科学种植了，防虫害的方法也掌握了，以前玉米怎么死的都不知道。4月中旬开始种，7月中旬到8月下旬施三次肥，9月下旬到10月中旬收，在场上晾两三个月，晾到12月份，干了之后用机器打成粒，在用蛇皮袋装袋，小的100斤，大的200斤，一斤八九毛。中间也没有中介人，老板直接找上门。老板没有外地的，基本上都是敦煌、肃北的。一亩地毛收入1000多元，净赚七八百元。我们这个商店2014年开的，原来村里有一个商店，人忙顾不上开商店，我想买个打火机都买不到，就是这样一个原因我才开的商店，生意也就是7、8月份最好，敦煌送货的车到县城，大概一个季度去县城进一次货，现在都是老婆在管，一年差不多挣个五六千块钱，现在家里有小车，平常缺东西就直接开车进城买，所以现在我们的生意不怎么行。我们这个店面是乡政府邮电局的房子，直接归乡政府管。刚开的时候也没说要租金。❶

可见，多坝沟的农作物主要经过了从小麦到玉米的转变。种植小麦阶段与阳关镇没有多大差别，但在20世纪80年代中后期的经济作物选择中，多坝沟也试种了土豆、葡萄、枣等，但都没有发展和稳定起来，最后改种了玉米基本保持稳定，但收入远不如种植葡萄。现在，村民除大量种植玉米外，少部分人家还种一些西瓜等果蔬到外销售，但没有形成规模性经营态势。

三、葡萄种植业的兴起与发展

（一）葡萄的种植和初期发展

阳关自1981年开始种植葡萄，全部都是无核白葡萄品种。刚开始种植阶段，生产队大力扶持大家种植葡萄，免费配发苗株和化肥，大家一起拉石头绑桩。为了提高经济效益，还在葡萄地里套种大瓜，种植一年到秋季收获的时候一斤可以卖到0.8~1元。当时9月到国庆期间挖一个月的瓜，两个人一天可以挖满满2袋大瓜子，这个时候政府才开始慢慢抓经济。1990年左右大

---

❶ 访谈对象信息：男，汉族，1955年生于甘肃通渭；访谈时间：2019年8月1日；访谈地点：访谈对象家中。

瓜日渐不景气，生产队又组织大家繁育杨树苗，村民种植了大概两年的时间。

1980年代初期，当时测糖仪的检测表明，阳关的葡萄糖分比较高。村民们学会了自己修晾房，四川人来收葡萄，村民们葡萄卖到每公斤1元左右。再后来兴建了冷库，有了冷藏车，这个时候葡萄价格上升到了每公斤4~6元。2012年左右，葡萄合作社引进了榨汁场，收葡萄进行榨汁外售，刚开始两年收益特别好，后来销路不好，葡萄交到榨汁场是最后的办法，可以解决村民们的后顾之忧。

农村要发展，农民要致富，离不开村镇上的精英，他们有丰富的知识储备、灵活的大脑、长远的目光。科技融进我们的生活，现代化的发展趋势日益明显，农业的发展也需要注入现代化的新鲜血液，阳关葡萄种植业的发展也离不开当地精英的引领和示范。

我是1989年在村里担任出纳，1992年入的党，一直到2002年担任村主任，2005担任村书记，2016年因为压力太大辞职不干了。土地流转和家庭合作社一时兴起，土地流转了200亩，工价太高，农产品收入不高，干部周一、周六、周天要去镇上开会，地里雇的工人无人管理。1989年初步发展葡萄，二墩村90%的地以葡萄为主，之前种植小麦、杨树苗繁育基地（马玉旭）、大瓜，四面环山，葡萄和瓜果比较甜，气候干热，在水的最下游，水资源紧缺。1993年，葡萄已基本成型，大量进行销售。以前无核白主要用于制作葡萄干，现阶段因膨大激素的运用，基本不选作葡萄干的原材料。2002年左右膨大激素开始运用，最早用酒泉生产的920（赤霉素），现在是乳油和粉剂类的，上海和湖北产的。阳关镇有个叫张九成的人，他是920大西北的总代理。

以前不愁卖，产量高，现在要求越来越高，日益标准化，卖相好看了销售就好了。我们种地很上心，工作集中，这两天重点在做避雨的措施，有的人家里干得很细心。一开始种植时对于葡萄生病不怎么管，烂的也少，粒子也小，现在有马特那么大。村上有个叫郑海的，连续两年不打药，他的葡萄卖不出去。我就推荐朋友帮忙去卖，最后都制成葡萄干了，样子很不错。现在成本和产量都下降了，卖得不好一年就都白忙了。

我到今年种了10年红枣了，一年200斤/亩，我们的枣效益也不好。那会儿的标准是良心种地，有机无公害种植，那会儿上羊粪自己背到地里，成本比较高，现在打的药也多，工作量也多。销售方面，老板对农户的信任度降低，高价雇工，农产品的销售成本增加了。我们家种了450亩红枣，长期工人10个，一个月3900元，包住不包吃，都是河南人，今年用了三个河南人。二墩村总共种植红枣至少600亩，去年2元/斤，收枣0.6元/斤，筛选后晒干成本1.2元/斤。种植方面，工人工资30万元。我自己经营了13个冷库，平均70平方米/个。那会儿我是阳关镇最早的葡萄销售，一两个老板就可以收购，将筐子发给农户，发展到把葡萄拉到地头或指定的地方统一装。现阶段老板带装工进地。

葡萄协会的成立主要是为了统一管理市场，农户都是社员，1999年搞流通，我是经纪人，被评为流通工作先进个人；2002年那个时候开始担任葡萄协会的会长，2016年因为自己家经济不太景气就不干了，现在贷款200万元还没有还清。会长在销售方面起决定性作用，协会会长进行宣传葡萄的长势、产量进行估产，对价格预估。经纪人（李明、黄丽红）可以待岗上证，钱到位了有专门的通行证，农户很放心。将全心全意为人民服务的宗旨落到实处。

我主要负责的这个合作社：葡萄省级示范合作社，既有章程，又有规范，挂名106户，实际工作和农户没有利益关系，是现阶段社会发展的必然趋势。❶

相对于我国农业经济这个大市场来说，目前小农户经营的主要劣势在于劳动生产率和积累率不高，资金不足，信息传递慢，单个的农户进入市场的交易所产生的费用太高。我国的生产、加工、营销一体化虽在某种程度上带动和团结了一批农民，但仍有大量农民没有得到有效的组织。由于绿洲都是呈点、块状的分布特点，每个绿洲间的距离也较远，农民又不能集中，导致大市场与小农民之间的矛盾越加凸显出来。于是在阳关葡萄种植业发展的过程中，产生了代办行业。❷

代办（葡萄中介人）主要负责联系老板和农户，好代办能为老百姓说话。隔壁商店的老板以前就是代办，主要是带着村里人和老板协调工资的问题。我们家的葡萄连着三年卖给一个老板，都挺好说话的，要看代办和你关系好不好。张卫勇给阳关商店的老板做代办，以前的老板主要是湖南、湖北、四川的比较多，现在好多湖南湖北的都不来了，因为前几年赔钱，一起做的老板就分散了。现在做葡萄收购的都是大的果行，主要销往四川、广州、上海、湖南、湖北、青海西宁。

---

❶ 访谈对象信息：男，汉族，1966年生；访谈时间：2019年7月14日；访谈地点：二墩村访谈对象家中。

❷ 陈珏.关于绿洲农业现代化建设[J].广东蚕业，2019（5）：20-21，20.

阳关地区四面环沙，但镇葡萄栽植面积达到 2 万亩以上，95% 以上的都是无核白，还有夏黑、玫瑰香等品种，是名副其实的"一镇一业一品"葡萄产业专业镇。由于葡萄标准化生产措施落实到位，阳关镇无核白葡萄果穗整齐均匀；果皮薄，果实呈透绿色；果肉硬脆，口味酸甜；风味纯正，品质极佳。阳关葡萄不仅被评为"中华名果"，还远销北京、上海、重庆、成都、武汉、广州、拉萨、哈尔滨、银川等 30 多个大中城市。独特的地理位置和优越的气候条件造就了阳关葡萄色泽黄亮、口感酸甜、颗粒饱满的品质。作为"一镇一业一品"的专业乡镇，葡萄产业从种植管理到市场销售都已相当成熟。葡萄管理从出土上架到下架冬眠逐渐形成一套成熟完善的标准化技术规程，即独具阳关特色的"一沟两控三带五到位"的标准化技术措施。随着多年来标准化种植技术的大力推广，阳关镇的果农都成了葡萄种植行家里手，涌现出不少"土专家"。同时，阳关镇每年都要组织镇村组干部、种植大户、合作社代表等赴外地推介和取经，学习交流先进的葡萄管理经验，以提高葡萄管理水平。

这边的地是沙土地，葡萄含糖量高。当时用架子车或木轮车推沙子开地，截阿克塞的洪水灌溉。老户种中心粮食产量相对高的地，新来的户种边缘的地。结果现在反而边缘的地葡萄产量高，品质好。阳关的无核白葡萄竞争力小，最大的优势是沙土地，土质好适合无核白葡萄生长，每年农历八月十五、十月一日国庆节的时候上市，产量稳定，平均每亩收益达 15000~16000 元。

我家有 20 亩地，只有在春挖、秋收和疏果时雇人，主要种无核白。我们这的地至少是 1990 年开始种葡萄，1998 年左右规范种植。刚开始时没有形成规模种植，都是农户自发种植，从吐鲁番拉枝条育苗，5~7 分一个，到了 1993 年才初见收入。❶

（二）葡萄的田间管理

1. 基本要求

通过实施葡萄标准化田间管理，力争将该镇打造成阳关葡萄沟成熟较前、销售最早、品质最优、效益最高的葡萄标准化生产示范点。阳关镇无核白葡萄标准化生产管理技术要点，一沟两控三带五位的管理措施。

一沟：全面实行沟灌，沟宽 1.2 米，沟深 25 厘米。呈倒梯形半坡式。

两控：一控，控制亩产量，亩留蔓 296 条，蔓长 350~400 厘米，每蔓留

---

❶ 访谈对象信息：男，汉族，1963 年出生；访谈时间：2019 年 7 月 19 日，访谈地点：寿昌村养猪场。

穗12穗，穗长20~25厘米，穗重600~750克，每穗留110~140粒果，亩产4300~5000斤。二控，控制赤霉素用量，分两次，第一次拉穗用量控制在50~60斤，在开花前三天进行；第二次在幼果膨大期，用量控制为每克加水18~23斤，7月份严禁使用赤霉素。

三带：一是通风带，主蔓距地面70~80厘米以下的芽全部抹去，留为通风带；二是结果带，70厘米以上、1.1米以内留2~3芽，留枝不留果，主蔓距地面1.1米以上到顶部架面第二道铁丝之间为结果带；三是营养带，蔓的稍部80厘米以内留枝不留果，强枝留为延长头，作为管养带。

五到位的具体内容如下：

第一，抹芽定枝到位。当芽生长到花穗突显时，开始抹芽，应抹去不带果的背上旺芽、背下的弱芽和并生芽。当芽生长到15~20厘米开始定枝。主蔓离地面70厘米以上，每20~30厘米留一个枝组。在结果带留12穗果，结果枝与营养枝的比例为2∶1。定枝应遵循：留强不留弱、留侧不留上、留近不留远、留中庸不留强弱。当新梢长到9片叶，开始打尖处理副梢。结果枝应留7片叶打尖。结果以下的副梢抹去，结果以上的副梢留两片叶摘心；营养枝9片叶摘心、4片叶以下的副梢抹去，4片叶以上的副梢留两片叶摘心，顶梢第一副梢留5片叶摘心。

第二，肥水管理到位。一是应实行合理测土配方施肥和营养诊断施肥，施肥总体以氮磷钾及微量元素为主。二是应遵循以下原则：以有机肥为主，施足基础肥以追肥氮磷钾相互配合。比例为1∶0.7∶1.2。三是以微量元素配合氮磷钾进行叶面喷施补充营养，四是萌芽新梢生长期以氮肥为主，配合磷钾促进生长、开花、幼果膨大期以磷肥为主，配合氮、钾、硼保花保果，促进幼果快速生长。浆果着色成熟期、营养积累期以钾为主，配合氢磷，促进早成熟，提高品质，在灌溉管理上，应实行沟灌，减少病害。全年应灌好三次水：一是灌好埋土前的封冻水，二是灌好出土后的解冻水，三是灌好使用赤霉素前后的保湿水。其他的水应薄浇浅灌，严格控制五月份和葡萄成熟期的灌水。

第三，整穗疏果到位。幼果膨大期应开始整穗疏果，越早越好。先整穗：穗型为圆锥形，穗长20~25厘米，疏去歧肩枝，掐去穗尖。疏果：疏去贴近穗轴的果、畸形果、小果，保持每穗留果110~140粒。

第四，病害防治到位。病害防治原则：以增强树体通风透光，清理病原，以防为主的原则。要做到勤观察、早预防，科学合理交叉用药的措施。根据天气状况，制订适宜的防治方案。在阴天雨季多雾，重点防落穗轴褐枯病、大小叶斑病、霜霉病。在高温、高湿、干旱、闷热时，易发生白粉病、软腐病、酸腐病等。一般在7月中旬至8月中旬为重点防治，主要药剂有戊唑醇、醚菌酯、苯醚钾环唑。根瘤病的防治：应刮去病瘤，涂抹石硫合剂。石硫合剂和水的比例为1：20。疫腐病的防治：疫腐病主要危害近地面的葡萄茎蔓，1~2年生枝蔓容易受害，形成溢缩病斑，受害部位的整个皮层腐烂，常有纵向开裂，上部萎蔫，严重时全株死亡。防治方法：先将病组织刮除，随后在病部涂抹85%克普定可湿性粉剂400倍。

第五，埋土越冬到位。本区属于北方寒冷区，为了保护根系不受冻害，应要求做到以下四方面的措施：一是秋季控水，幼苗期和初结果期的葡萄要在8月中旬开始控水或者不浇水，使根系和枝蔓通过养分回流，快速形成木质化。盛果期的葡萄在采收前，应薄浇浅灌，多增施有机肥和钾肥。二是浇足埋土前的封冻水，保持土壤的湿度。三是施肥要深，必须在30厘米以下，应把根系层引入40厘米以内。四是埋土要离主蔓80厘米以外取土，利用机械埋土，要填平或者高出离主蔓80厘米以内的土，以达到安全越冬措施。

2. 架面设置

架面为小棚架，东西方向架面斜口向南，南北方向架面斜口向东为宜。行距以4.5米为最佳行距，既适于机械化操作，又通风透光，有利于葡萄的着色，可以减少病虫害的发生，提高葡萄品质。

架面设置：架面为小棚架，低桩的标准高度离地面120厘米，高桩标准高度离地面220厘米，低桩与高桩距离180厘米，低桩与葡萄距离40厘米。3.8~4米行距的，可采用连环架，架杆长5.2米或者高桩应移至前一沟葡萄40厘米处，便于机械操作，重点解决通风透光，控制产量。

留蔓方式：采用独龙干单蔓式或双蔓式，盛果期葡萄亩留蔓300条，留蔓总长4.5~5米，每蔓留13穗，穗长20~25厘米，每穗留果粒135~165粒，穗粒重5~6克，穗重600~750克，亩产量4600~5800斤，前提条件必须是高水高肥。

行距：3.8~4米为偏小行距，不利于机械操作。若留蔓过多，易造成架面过密通风透光性差、病虫害严重、产量过高；若水肥管理不当造成晚熟或着色不好、含糖量低、品质差。合理留蔓、合理施肥才能达到稳产、优质、高效的目的。

3. 抹芽定枝

抹芽：主蔓距地面70~80厘米的芽全部抹去，留为通风带；通风带以上留3~5个芽，并留中庸枝为营养枝，即50厘米；营养枝以上25~30厘米为一节，每节留双芽，即结果枝，结果枝与营养枝比为1:2，抹去弱芽、并生芽、畸形芽。

打尖、抹副梢基本要求：结果枝以上留7~8片叶摘心，果穗以下副梢抹去，果穗以上两片叶摘心。营养枝8~10片叶摘心，4片叶以下副梢抹去，4片叶以上副梢留两片摘心。

4. 肥水管理

灌水：实行沟灌或滴灌，为沟灌，沟宽1.4米，沟深25厘米。滴灌采用膜下滴灌，地边修蓄水培肥池。根据葡萄的不同生长期制定浇水量，应遵循勤浇薄灌。因各村的水系不同，全年的浇水次数和时间也有所不同（多者9次，少者7次），全年重点应浇足3次水，即葡萄挖出后的解冻水，必须深浇满灌；6月中旬使用赤霉素前或者使用后，进行满灌；埋土前进行满灌。5月份应少灌水或者不灌，采收后应控水，其余的时间都可以采取勤浇浅灌。

表2-1 不同时期浇水量的时长和水费一览表

时期	时间	时长（小时）	水费（元/亩）	描述	备注
一水	4月5日左右	72	年末统一收取	清明节，葡萄挖出后	
二水	25天之后	72		葡萄处于疏果期	
三水	25天之后	72		葡萄即将成熟期	
四水	25天之后	72		葡萄成熟期	

施肥：坚持有机肥和无机肥相结合的原则，以混合发酵腐熟的杂草圈粪和生物有机肥为主，禁止施用氯型肥料，无机肥必须在无公害的规定范围内施用；实行测土配方和营养诊断施肥，每年测土一次，即出土前、采收后主要测定土壤里的氮、磷、钾和有机质的含量。营养诊断做到三看：看叶片是否绿厚而肥大；看新梢间节是否适中（过长或过短都不利于葡萄的生长）；看果实是否发育良好，膨大快、着色浓、果粉亮。

施肥总体以纯氮、磷、钾为主，比例为1:0.7:1.2，前期以氮为主，中后期以磷钾为主。根据葡萄生长势，调节三大元素和微量元素用量。全年共施4次肥，即采收后的基础肥、萌芽期的催芽肥、果实膨大肥和成熟积累肥。

秋施基础肥，每亩6方施磷肥120斤，离主蔓50厘米，条沟施深50厘米，宽40厘米。

在田间地头根据地亩的大小堆沃有机肥。具体做法：50厘米厚厩肥，20厘米厚杂草，15厘米厚土壤，120斤的过磷酸钙。要求土层杂草层洒水，但水也不能过多，以潮湿为宜，然后加盖旧棚膜保温发酵。

表2-2 不同时期化肥施肥类型、数量以及所需要费用

时期	时间	化肥名称	施肥量（斤/亩）	费用（元/亩）	描述	备注
一次追肥	一水前	尿素	80~100	80~100	在浇水前5~6天	催芽
二次追肥	二水前	磷酸二铵	80~100	160~170	在浇水前5~6天	
		氮磷钾复合肥	80~100	155~180		
三次追肥	三水前	氮磷钾复合肥	80~100	150~180	在浇水前5~6天	根据含钾量决定
		有机肥	80~100	80~90		
		钙肥	80~100	130		
四次追肥	四水前	钾肥	80~100	100~180	在浇水前5~6天	根据含钾量决定
		氮磷钾复合肥	80~100	170~180		17/17/17 15/15/15 26/26/26

阳关地区的葡萄地现在基本都是有机肥和适当的化肥搭配来使用，有机肥基本是羊粪、猪粪，化肥和其他地区的没有大的差别。

我们每年开春3月份上粪，主要是羊粪。第一次打药打赤霉素，俗称920，每一克兑水20~30斤，6月10日左右开始，完成后2~3天就可以进行疏果，这一时期的工价从140元涨到200元（高峰期）。疏果大概需要半个月的时间，恰好赶上二次喷施920。这边也有种红提的，膨大期间用奇宝。陕西杨林生产了一种叫普丰林的膨大药，南湖用得比较多，我们不怎么用。我们膨大期间用赤霉酸结晶粉和乳油，用起来效果较好，但乳油用多了果实不上色，果皮厚，纯沙地用起来效果比较好。二十几天左右浇一次水，浇水期间施化肥。磷酸二铵和磷酸三铵阶段施肥，主要以磷钾为主，磷主要作用是膨大果实，钾主要为了上色和提高糖分。一水的时候，主要用尿素和硝铵，尿素可以起到催芽的作用；第二遍以复合肥磷酸二铵为主，大部分人里面掺

点尿素。也有人使用第四遍，主要以钾肥为主。❶

图 2-6　葡萄地主要冲施肥（王雪芳摄于 2019 年 7 月 13 日）

图 2-7　葡萄地主要施用化肥（王雪芳摄于 2019 年 7 月 13 日）

5. 病害防治

病害防治的原则是清理病原，以防为主，合理用药，常用方案如下。葡萄出土后、萌芽前，应以波美 5 度石硫合剂喷主蔓。6 月下旬喷保护剂波尔多液，浓度为 1∶0.5∶200，即硫酸铜 1 斤∶生石灰 0.5 斤∶水 200 斤；7 月下旬倍量式，1∶1∶240；8 月上旬应喷石硫合剂波美 0.3~0.5 度。无上年病害区应遵照以上防治。

---

❶ 访谈对象信息：男，汉族，1982 年生，初中文化，阳关村村民；访谈时间：2019 年 7 月 15 日；访谈地点：镇农药店。

白粉病、霜霉病、灰霉病等病害的综合防治的常用方案如下：6月20日，以50%扑海因1000倍液加福星7000倍液进行防治；7月18日~8月1日，用50%扑海因1000倍液加腈菌唑300倍液进行防治；8月20日~9月5日，用科博800倍液加白粉高醚进行防治。

蔓割病防治的常用方案如下：在萌芽期，对病部用刀刮去病斑，然后用石硫合剂1斤加10斤水进行涂抹，用纸包扎伤部；在主蔓茎部周围不易灌水较深或者淤积，实行沟灌或者不灌水可减少病害发生；发病地块用五氯甲基苯拌沙进行土壤消毒，用1袋五氯甲基苯配20斤沙子均匀撒在沟内。

表2-3　不同时期农药的喷施情况

时间	药品名称	用途	用量	单价元	费用元/亩	描述	备注
清明之后	石硫合剂	杀菌	2千克/400斤水	10	40	葡萄还未发芽，在葡萄藤上喷施	
6月7日之后	赤霉酸	拉穗	100克/20~25斤水	8	20	共打两遍，分为乳油和粉剂	第一次喷施
6月17日左右	赤霉酸	膨大	100克/9~12斤水	8	30	赤霉酸喷施后十天再次喷施	第二次喷施
	醚菌酯	杀菌剂，治白粉病	5克/30斤水	8	40~50	和赤霉酸混用	一次二次喷施视情况而定
6月底7月初	三唑酮	预防白粉病	300克/400斤水	12	30	葡萄生长的中期阶段喷施	
	乙蒜素		500毫升/800~1000斤水	50~90	18	主要作为杀菌剂使用	
	硫磺·三唑酮		500毫升/400斤水	20	12	也用来预防白粉病	
	己唑百菌清		20毫升/800~1000斤水	60	9	主要做杀菌剂使用，预防治疗白粉病和霜霉病	
	清菌唑		500毫升/400~600斤水	20	12		

续表

时间	药品名称	用途	用量	单价元	费用元/亩	描述	备注
7月底8月初	烯酰吗啉	预防霜霉病	500毫升/400斤水	50	12	葡萄即将成熟时期	雨季
	霜霉威		500毫升/400斤水	50	12		
	蛇床子		500毫升/400斤水	50	12		
葡萄成熟期	一喷红	自然着色营养药	20毫升/30斤水	10	10	葡萄成熟期的着色剂	红提葡萄使用
	果通红		20毫升/30斤水	10	10	一般使用较多的葡萄着色剂	
葡萄采收完后	石硫合剂	清园剂	500克/100斤水	10	30	葡萄剪完藤以后最后一次打药	最后一次打药

注：本表中的药品可对应用途选择使用。本表中单位为实际使用中常用单位，1斤等于500克，下同。

6. 防雨和套袋

每年7月底至9月中旬，在等待葡萄成熟和摘果前，最担心的是下雨。一旦葡萄被雨水淋湿，则大部分会腐烂，减产甚至绝产。所以每年这个时期，阳关葡萄种植户的田间管理除日常的施肥等之外，最主要的就是防雨。防雨的形式主要有两种，一种是用大块塑料布覆盖整个葡萄架，另一种是为每一串葡萄套上塑料袋，人们叫套袋或打伞。前一种，方法省力，但很难预防大风天气，一旦有大风就很难固定住大块的塑料布；后一种方法虽然是在葡萄架下给每串葡萄套袋，精准性强，但费事费力，投资也不少。

9月初开始收葡萄。我们这两天在给葡萄套袋和打伞（塑料的），这些东西都是从新疆买来的，做这些主要是为了防雨。正常的雨季在7月20日左右的样子，今年已经下了好几场雨了。因为洪水的原因我们已经40多天没浇水了，以前那个村叫北工的一、二队，合起来叫四清村（"四清"运动），现在改名叫寿昌一组。天气热了祁连山雪水化了也是洪水，地里浇不了水。套袋工作结束以后就准备卖葡萄。❶

---

❶ 访谈对象信息：男，汉族，1982年生，初中文化；访谈时间：2019年7月15日，访谈地点：镇农药店。

图 2-8　村民在村中整理准备大块塑料布（王雪芳摄于 2019 年 7 月 13 日）

图 2-9　为葡萄架覆盖大块塑料布（王雪芳摄于 2019 年 7 月 13 日）

每年葡萄的防雨管理工作量根据降雨频次和雨量大小而定，2018 年、2019 年降雨明显增多，因降雨的增加，每亩葡萄地的投资也在加大，花在田间管理上的劳力成本也自然增加。

去年和今年雨很多，其实这几年来雨都多了起来，我们小时候没这么多雨。你看，前天下了场大暴雨，今天天气阴的，好像明天要下阴雨的样子。为了防雨，现在每家每户都在盖塑料布或者套袋。我们家现在有 9 亩葡萄地，我们今年是用套袋的方法，我和我妻子已经套了整整六天的袋子了，估计还得三四天才能干完。我们家今年买套袋的钱花了五六百元，两个人整整要干

10天时间，如果这个活儿雇人干，那开支就得四五千元了。❶

近五六年，天灾比较多，不是倒春寒就是下雨。像2008年的时候基本绝收，当时一筐葡萄35块钱都没人要。再比如前年人工降雨，葡萄也是基本绝收，不过我们上了保险，一亩地120元，农户掏24元，政府补贴96元。然后就一亩地给我们补贴了1000多元，大概就是让我们不至于破产。而且现在人工太贵，最少一天120元，贵的时候200多元。现在年轻人都去了市里，我们这地送人都没人要，让别人种还要交水费，就当是看地费，还有些地就直接荒了。❷

图2-10　葡萄套袋（打伞）（王雪芳摄于2019年7月13日）

葡萄的两种防雨方法，除经济成本和劳力成本的差别外，还在于用覆盖法是临时的，即预计有雨的时候提前盖住，雨过后再拿开；而套袋或打伞可以一次性解决问题，一旦套袋后直到摘果都不用再管。

阳关地区2019年8月种植葡萄时各种工种的用工价格如表2-4所示。

---

❶ 访谈对象信息：男，汉族，1960年生；访谈时间：2019年7月16日；访谈地点：访谈对象家葡萄地。

❷ 访谈对象信息：男，汉族，1982年生，初中文化；访谈时间：2019年7月15日，访谈地点：镇农药店。

表 2-4　2019 年 8 月阳关地区葡萄种植工种和工价情况表

工种	时期	工价（元/人）	工价[元/（人·亩）]	管吃	管住	时长（天）
挖葡萄	一般（元/米）	1.5~1.7	315	是	否	10
	高峰（元/米）	1.8~2.2	330	是	否	
绑条	一般（元/天）	120	120	是	否	12
	高峰（元/天）	130	130	是	否	
抹芽	一般（元/天）	130	40	是	否	5
	高峰（元/天）	140	42	是	否	
打尖	一般（元/天）	130	40	是	否	2
	高峰（元/天）	130	40	是	否	
疏果	一般（元/天）	160	240	是	否	20
	高峰（元/天）	200	300	是	否	
套袋（打伞）	一般（元/天）	150	175	是	否	1 个月左右
	高峰（元/天）	150	175	是	否	
收葡萄	一般（元/天）	150	300	是	否	一个半月
	高峰（元/天）	200	400	是	否	
剪葡萄藤	一般（元/米）	1.6~1.8	315	是	否	10
	高峰（元/米）	1.9~2.0	330	是	否	
压葡萄藤	一般（元/米）	1.6~1.8	315	是	否	3
	高峰（元/米）	1.9~2.0	330	是	否	
埋葡萄	一般（元/天）	160~200	350	是	否	5
摘果	高峰（元/天）	210~240	400	是	否	

（三）葡萄种植中的现代机械使用

现在阳关的葡萄种植越来越现代化，各种机械大量使用，人力成本大大节省。挖葡萄、打尖、喷药、翻地、浇水、埋葡萄等都有不同的机械可用，只有在套袋、绑条、剪葡萄藤、摘果等方面需要人力。葡萄打尖有专门的打尖机，打尖机的使用有 10 年左右了，家家户户都有。一开始自己用鱼竿做，把旧的录音机的马达拆卸以后，装两个刀片，不耐用。用大的应急灯做电瓶使用也不方便，后来改用电瓶车做电瓶。打尖机用起来很方便，减轻了工作量。

葡萄采完以后施下架肥，主要是复合肥，剪秧子、压葡萄条，埋葡萄有埋藤机。埋藤机是从2008年开始推广的，我2010年结婚那年买的。这段时间的工价由卖葡萄的工价定160~240元/天，剪秧子、压葡萄条的时候1.6~2元/米。现在各种小型的机械都有，很多地多的家庭各种小机械齐全。

图2-11　锄草机（王雪芳摄于2019年7月18日）

图2-12　旋耕机（王雪芳摄于2019年7月18日）

三轮车最早是脚踏三轮车，1994年就开始用了，2004年就开始买三轮摩托车了，近四五年开始使用电动三轮车。这种电动三轮车没有油耗，加油要开证明，村上开完去派出所换，还限量比较麻烦，电动三轮车就很方便。打药机分为三代，一代蒙花彩水泵，装在拖拉机上太吵；二代蒙花汽油打药旋耕机，主要是拆卸和装卸方便；三代电柱塞泵电瓶遥控喷雾机，不用加油，电动车可以当电瓶使用，费电。现阶段用汽油机的比较多，去年秋天加油站

不够用，建了大的加油站，除草也有专门的除草机。❶

图 2-13　二代蒙花汽油打药机旋耕机（王雪芳摄于 2019 年 7 月 18 日）

阳关地区的多坝沟，因为种植的主要是玉米而非葡萄，机械的种类与阳关镇的多有不同，但机械和农药等农田管理也已初具现代化水平。

拖拉机是一九九几年出现的，现在一家基本上有两个拖拉机，拖拉机的主要用途有翻地、犁地、播种，家里还有一个 20 万元左右的收割机，现在玉米收割的时间大约一个月，收割机的收费是每亩地 120 元，以往是外面过来一两台收割机，现在我们村上买了两台，今年往后收割机可能就不来了。小型收割机一台 20 万元左右，大型的大约 80 万元一台，家里有一台小型收割机，用了五年了。玉米的收购商基本都来自敦煌市，其他地方离得太远也就没有老板来。

收玉米现在都是用机器，虽然个人最大土地面积只有两亩，但各户土地加上各户承包土地面积很广且成片，适合机器作业，同时浇地不容易浇到外面，我们这儿机器收割已经有五六年的历史了，之前都是人工方式收割。以前人工收割时，个人最多也就只有 20 亩地，因为这里雇人困难，所以家里的地不多。

农忙时节在 9 月，玉米种植的主要灾害是虫灾，病虫是红蜘蛛，长在玉米叶子背面，体积特别小，眼睛不好的人根本看不见。繁殖速度特别快，在叶子上结网，叶子很快就枯萎了，一般通过农药治理，以前没有农药治理的时候就通过烟熏和撒炕灰的方式治理。❷

各种机械几乎均来自中国沿海地区制造业发达地区，本地几乎不生产此

---

❶ 访谈对象信息：男，汉族，1982 年生，初中文化；访谈时间：2019 年 7 月 15 日；访谈地点：镇农药店。

❷ 访谈对象信息：男，汉族，1977 年生于甘肃武威；访谈时间：2019 年 8 月 1 日；访谈地点：访谈对象家中。

类机械。葡萄种植中的机械使用不仅大大提高了生产效率，降低了劳动强度，同时也催生了各种机械的销售和维修市场，更使阳关地区与遥远的区域外市场连接在一起，成为大市场中的一部分。

图 2-14　阳关山坡上闲置的葡萄晾房（于志疆摄于 2019 年 8 月 17 日）

阳关的大漠与葡萄相伴相生，沙质土壤为葡萄提供了优质的生长环境，发达完善的道路和水利基础设施促使阳关葡萄达到高产量、优质量、高品质。同时对阳关葡萄的上市时间也起到了很好的控制作用，提高了阳关的经济效益。很多年来，阳关的葡萄几乎不愁销路，果子成熟就会销售完毕，根本不用需要晾晒成葡萄干。近几年，阳关的葡萄一成熟就上市到全国各地，但主要销售到广东等地。为了储存鲜果，各村建了大大小小十几个恒温库，村里也有加工制作葡萄框的厂家，使葡萄鲜果的采摘、储存、销售十分顺利。

在良好的葡萄地产业支撑下，阳关居民的年人均收入早已经超过 1 万元。得益于稳定的葡萄经济收入，几乎家家都购置小汽车，新建了住宅，且一半以上的居民在敦煌市区买了住房。

我自己有葡萄地 12 亩，另外承包了别人的 20 亩，去年每亩的纯收入约 6000 元，今年这个价格的话估计能达到 7000 元每亩的收入。因为我们家老人年老无法劳动，小孩又都在上学，没有多少劳动力，所以大多数农活都需要雇人干，这样的话成本就会高很多。如果都是自己干活的话，一般每亩地纯收入在 9000 元以上。

我们家种葡萄的各种小型的机械几乎都有，2015 年时买了 7 万多元的一辆小汽车，2016 年在敦煌市区买了一套 110 平方米的房子，现在冬天的时候就住在敦煌市区，小孩一直在敦煌市上学。这边院子里的楼房是 2010 年盖

的，当时也花了差不多 10 万元。❶

阳关的葡萄经济已经稳定发展了三十多年，未来也将会长久地持续发展。它是如今的阳关赖以生存和发展的基础，只有市场价格和危害大的自然灾害能影响它。阳关围绕葡萄经济，也发展出了一系列的其他市场，如运输业、加工业、各种农具机械和农药经销，甚至市场中介、农业技术推广、农业观光等，都将阳关的地方社会和区域社会乃至超地域社会联系在一起，促使阳关地方社会进入更加广阔的社会之中。

---

❶ 访谈对象信息：男，汉族，1966 年生；访谈时间：2019 年 8 月 3 日；访谈地点：阳关中学操场。

第三章 阳关民居的建筑特色与庭院布局

阳关位于河西走廊的西端地区，过去是中外陆路交通的咽喉之地，也是丝绸之路南路必经的关隘，古遗址丰富。这悠悠历史长河也深深影响着这里目前的建筑风格，尤以汉唐风显著，各景区也有很多仿古建筑，正在努力打造一个蕴含古韵文化的特色小镇。随着现代化的迅猛发展，越来越多的地方为了促进特色旅游产业与文化传承的结合，使打造古城建筑，仿古建筑"麦当劳化"成为一种"潮流"。阳关也不例外，历史的、经济的、自然的、文化的、观念的等各方面的传统与现代的建筑风格在这里碰撞发酵。而对于民居建筑的快速变迁，阳关居民有着不同的态度与应对策略，形成了如今阳关民居独特的建筑模样。通过对阳关民居建筑的简单考察，我们可以看到在国家力量的主导作用下，传统与现代的碰撞带来了国家与民间社会的双向互动机制。仿古建筑出现，构建了新式社会文化生活。国内仿古建筑浪潮因经济层面和文化传承层面为主要两方面而逐步"麦当劳化"，建设仿古建筑也有了一套"速食准则"，潜移默化地影响着更多层面。

一、从"传统"到"仿古"的阳关民居

阳关传统民居主要有三种样式，类四合院[1]、向阳院、国营林场的连排房，其中类四合院居多。四合院，又称四合房，是中国的一种传统合院式建筑，其格局为一个院子四面建有房屋，从四面将庭院合围在中间，故名四合院。四合院就是三合院前面又加门房的屋舍来封闭。若呈"口"字形的称为一进院落；"日"字形的称为二进院落；"目"字形的称为三进院落。一般而言，大宅院中，第一进为倒座房，第二进是正房，第三进或后进为后罩房室

---

[1] 指简化了的四合院住宅建筑样式。

或闺房,是妇女或眷属的活动空间,一般人不得随意进入,难怪古人有诗云:"庭院深深深几许。"庭院越深,越不得窥其堂奥。四合院在中国至少有 3800 多年的历史,在各地有多种类型,其中以北京四合院为典型。四合院通常为大家庭所居住,提供了对外界比较隐秘的庭院空间,其建筑和格局体现了中国传统的尊卑等级思想以及阴阳五行学说。

四合院背后丰富的文化内涵无不蕴含着人类学思考。在传统建筑文化的流传过程中,一些建筑风俗和风格世代相承,并在继承中有所变化。例如,四合院是我国北方传统住宅的典型,其左右对称、内外有别、尊卑有序的平面布局是受封建宗法制度影响,这样的空间限制了居住者的行为,直接影响居住习俗的形成:主人居于内院,仆人居于前院,正房为长辈起居处,厢房为晚辈起居处,反映了中国人特有的文化观念。封建制度解体后,一家一户的四合院变为多户共居杂院。人口的增长、都市化的现代生活打破了四合院的传统形制,人们在院中搭建小屋争取更多的生活空间,完整对

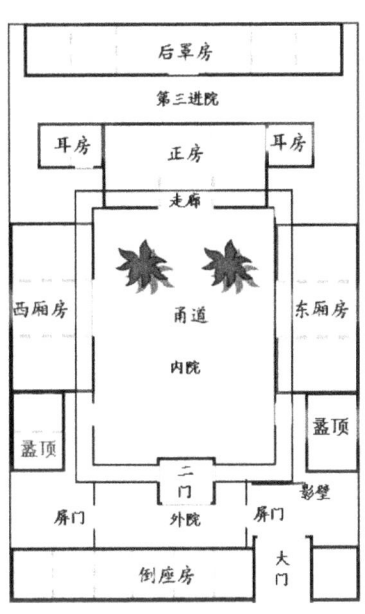

图 3-1 中国传统民居四合院平面布局示意图

称的院落消失了,同时也造就了一种新的居住格局和邻里关系,形成了新的居住习俗。传统四合院的布局形式,"如翼斯飞"的大屋顶,成为传统建筑的象征元素,仍在现代建筑中使用。❶(见图 3-1)

向阳在房屋建筑方面一直是很重要的参考点。山南水北为阳,山北水南为阴。以我们的视点来观察太阳会是从东方升起经由南方最后落到西方,山的南面是向阳坡,山的北面是背光坡,南面的日照一定较北面充足,所以山南谓阳、山北谓阴。水的部分由于中国地形是西北高向东南渐低,河流在流动时会倾向于往东南方向流动,南岸较容易受到河水的侵蚀,形成南湿北干的情形,故称水北为阳、水南为阴。在寿昌村 2 组 12 附 1 号,有一处正在施

---

❶ 侯东亮. 建筑人类学的思考:论建筑文化与传统建筑的关系 [J]. 科技情报开发与经济,2006(20):167-168.

工的新房子，有一个很大的朝南的玻璃门，对此，主人说：

> 这新房子整体结构已经弄好了，就差等着干了以后刷漆装潢了。这玻璃门是因为这样房里亮嘛，采光好。自己设计的，然后包给工程队干。旧房子早拆了，坏了才盖的这个，自己翻修的。今年3月份开始盖的，120平方米，设计的时候就想着怎样亮怎样修，向阳院花费了大概十四五万块吧，不带装修。我最初迁来的时候买的别人的房子，买的隔壁那家，好像是5000块钱吧。他们弟兄多，另外还有房子，弟兄都在城里面住，他住他弟兄那边，就把自己的房子卖给我了。那时是个四合院结构，我这个以前也是四合院。❶

图 3-2　阳关正在施工民宅的向阳玻璃门（袁青摄于 2019 年 7 月 23 日）

调查中发现这样的玻璃门在阳关民宅中很多，说明此结构至今也有应用。从建筑学看，采光好不仅为屋内带来生机，也给人类生活带来便捷，甚至有利于人的身体健康；从人类学看，正是人类热爱大自然，追求自然能量转换的有效应用，阳光、雨水，都是传统农业民族之追求。到了现代社会，各式各样的建筑设计风格为人们提供了更多的选择，所以在这个小小的农村社会，也出现了这样的设计风格（见图 3-2）。

国营林场处于阳关绿洲之上，20世纪80年代的时候大批招工，人口大规模迁移至此，因此那时候的房屋建筑为了给予打工者方便设计成连排，一排六间房，连排住三户人，属于公产房，是要收房租的。一间房一个月两块八，像一个大杂院儿。这样的其实也不能算是传统民居，就是过去的一种房屋形

---

❶ 访谈对象信息：男，1975年生，汉族，寿昌村民；访谈时间：2019年7月23日；访谈地点：访谈对象家中。

式。人口流动性大的地方，房屋多不会为了舒适度，只要维持生存，简易的就是最好的。

而在60—70年代，这里分布的是零零散散的草房、土坯房，一般会选择黏土作为墙体材料，还会填充部分加筋材料，例如稻草秸秆等，皆为当地易得的材料，过去种过一段时间麦子，所以麦草就是最易得的材料，这些加筋材料可以较大地提高墙体的抗弯抗剪能力。到了80—90年代，由于农村规划建设的需要，房屋需要整齐排列，便在规划的道路两旁，村民们各自修起了自己的房屋。那时候一家修房子，全村都来帮忙，不收费，只管饭就行，加上外地或是当地老木匠的精湛技艺，房子是大家一起建设的功劳，其乐融融的景象仿佛历历在目。

老一辈自己设计并施工的多数房屋还是建造成类四合院的样式，还有客卧厨房连着的套间。进门对着的称为上房，上房的正中间要摆上一个财神，一个桌子两边椅子，里面是床，有招财的说法。一般右手这边是厨房，厨房的灶——这边人的说法是要靠东墙，不能靠南墙。"灶要做南墙，越做越难长"，就是难过的意思，所以不能靠南墙。对于灶台高低没有什么要求，根据人的身高设计即可。以前都用土坯垒的，后来又用砖，现在都用瓷砖，根据时代的变化而变化。炉子的位置要看你在哪里做饭，就根据哪个方向，一般是靠东。有"灶要做东墙，越做越风光"的说法。就是用砖盘的炉子，也有人用铁焊制。另外还有人说到"东磁西灶"的说法。以前也有菜窖，大概挖两米多深，人下去能站起来。以前都是挖下去打住就行了，现在都是用砖固下的，砌个墙。以前挖菜窖快，一天就好了，想要多大挖个坑，然后用木材搭上就行了，主要作用就是用来储存冬天的菜，可以保存两三个月。床的摆放一般是南北向。房间另一边就摆沙发、小桌子。侧房就是小卧室、杂物间之类的。房屋的后院很大，棚、圈、土厕旱厕，都是在后面，放农具、电动车、草料，还有一些废弃不用的炉灶啊什么的。羊圈的选址有的就圈在后院，有的在房屋后专门修一个羊圈，一半露天，一半搭一个草木棚，木头杆子绑成围栏，木门或铁门，地下铺一层麦秆（见图3-3）。

图 3-3 阳关民居屋后的羊圈（袁青摄于 2019 年 7 月 24 日）

到 2004 年、2005 年的时候，龙勒村因开发阳关景区搞旅游的需要，想配合农家乐做成农家客栈那样，最早盖起了小洋楼（小二楼），连排的 8 栋，每栋花费了几十万元。后面有钱的农户也开始效仿，主要是新颖又好看。由政府部门提供建筑设计图纸，有 5~10 种，选一种喜欢的交给工程队盖，室内布局摆设都是现代化的标准，一楼一室两厅一厨一卫，小门通往后院，楼梯上二楼，三室一厅一阳台一大平台，装修风格简约，一般从客厅的装修设计就可以看出明显的个人爱好。

2005 年 10 月 8—11 日在北京举行的中国共产党十六届五中全会提出要按照"生产发展、生活富裕、乡风文明、村容整洁、管理民主"的要求，扎实推进社会主义新农村建设。有些农户翻新了旧房子，从土木结构升级到了砖混结构，适合开间进深较小、房间面积小、多层或低层的建筑，对于承重墙体不能改动，而框架结构则对墙体大部分可以改动。自 2009 年、2010 年起，直到 2018 年，寿昌村、龙勒村、国营林场、二墩村、营盘村、阳关村相继进行了道路旁民居的门面和院落门面改造工程，使整个阳关镇的民居焕然一新。2018 年提倡"四改四化"，改水、改厨、改圈、改厕，街巷硬化、村庄绿化、环境净化、路灯亮化。危房改造工程也在进行中，领导下乡评估了房屋建设，并在外墙上喷了"有安全住房、长期闲置"等字样，贴了"农村危房改造户、农村改厕项目户"等标识。

同时，很多村民们建起了彩钢房，可方便快捷地进行组装和拆卸，实现了临时建筑的通用标准化，树立了环保节能、快捷高效的建筑理念。修起了彩钢顶棚，主要就是为了遮风挡雨防风沙，因为阳关的沙尘暴较多，防风沙措施是必要的。新房子的室内布局大多参照城里楼房的布局了,进深和开间比例合理,充分考虑室内的采光性,动静分离(动区:客厅、厨房、餐厅和公卫等;静区:卧室、书房和主卫等,尽量布置在内侧),干湿分离(厨房和卫生间属于湿地带,油烟污染较大,应与卧室等干区域尽量分离)。尽管盖了新房,但在炎热的夏天,老人们还是愿意待在老房子里,主要是凉快,另外因住了几十年了也习惯了,但这类老房子大多都有漏雨的问题了,有和儿女同住的一般也是儿女或年轻夫妻会住新房。对于灶台,村民们还是习惯于在灶台用柴火做饭,还有些人用电磁炉、液化气;用大水缸盛满水备用,因为晚上是断水的,唯一不便的是洗澡。近几年村民们都在敦煌城里买了房子,因冬天村里没有通暖气,所以大多数人都在城里居住。少部分不去城里的就靠暖气炉烧热炕。

为打造历史文化古迹旅游产业,各地民间仿古建筑的兴起不足为怪。中国古建筑一般由台基、墙体、木构架、屋面、装折五个部分组成,和当代建筑的分部工程划分类似。所不同的是,中国古建筑中的门窗不单列,而是包括在装折部分中。台基是整座建筑的承台基座,它必须有足够的支撑力来保持建筑物的稳固平衡,一般台基上可设栏杆,但阳关镇做仿古建筑主要是在农户以前的房子基础上改造门面,所以便没有了栏杆栏板、台阶望柱,少了很多讲究与工序。

在新一轮的新居建设高潮中,建筑门面以汉唐风格最为显著。自2009—2018年各村相继门面改造以来,墙体上面统一高出3米,高3米的地方挑檐、挂瓦,然后墙体粉刷,下面贴文化砖。预算一户6000元左右,包括材料,统一请的工程队,量高程、量宅基地,超出的费用自付,然后施工。屋顶是笔者最喜欢的部分,那远远伸出的屋檐(飞檐)、富有弹性的屋檐曲线、由举架形成的稍有反曲的屋面、微微起翘的屋角(仰视屋角,角椽展开犹如鸟翅,故称"翼角"),加上传统陶瓦和部分灿烂夺目的琉璃瓦,使建筑物产生独特而强烈的视觉效果和艺术感染力。通过对屋顶进行种种组合,又使建筑物的体形和轮廓线变得愈加丰富。而从高空俯视,屋顶效果更好,也就是说中国建筑的"第五立面"是最具魅力的。中国古代工匠喜欢把生气勃勃的动物形象用到艺术上去,中国古代雕刻惯用龙、虎、鸟、蛇这一类生动的动物形象,至于植物花纹,到唐代以后才逐渐兴盛起来。在汉代,不但舞蹈、杂技等艺术十分发达,就是绘画、雕刻也无一不呈现一种飞舞的状态。图案画常常用云彩、雷纹和翻腾的龙构成,雕刻也常常是雄壮的动物,还要加上两个能飞的翅膀。这种飞动之美,也成为中国古代建筑艺术的一个重要特点。阳关镇的众多民居建筑屋顶上便如

图 3-4 所示雕刻有狮子头像和祥云飞檐（见图 3-4）。

图 3-4　阳关民居上的仿古建筑特色屋檐（袁青摄于 2019 年 7 月 13 日营盘村）

传统古代建筑还要讲究空间的美感，这是吸收了中国传统园林艺术的思想，于是阳关镇各农户的门前围起了小院，竖起了栅栏。有的院子是铁栏杆铁门，有的院子是铝合金栏杆，有各式各样的图案花纹，不同图案有各自的寓意。传统装修图案中，常采用一些自然的纹理，如梅花纹、竹纹、冰纹（又称冰裂纹）等，用这种采自大自然的纹样来装饰窗格等，反映出人们对大自然美好事物的追求。走在阳关镇的街头，就可以看到大部分围栏的图案设计类似，多饰花草纹。当然这主要都是工程队的设计，给几种图纸让村民们选择，剩下的交给工程队。还有一些很会设计的村民给墙面贴上了瓷砖，水波纹、格子纹的都有，大大提升了整体的精致感，好打扫且显得干净整洁，唯一缺点是贴不结实掉下来的话比较难补也难看，所以也有不让大家搞这些的说法（见图 3-5）。

图 3-5　阳关民居中的仿古门面和花纹（袁青摄于 2019 年 7 月 18 日营盘村）

小农经济对于中国农村来说影响深远，农民还是愿意在自己的院子里种菜，实现蔬菜的自给自足，这就涉及乡村的庭院布局。阳关的庭院中或院外主要种有黄瓜、南瓜、西红柿、茄子、辣椒、萝卜、葱、蒜、韭菜、白菜、包包菜、豇豆等常见蔬菜品种。院外的菜园有的有围栏，有的则没有，是开放式的。在临村道居民的院落外，门前会围一块小木栅栏，大概长2米、宽0.8米，村里会统一组织种花花草草，还有的种核桃树等果树。有的人家的绿植爬满了农户的房屋，爬山虎起到了很好的遮阳作用，旁边的葫芦瓜藤也围绕在栏杆上，在炎热的夏季带来一阵凉爽，可谓把空间艺术发挥到了极致（见图3-6）：

我们在这儿已经住了40多年了。这个房子是2013年新修的，以前土坯房，四合院。2012年市政府搞人工降雨，一下子下了50多毫米，一次就把敦煌一年半的雨都下完了，敦煌年均降雨量是39毫米。其实现在也是四合院的样式，2013年政府统一规定的门面，我们房子也不行了，就修了，补贴了10500元，自己请的工程队，政府管的是你的高程、大小。去年搞小康工程，修的门前这块地方，刷的墙。种的爬山虎，图个凉快。这个房子150平方米，20多万元，质量好着呢，从敦煌拉回来的好料修的。以前老房子家具都是自己叫木匠做的，外地来的匠人多，他们做得快又好，红柳加工技术也会，还会扎花，现在好多都失传了，现在家具都是买的。有个太阳能的洗澡间，修房子的时候掏钱让人家安的。我们这儿水厕也有，旱厕也有，因为我们这儿晚上12点就停水了嘛，是有限制的。门面也不是全覆盖的，那家就没弄，当时他们的房子还好，可以住，所以就没修。❶

图3-6 阳关民居的绿植门面（袁青摄于2019年7月30日营盘村）

---

❶ 访谈对象信息：男，汉族，1949年生；访谈时间：2019年7月30日下午；访谈地点：访谈对象家门口。

我们可以看到门面改造并不是百分之百全覆盖，因支持建设项目的不同，小康工程和挑檐挂瓦、墙体粉刷也并不是同一年进行的，可见仿古建筑的兴起与新农村建设的碰撞，让农户们对待修房这件事有不同的态度与体验，但无论哪个项目，大体上都在国家力量的推动下积极响应，让这个传统的农村焕然一新。

门面墙上的壁画是一道亮丽的风景，为小镇的街道增添了画面感。因为墙体粉刷为白色、淡黄色，整体温暖简洁的感觉，所以黑色壁画图案的使用给人以简约大气的视觉效果。像当今社会的大多装潢风格都在往简约风发展，经典而又让人舒服。这些图案有马车、敦煌飞天、沙漠骆驼、喜鹊、祥云等，每一幅都有故事，凸显着阳关的地域特色（见图3-7）。

图3-7 阳关民居门面墙上的骆驼和飞天壁画（袁青摄于2019年7月26日）

牌匾是中国独有的一种文化符号，是融汉语言、汉字书法、中国传统建筑、雕刻、绘画于一体，集思想性、艺术性于一身的综合艺术作品。阳关现在一些民居建筑中也注重了牌匾的运用的，除了如"家和万事兴""清雅贤居"等这样的大字牌匾外，还有不少表达家庭和睦以及有迎客松、卧龙松等图像的木质牌匾（见图3-8）。

图3-8 阳关民居门面上的特色牌匾（袁青摄于2019年7月23日）

随着城市化的进程，牌匾在城市文化中的地位日益重要，可以说牌匾是阳关镇门面建筑特色中的点睛之笔。如有一家民居门面上的牌匾，利用传统漆艺中的一个重要工艺门类——贴金技艺，制作了"清雅贤居"四字并刻画龙凤图，喻龙凤呈祥之意。贴金工艺很有讲究，首先调制金胶就必须根据四时变化掌握好材料比例、稀稠程度和干燥程度，其次要贴得均匀、平整、严实、光洁鲜亮，足见技艺之精湛，也足见主人的艺术修养和想要表达的思想追求。

改造门面后，原来的木门也变成了现在的防盗门。有些村民家正门旁还会建个车库，使用卷帘门；一些村民没那么讲究的就搭个棚，草木棚很常见，再就是彩钢顶棚，干净卫生。里面的门除了普通的木门，比较特别的就是像店面一样的那种大玻璃门了，主要是为了采光好。

门面特色中除了牌匾，门下两旁的两幅金狮迎门图也是一大亮点。老一辈人都知道，这是有讲究的，象征男左女右的传统习俗：公狮子在左，抬左脚，脚下按了个绣球，象征江山永固、社会太平；母狮子在右，抬右脚，脚下按了个幼狮，象征生育、子孙繁衍、绵延不绝。有的村民倒是没有用金狮迎门，而是更具特色的用了两个大石头一左一右放在木栅栏里，石头上刻红字，上联"笑迎三江客"，下联"和接四海宾"，牌匾"富贵盈门"，别具一番风格。

总之，虽说仿古建筑并不是百分之百覆盖了阳关民居，但已有的民居建筑已经足以让人耳目一新，让我们看到阳关镇建筑风格的变迁，这在当前的新农村建设中已有很多的尝试。同时也正是因为仿古建筑的"麦当劳化"，让新旧房屋交替的"混搭风"成为阳关镇民间建筑最大的特色。在传统老房子的基础之上，人们建起了现代彩钢房，建起了砖混房，有传统农村的大院儿和炕头，也有现代化房屋的瓷地板和推拉门。这也是国家新农村建设政策的影响，包括危房改造工程和农村改厕项目，国家力量在此体现出与村落建筑变迁的密不可分的联系。

二、阳关民居变迁中技艺者的应对

仿古建筑"麦当劳化"是当今中国建筑变迁的趋势，其中最重要的源头就是传统与现代的碰撞。传统问题在当代建筑中甚受重视的一个直接缘由，是现代主义所造成的负面后果——城市与建筑环境美学上的变质。具体讲，就是感性知觉，与人的精神保持同一性的性格特征，以及建筑与自然和人文环境同构的象征作用，大都被工业理性主义和商业功利主义所掩盖或去除了。❶

而仅存的真正的民间传统，保留在老一辈匠人的房屋建筑中。正是老一

---

❶ 常青. 建筑人类学发凡 [J]. 建筑学报, 1992 (05): 39.

辈传统手艺人的汗水，打造了最初的阳关镇，他们见证了传统文化与民间技艺的兴衰，他们在阳关镇需要的时候出现，把阳关建筑技艺传播开来，代表阳关向外面的世界展示了其魅力。阳关的两位老木匠说：

> 我今年整70岁了，本地人，家里6口人。原来生活困难，上了两年小学就没上了。大儿子上了小学，二儿子上了初中，现在开餐馆；孙子初中毕业，当了五年兵回来。
>
> 做木匠也已经几十年了，当时这手艺就是跟着老匠人学下的。那时候木匠多，外地人也有，本地人也有，也不是只有我做，村里这些活儿都有人干的呢。除了打这些门窗、家具什么的，房子也修。就别人修房的时候去帮个忙，那时候修房盖房都是大家一起帮忙的。那时候又没有包工，都是自己修。
>
> 我28岁学的木活儿。自己家的这些都是自己做的，给别人帮忙亲戚朋友什么的给他们做都是不要钱的，没挣什么钱。打家具这些用的都是白杨木，一直用的白杨木，自己栽下的树。再有就是松树，不用其他的。现在这核桃树都是现在栽的，以前没有大核桃树。大家具小家具，还有小凳子小桌子什么的都做。这桌子很实用，上面铺的大理石。这木门是我自己做的。别人画出来我照着做的，上面的图案啊花纹啊什么的都是设计好的，参照着别人的一些。要说用多久时间，哪有时间限制呢，就做多少天算多少天。图案自己雕，在休息时间，中午啊晚上啊，因为白天队上还要上工。以前就种地，得闲了就干一些木匠活，自己慢慢搞。工具，就用手刨子什么的，就是一般的那些工具。现在腿不好了，生病了，就没干这些了。
>
> 年轻的时候别人来找我做的多。那时候外地匠人多得很。浙江、江苏、河南来的匠人多，后来都走掉了。像大的，新式的家具，我们不做。我们就做老式的。老式的多结实。现在那些家具都是钉子钉的呢，我们那时候都是掏的榫卯衔接起来的，结实，不像现在木匠用钉子钉。铁匠以前有，现在没有了，现在都是焊匠。我没有什么徒弟，从我们会做就没人学了。❶
>
> 我今年63岁，是一个老木匠，土生土长的本地人，初中学历。我们那个时候都是学工学农，半工半农，一周上两节课那种。现在南湖农场那个学校，都是我们那个时候修下的，自己修的。我1981年结的婚，找的敦煌的媳妇儿。打过一些零工，也去外地干过，去柳园打过工。我有三个孩子，两个女儿，一个

---

❶ 访谈对象信息：男，1949年生，汉族，木匠；访谈时间：2019年7月19日上午；访谈地点：对象家中。

儿子，儿子现在在河南周口项城，他找的媳妇是河南的，还不算定居，因为他媳妇家有一个厂子，他在那儿帮忙。女儿一个在这儿，一个在敦煌呢。

做木活这手艺是我从小就学下的，小时候我父亲是干这个的，先是跟着我父亲学，后来又在生产队跟着学，大概一九七几年的时候。木工瓦工我都会做，也会铁匠活，铁活是一九九几年到二〇〇几年的时候自己学的，主要就是电焊。一九八几年那时候有个铁匠铺子，我去当学徒去了。生产队的那些木匠也都是本队的，一个队有两三个木匠，我的师傅还在这儿，其他的都不在了。我师傅就是路口的那个姓张的，当时在生产队跟着他，十八九岁的时候，做上几天就会了。那个时候是挣工分，一天8个工分或10个工分的样子。现在也不是不干了，就是不经常干了，偶尔碰上也会干。有病了，干不动了。我没有徒弟，孩子们也都有自己的事情没有学这些。

家里的这个门是我自己做的，自己雕的，这些柜子也是。没有什么设计思路，就是照着以前的样子做的。先下料，比如说你要做高为2.4米的门，料下上之后就打，以前没有电锯的时候就是人工盖的，框架打上，然后做门扇，最后还有上面那个窗户。雕的那个龙的图案，也没有什么图纸，大概像就行了。你想做个什么样的图案，先量尺寸，在板子上画上，然后就刻就行了（见图3-9，图3-10）。

用的工具就是推木锯子刨子、斧头、锉子这些。现在有电锯子了，方便一些。以前那些工具都老了，现在改革了都用电动的，机械化。像以前都得人工割。

这个绿色的柜子挺好的，好几家都有，又不占地方，又好看又实用。做这些家具没有想着去销售卖钱，只是别家请我的话看档次来算工钱，材料他们提供，谁家做谁家提供。这些木头什么都可以做，这个柜子是杨木的，咱们这儿就杨木多么。最后上漆上普通的漆就行了，漆不贵，一般像这个柜子晾了一天就干了。这个房子也是我自己设计的。那时候盖房子都是帮忙的，他给你盖你给他盖，现干现学。没有看过相关书籍，是我一九七几年的时候到柳园去跟那边的建筑工程队干了半年学下的，应该是16岁，因为我13岁的时候就开始干活了。

我们农村也没有什么盖房子的讲究。因为房子是上面批下来的，你批不了那么大，你想盖什么样的也不行啊，设计不了。所以大部分都是四合院。过了几年批的地方又不一样，米数不一样，有的米数太小了，想设计四合院都设计不了。我这个房子是15米×20米的。每家都不一样，比如这几年这个领导来给你批了，过几年是另一个领导来又不一样了。里面房间的摆设就是要看房间的大小和个人的爱好。我们家这个彩钢的顶篷是二〇〇几年修的，因为比较卫生干净一点。门面是前年统一修的。国家给补贴，然后工程队来修下的。这个晾房是一九九几年的时候盖的，现在葡萄都直接卖掉，就不用了，现在直接当库房用。我这个房子是土木结构的，有一个大梁，两个檩子，小椽子，担上以后用尾巴捆上，上紧，这个顶棚就是纸糊的，去掉后木头就露出来了，边边用小钉子绷紧了之后钉上的，纸就是一条一条穿过去的，就是塑料纸。❶

图 3-9　阳关一户木匠家中的院内实景（袁青摄于 2019 年 7 月 27 日）

图 3-10　阳关木匠的技艺（袁青摄于 2019 年 8 月 2 日）

随着传统技艺的没落，这些传统因素的痕迹成了阳关宝贵的财富。虽然在现代技术的冲击下，技艺的传承正在逐渐变成技术的传承，但这种木匠精神永远存在于这些精致的门窗桌椅里，从他们的言语里笔者看到了一种坚守，一种无奈。他们是阳关建筑建设的第一代功臣，是用双手创造未来，开启阳

---

❶ 访谈对象信息：男，1956 年生，汉族，木匠；访谈时间：2019 年 8 月 2 日上午；访谈地点：访谈对象家中。

关建筑变迁史的重要人物,但也无法阻挡现代化、全球化的浪潮,传统与现代的火花在这里燃起。

特殊的时间尤其是自然灾害也给阳关的房屋建筑带来过小插曲。

1968 年发了大洪水,全村几乎都淹了,敦煌那边也都受灾了。后来重修房屋,国家补助了一点点,拉了土让农户修房子,当年就修建好了。没有住的地方的人就借住到没有完全淹掉的那些人家里,上半截那些人的房子还好。当时大家互相帮助,团结一致,也有好人好事,然后就是花钱雇人修。❶

1987 年,水库溃了,把沙子都拉下来了,对这儿有点影响,都是水,破坏了很多房屋,农户们就把房子重新护了一下。后来政府就专门有人看黄水坝了,每年抗洪期领导们都全在坝上呢,多辛苦啊。以前那是沙漠,沙漠要移动,移了就倒了。现在它重新加固了。❷

他们所讲述的正是印证了维克托·布克利的房屋建筑破败与毁坏理论。破败与毁坏意味着重构,重构的不仅仅是物质形式,更是在重构社会生活。不同的是在传统时代,人们看重的是精神层面,抗洪抢险过后的房屋重建是大家团结协作之精神力量,影响着重建过后的良好邻里关系、社会交往,建构出一个亲密的熟人社会。而现代化的今天,更多的是在强调政治与社会认同,救灾第一个出来的是政府,国家需要人民看到政府的努力,需要人民的信服,以建构出一个集中统一领导的制度化社会。

在阳关,有人花费 30 多万元盖起了小二层楼,又花费 12.8 万元在市区买楼房;有人花费 3 万元买下旧房子,重新装修下来 10 万元;有人住了三十多年的房子实在漏雨漏得不行今年终于花七八万元再盖新房;有人住了三四十年的土木结构房屋如今还在住。过去农户们种过麦子、棉花等,直到 20 世纪 70 年代末国营林场首批从新疆引进种了 20 亩葡萄,发现葡萄效益好销路好,农户们纷纷都种了葡萄。那时一斤 3 毛钱,现在是一斤 3.4 元或 3.8 元,整体收入有所增长,可毕竟还是靠天吃饭,加上农户们越来越年迈,年轻人又不回来种地,每年的经济收入还完贷款后所剩无几。经济基础决定上层建筑,经济水平的差异直接影响了在这个充满新事物急剧变迁的时代怎样去修

---

❶ 访谈对象信息:男,1941 年生,汉族;访谈时间:2019 年 7 月 13 日上午;访谈地点:访谈对象家中。

❷ 访谈对象信息:男,1971 年生,汉族;访谈时间:2019 年 7 月 18 日下午;访谈地点:访谈对象家中。

整住房，传统的经济观被抛弃，土办法修建的房屋质量毕竟比不上现在的建筑方式，所以经济水平高的人追求更好的生活质量，接受更新颖的事物；经济水平一般的人加固房屋，提升舒适度；而经济水平较差的人想办法维持和翻修自己的房屋和院落。

由于农户们的观念不一样，建筑风格和住房条件上带有一定的主观性。阳关村35号是典型的四合院样式，通往后院的是一个中国传统古典园林风的拱门，里面摆放杂物，设计的时候不仅为了美观，也因为它阴凉，有存储蔬菜的功能。营盘村17号住了两位上了年纪的老人，他们在翻修房子的时候考虑到新盖房屋的话位置不够，又不想拆掉老房子，就只盖了个彩钢顶棚，其实搭棚的比盖房的多，老两口住的也舒适。有些辅路和较偏的地方是没有统一门面的，人们有愿意自己修成一样的，也有未经改动的。阳关2组28号给房屋修建了一个顶，很保暖，上面是高纤维板子加水泥加上圆环图案，大方独特。很多新房装修都是中国风的设计。人们也会根据自己的喜好在墙壁挂上山水图或是书法作品。农户们的一个个小心思、小创意，让阳关镇的民间建筑外部整齐划一，内部各具特色（见图3-11）。

图3-11　阳关一户民居中的杂物间与特色拱门（袁青摄于2019年7月13日阳关村）

传统与现代的技艺、经济、自然环境、思想观念碰撞出了"外部整齐划一、内部各具特色"的仿古民居建筑，而最深刻的体现应在旅游业当中。阳关地区敦煌宫的古城建筑墙面；野麻湾的六角形尖顶古亭，内部顶上印莲花图案，外部角梁上有鲤鱼像和麒麟像交替分布，鱼象征着机遇，飞黄腾达，大富大贵，麒麟是吉祥神宠，主太平、长寿；龙腾山庄的白杨木大门；农家乐棚上挂灯笼，传统上认为有鸿（红）运当头的吉祥寓意，餐厅、农家乐等挂起一个个灯笼,起到一个门神的作用,更喻"红红火火"的生意兴隆之意;甚者还有专门从敦煌定制的汉唐风格的流动摊……传统的特色不再停留在传统的层面,而是和现代化、全球化的影响相结合,已沦为工商业的获利工具,但同时又在时刻提醒着我们铭记传统文化,增强我们的历史文化认同,这岂不是一种双赢。仿古建筑建构的,就是这样一种极其便利的在文化认同下的共赢社会生活形态。

三、民居变迁中的个体差异

变迁向来都不是一帆风顺的。现如今我国发展已进入新时代,随着乡村振兴战略的提出和新农村建设、小康工程等的实施,仿古建筑在发展乡镇旅游,带动乡镇经济方面起到了重要的作用,还增强了民众的文化认同。同时,政策的落实程度对农户的生活方式也产生了影响,造成了对待房屋改造的不同态度。大部分的积极响应和小部分的插曲共同形成了阳关镇真实的社会形态。而在这种大潮中,一些个体的应对差异是明显的,尽管这种应对背后有明显的经济因素在起作用,但也不能忽视个体之间其他因素的影响。

这个房子是1987年在大家帮忙下我们自己盖的,当时就是这种封闭四合院的样子,一直到现在,也没有重新修过。就这两年雨多,前几年干,现在有点漏雨,漏雨就重弄点儿那个水泥就可以了,也还行。新农村建设期间,门面都是统一的,我们这边这条路都没有搞,也不知道为什么,好像就公路两边弄了吧。像我们路对面那几家都是今年自己修的,还有两个正在盖房子的,他们以前也和我们一样,他们是半院一体式,盖下来最少也得一二十万元。我们家这儿都是木头做的,土木结构,家具还挺结实的,以前的木头就是结实。那个柜子本来得安玻璃的,我们玻璃也没安就这样用的。沙发肯定是现代的,床是铁的。做饭我们两人吃不了多少,这两天忙就拿液化气做的,闲的话就拿柴火做。我们家以前是个普通的大木门,现在自己翻新弄了个防盗门,市里面买的。其余的都没换。过去做这些门啊什么的都是木匠做的,这种样式还挺中国风的。现在都没有木匠啊铁匠啊这些人了,都老了,没人干了。那个拱门也是当时设计的,以前我们这里不是种粮食么,就放麦子啊什么的,跟仓库一样的,阴凉,适于储存。这边都种,现在不种小麦了,就

放一些杂物，乱七八糟的东西。❶

图 3-12 阳关一户村民家的老房子（袁青摄于 2019 年 7 月 18 日）

这是一户住了二十多年的结构没有变化的老房子（见图 3-12）。言语间提到的主干道两旁才进行的门面改造，而这边可能是地理位置太偏了就没有覆盖。这与多坝沟的情况类似，也是为了发展胡杨峡景区，把去往景区道路的主干道两旁的房子翻新重刷，其反映的经济意义远远大于文化意义，文化认同可能只是作为一个辅助影响，在潜移默化地发挥着作用。这也是为什么很多农户其实并不了解飞檐琉璃瓦的深层文化内涵。文化因素的缺失，让社会的整体形态呈现了一种商业功利主义倾向。以下还居住在老房子的一户人家的情况就能说明这个问题：

我这个房子住了大概 23 年了，最开始花了 4800 块钱买下别人的四合院。又拆掉修成现在这个样子，大概 160 平方米直到现在。去年秋天，书记、主任来转，谁家的房子不行，谁家的家庭困难些，生活紧张些，就贴下那个"农村危房改造户"。要修了才有补助，没修是没有补助的。我们没有修。去年秋天那阵天气都开始冷了，做不成了，他们就贴了个标签也没说咋修呢，然后就一直也没有过问了。一个大队也就只有两家子我们这样的，危房改造。后来我们也没有修，家庭经济困难嘛，没钱，就算补助一点儿听说也补助的不多，自己还是没钱掏那部分啊，修不起，所以就没管了。❷

---

❶ 访谈对象信息：男，汉族，1971 年生；访谈时间：2019 年 7 月 18 日下午；访谈地点：访谈对象家中。

❷ 访谈对象信息：男，汉族，1946 年生；访谈时间：2019 年 7 月 17 日下午；访谈地点：访谈对象家中。

第三章　阳关民居的建筑特色与庭院布局

图 3-13　一户危房改造对象的室内实景（袁青摄于 2019 年 7 月 17 日）

这是一户农村危房改造户，老人已经 73 岁了，因经济原因迟迟没有动工（见图 3-13）。虽然他是个案，并不会影响到整体的新农村建设成果，但就仅是这样的个案，让我们看到微型的乡村社会中，个体与社会的双向互动中，还存在着些许的不完善。而解决矛盾的关键在于，需要特别关注一些特殊个体的情况。以下一位个体的情况和上面的形成了鲜明的对比。

这个房子是十几年前修的了，250 多平方米，现在也就我们老两口在这儿，花费了 30 多万元吧。施工队修的，当时也没什么特殊要求，两三个月修下的。我们这有 4 户小二层楼都是同一年由同一个工程队修的。那年兴起修楼房，我们就修下楼房了。以后人家都不修楼房了，还是平房好，平房人家修上一院子平房，然后把院子盖上顶棚封上，土沙子什么都刮不进去了。我们这一刮风啊，土就刮进来了，你看窗帘子就是被刮得不行了我们就把窗帘去掉了。我们在市区还有房子，天河小区，110 平方米，花费了 12.8 万元左右。镇上来改过厕，那个厕所另修下的。前年来修的门面，为了旅游业吧好像。做饭用的是液化气，早中晚特殊时段供水。近两年降雨量增多，这房子都漏雨了。外面那边一排还是我们的房子，是我们的雇工住的。我们干不了活儿了，雇了 3 个河南的雇工种地，管住不管吃，一天 120 块钱。最开始这边都是土坯房。我们来的时候公家也给修着呢，修着四处房子。前面那个平房是我们的老房子，后头还有些地卖掉了，我们把这楼房修好了那房子也卖掉了。那个房子修的时候大队给过我们补助的，补助的还可以。以前四合院多着呢，现在也有四合院，就是把门面改造了一下。这边由阳关镇政府负责开发，开垦耕地，每个生产队都调人来，一个生产队调3~4个人，分地种地，每天清理渠道，那会儿风大，一刮风就把渠填掉了，那会儿树都小小的挡不了风，所以天天搞。我是1980年来的，那时候那些娃娃还没走，就天天跟上干这些活。我来这儿当会计，还管食堂。有的队来的是小伙子，有的队来的是丫头，就像你们这么大的年轻人。我们是本地人，属于老户了，只不过现在不常在这边住了。❶

图 3-14 房屋改造户家的小二楼实景（袁青摄于2019年7月24日）

该户是经济条件较好的小二楼，在农村改厕项目中，他们就呈现了一种很积极的态度。他们家的房屋布局，包括后院，从生活方式就能看出来他们的生活宽裕，是所在村里经济条件最好的，他们的房屋也最规整和气派（见图3-14）。经济是文化的基础，这里农户们的文化认同包容性明显比别的地方强。文化包容性是仿古建筑"麦当劳化"的重要条件，农户们大多还是愿意待在老房子里，而新式民居留给年轻人住，像刘奶奶这样的老人着实不多，包容性强，接受新事物快，能很快与现代化的因素趋向于融合。

在农村房屋改造的过程中，干道两边、靠近景区的农户有着更多的实惠（见图3-15）。

我是1985年嫁到这边来的。以前去阳关景区那边卖葡萄，才卖几毛钱，一天才挣八九块。现在我摆这个流动摊已经3年了，因为景区那边现在是要收费的，7、8、9三个月好像交3000元。现在得凭关系摆摊了，那边政府投资铺的

---

❶ 访谈对象信息：女，1943年生，汉族；访谈时间：2019年7月24日下午；访谈地点：访谈对象家中。

砖,把那边地皮炒火了,不是那么容易就能去的。路也变了,以前单行道就都能照顾到,现在游客车不从下边这儿路过了,下边这些人都挣不上啥钱了。以前这边都是戈壁滩,我们都在那边,远处那地方都是土桩子,零零散散的分散开来的几户房屋。一九七几年的时候有的这个路,就统一把房子修到了路两边。我1985年来到这儿,住的还是四合院,住了15年。我家这地理位置特殊,是景区下来住户这边的第一家。后来公家来拆了我家的洗澡间给修了个车站。我们贷了款,2000年的时候把四合院修成了一个方的平房这种。那时候就按城里的楼房布局那样设计的。我们有个亲戚在乡政府,来我家看了看,又说必须统一修门面。又拆了车站,又一次拆了我家的洗澡间,2013年还是2014年的时候规划门面,就修了门面,又修厕所,改水,还有门前这个水泥桥,成了现在这样,130多平方米。那个车库都没怎么用过。我还买了一年的义务工,没补贴。门面是一户补贴5000元的,我这还有拆洗澡间,拆车站,车库什么的要补贴一万多元,2018年底的时候给我补了1.2万元。

2000年修了房子是因为葡萄收成好,就花了两三万元,贷款贷了5000元,两年就还掉了。2005年还出去旅游了一趟。2008年贷款买了车,还在市里买了房子,90多平方米,去年还完的贷款。我有14亩无核白。我们都是3月份贷上8、9万元回来种地,等葡萄卖掉了卖的钱还贷款,然后剩下的就是我们冬天去市里住的生活费了。原先要贷款证,现在信用评级。年轻人,30多岁的那些,多得是贷20万元、30万元的,这种东西啊,只会越滚越大。❶

图 3-15 村干道旁一户人家的门面(袁青摄于2019年7月27日)

---

❶ 访谈对象信息:女,汉族,1964年生;访谈时间:2019年7月27日上午;访谈地点:访谈对象所在村路边。

在龙勒村这样一个打造旅游开发的农家乐乡村，他们是第一批接受仿古建筑"麦当劳化"的人，并在仿古建筑的建设下加入自己的智慧，发展具有自身特色的旅游资源。能把握住时机的人，产业不断扩大；而没有抓住机遇的人，只能守好自己的小日子。

黄树民在《林村的故事：1949 年后的中国农村变革》一书中，将宏观的社会变迁史与微观层面的村落史和个人史结合起来，分析了中国农村社会变迁过程中国家对村落政治文化的改造与干预，他认为，1949 年以后，在农民生活条件普遍得到改善的情况下，传统上封闭、自治而独立的村落社区，逐渐受到官方意识形态的强力影响，但国家与民间社会仍处于一种双向的互动中。1949 年以来，国家从没有间断过对农村的关注，从扶贫战略到扶持农村专业合作社和龙头企业，从加快农村基础设施建设到推进城乡经济社会发展一体化。国家和政府在阳关民间建筑变迁史上发挥着主导作用。2005 年后，力度加大，效率凸显，新农村建设四改四化，危房改造，门面改造工程让大部分的农户迈入了现代化，传统与现代的碰撞油然而生。在大的潮流下，阳关镇不再是封闭的农村，而是一个开放的古韵文化特色旅游小镇。在小的视野下，传统技艺与现代技术的碰撞、经济水平、自然条件、思想观念、生活方式等因素悄然影响着门面背后的真正民居。仿古建筑在传统与现代的各方面碰撞下形成了"外部整齐划一，内部各具特色"的"混搭"建筑风格，而更顺应历史发展的是它为阳关旅游业带来了商业效益，政府发现了它兼具经济价值和增强历史文化认同的文化价值这种双赢的机制，便大力发扬并迅速开展起来，使仿古建筑"麦当劳化"，成为一种"速食准则"。一系列变迁与影响又反过来作用于人们的住房观念、文化包容性和制度体制。

在这场双向互动中每个人都有适应过程，一切适应都需要时间的沉淀，我们不可忽视其弊端，不可忽视其传统民间技艺和文化的没落。其中有积极的态度，也有小插曲，甚至还出现过和地方打官司的事件，但这都仅是个案，哪怕在其他的古城仿古建筑中也都会出现这样的情况。

阳关的仿古建筑建设只是新农村建设中的一块，其他各地如重庆、四川、西安等还有很多实践，每个仿古建筑都是乡村或城市历史的缩影，它可以成为人们对一个地方记忆深处的符号。从阳关民居建筑的变化来看，中国仿古建筑因时而生，因势而"麦当劳化"，却没有因"传统文化"而印在当地人的记忆里。历史发展到今天，在少有年轻人传承民间传统的今天，"仿古"的意义，要"仿"的不仅是建筑样式与技法，还得建构中国传统社会文化与精神才可。

因为这里留有传统的四合院，也有现代的小洋楼，更多的是旧时土坯房与现代砖混彩钢相结合的房屋构造。新农村建设、危房改造、门面改造工程让大部分的农户迈入了现代化，甚至全球化。在大的潮流下，统一的汉唐风显出阳关特色，又推动了旅游产业，尤其与龙勒相得益彰。在小的视野下，农户并不了解其飞檐挂瓦文化砖背后的文化意义，有积极的态度，也有小插曲，不过他们确实还是习惯于传统的生活方式，加上冬天大部分人就进城了，没有保暖的需求，他们还是愿意待在更凉快的老房子里。每个人都有适应过程，这种适应模式无论从经济、自然环境方面，还是从思想观念影响方面，都组成了阳关民居建筑如今的模样。

而多坝沟民居建筑的整体落后，再一次旁证了乡村建设的复杂性与任务的艰巨性，尤其是对于那些位处偏远，没有多少经济优势，且人口大量外迁的乡村而言，其社会发展不仅仅是民居建筑的问题，而更多的属于更加庞大和复杂的课题。

第四章 阳关的教育变迁

这里所指的阳关不是历史上的那个阳关，而是一个全新的现代阳关。相对来说，现在的阳关这个镇名在 2007 年才使用，在此之前至少百年以上的很长时期内，这里叫南湖。现在的阳关镇虽然是建立在古阳关的故址及其附近上的，但之前经过了很长的无人期。

阳关的教育经历了从 1949 年前几户大户人家简单的私塾或学堂，到 1949 年之后形成了现代学校，将阳关教育完全纳入国家教育体系的框架之内；到 20 世纪 80 年代形成了镇上有初中和高中，各村有小学的完备学校教育体系，再到 2000 年以后学校发展逐步转移到敦煌市区，至 2009 年 8 月只剩下小学和学前教育，其他教学全部转移到敦煌市区的发展过程。这一教育发展变化过程，代表了中国乡村教育 70 年来发展的大致轨迹。其背后，是中国社会迅速发展和城镇化的直接推动，看似是表面上本地教育的一步步萎缩，其实体现了中国教育强劲发展的巨大力量。也就是说，乡村学校由家门口逐步转移到附近市镇而远离乡村的过程，真实地从教育的侧面凸显了中国社会实现的巨大进步。

以下通过阳关人的回忆和感受，分 1949 年前、1949—1979 年、1980 年以来三个阶段简单考察研究教育发展历程，并呈现阳关教育与地方社会的关系。

一、1949 年前的教育情况

阳关教育始于民国后期。当时国民党政府为了吸引移民开荒种地，将南湖的水源的控制权和开发权都交给了来开荒的地主。当时南工村有四大家，分别是张家、夏家、孙家和马家。这四个家族通过对水源的控制和拥有的大量财富将来此开垦荒地的农民聚拢在自己周边，逐渐形成了村落。南湖乡当时的水量较多，粮食收成尚可，但是自然环境十分恶劣，周边都是戈壁滩、盐碱地，野兽数量极多，且极大地危害到当地的生产生活。当时村民大多以点状分布在戈壁滩上，并没有形成现在这种成规模的村落。当地人都以农业为主，也有养羊、马和骆驼的。很多人对于教育并不重视，更希望可以多开几亩地，多打几斗粮食。四大家族中的孙、张、夏三家用他们本地人的话来说就是土财主，并不重视教育。而南湖作为一个新兴的乡镇，基层政府管控能力不足，也没有兴办学校等公共事业。这种情况一直持续到马家的第二个孩子从酒泉师范读书回来。马家原来是晋商出身，是敦煌市的首富，后来因为捐军饷导致家道没落才来到南湖讨生活。他们家在南湖也主要以赶驼队做生意为主。作为最后来到阳关的地主，马家对于土地、水源和农民的掌控力远不如其余三家。当时的阳关文盲率极高，不仅普通农民没有上过学，就连南湖四大家族中其他三家的识字率也不高。而掌握教育对于提高马家在南湖乡的话语权有着极大的帮助。马家安排二儿子马立宽到酒泉师范读书，回来后在南湖乡教书，这就是现在阳关镇中学的前身，也是现在阳关镇学校教育的开端。

马立宽先生在阳关三官庙创办的学校，主要教汉语和算术。学校初建成时条件很艰苦，从家里搬来桌椅板凳。只有马立宽和另外一位请来的老师。学生只有几个人，也没有初高中，只有高小。后来因为有土匪，学校就搬到了堡子里。堡子是在1940年左右修的，为了防止匪患，还有十五米高的瞭望台。1949年后政府的办公地点也在堡子里，连当时的学校都曾迁到堡子里，后来的阳关中学就是在堡子里成立的。

南湖最早的学校是我们马家办的。第一批学生中比较出名而且健在的有韩文兵。当时学校就在三官庙，办的是高小。当时去酒泉都没几台汽车，我父亲让我二哥上酒泉师范回来办学校，大概在20世纪30年代末40年代初，这个学校就办起来了。一开始的时候就我二哥一个老师，后来聘请了另一个老师。我们这里识字的人很少。其他几家都是土老财，有条件也不送去上学。我父亲很重视教育，所有的孩子都送去上学。因为我们家有耕读传统，新中国成立后政府就委任我父亲当南湖校长。当时学校条件差，从别的地方调过来的老师没地方去吃饭，就来我们家吃饭。❶

---

❶ 访谈对象信息：男，汉族，1940年生；访谈时间：2019年7月16日；访谈地点：寿昌村访谈对象家中。

我叔叔马立宽当时在三官庙办了个学校，主要教汉语和算术。新中国成立后开始教自然和地理等。我一开始上学就在三官庙，后来搬到堡子里我才开始真正上学。❶

从访谈中我们可以看出，南湖乡的教育是由马家建立的私人性质的学校。教授内容也大多以国文基础和算术为主，主要目的是培养具有一定计算能力的人才，为南湖乡的农业和商业发展提供支持。而学生大多以马家子弟、马家长工及其他较为富裕的家庭的孩子为主。办学规模较小，且目的性较强。有意思的是，马家创办学校后，其余三大家族并没有对其产生太大的兴趣。而其他普通农民也极少送孩子入学。大多数南湖人对教育并不重视，而当地也缺乏相应的条件。

二、1949—1979 年的教育情况

中华人民共和国成立后，南湖乡政府收回了原本属于国家管控的教育医疗事业管理权，将原本私人所拥有的公共事业纳入国家的管理体系中，并且对原来的学校进行了扩建，成立了高小。"1951 年，将条件较好的三区二乡初小（杨家桥）、三区阳关初小（南湖）恢复为完全小学；将四区二乡初小（西高台庙）、二区二乡初小（三危大庙）定为中心初小，待条件成熟时恢复为完全小学。同年，实行小学修业年限五年一贯制，取消初、高二级分段制。"❷ 1958 年成立了中学，当时叫南湖乡中学，任命马立宽先生为校长，学校老师数量也有所增加。当时国家调了一批来自上海、天津等地的知识青年，由国家统一安置工作。有的分配到南湖乡乡政府上班，有的分配到学校教书，解决了当时扩建后教师资源缺乏的问题，但后来这批知识青年大多选择离开南湖乡。

中学成立后，为了响应国家政策，普及配合农业合作化运动，政府以中学为主要力量还组织过扫盲班，课程也增加了自然和地理。受扫盲运动影响，南湖乡乡政府在每一个大队都建立了一个小学，老师由村子里上过学的人担任，课程也增加了自然科学等学科。

1958 年左右，镇上学校就建立了初中部，这时上学的学生也开始多了起来。在政府扫盲运动和向科学进军政策的推动下，以及随着村民生活水平的

---

❶ 访谈对象信息：男，汉族，1952 年生；访谈时间：2019 年 7 月 15 日；访谈地点：寿昌村访谈对象家中。
❷ 敦煌市地方志编纂委员会编. 敦煌市志 [M]. 北京：中华书局，2016：1198.

提高，很大一部分人都上过高小或者初中，只有一部分女性或者家里困难的人没有接受过基础教育。这个时期男女教育的不平等表现得也尤为明显，因为中国古代数千年封建思想的束缚，"女子无才便是德"和"嫁出去的女儿泼出去的水"的观点在阳关这样的偏远农村尤其根深蒂固，导致女性受到现代教育的数量十分有限，而受教育水平的不同也导致了女性们截然不同的命运。

如马立德老人的四姐马秀英，今年80岁，因为家里重视教育，从小就接受了较好的教育，大学毕业后分到玉门油田工作，一直干到天津大港油田环保局巡视员，现定居天津。而与马秀英老人同一时期的南湖镇居民的柳氏老人，今年77岁，小时候一直在家里种地，因家庭条件不好，孩子又多，没办法供多个孩子上学，她就没有上学的机会，她的哥哥也只上到小学，两个人都只能在家务农。柳氏不认识字，一辈子最远也只去过敦煌市区。而柳氏的弟弟和妹妹都上过高中，二人后来都去了敦煌市工作。可见，一个家庭中不同小孩因受教育的不同而使人生发展状况和命运有着天壤之别，更何况不同家庭小孩之间的差异。

这一时期，除了扩建学校，开办扫盲班之外，南湖乡政府还组织当地宣传队和手工艺人收徒。相对于学校的教育，更多人热衷于学习当地的地方性知识，比如学一门传统手艺。木匠手艺作为一门可以谋生的手艺，在当时也是许多年轻人非常热衷的一门手艺和学问。在中国传统乡村社会中，这些手艺人起到了非常重要的作用，与之相匹配的，是手工艺人高于一般村民的社会地位和收入。在这段时间里，学一门手艺比什么都强是大多数一般农村家庭对于教育的看法。这种想法在当时外地匠人进入阳关之后显得越发强烈。

在这段时间里，除了常规的学校教育，乡镇上的宣传队也组织了关于戏剧和乐器的培训班，很多老艺人就是借着这个机会学习了乐器和戏曲等地方性知识。阳关当地的戏曲大多是陕西秦腔和眉户戏，这与南湖乡的移民大多来自甘肃和陕西有关，这也从侧面反映出阳关作为一个移民社会并没有形成自己土生土长的地方性知识体系。

这些培训班培养出来的戏曲演员在农忙之余给当地村民带来了不少欢乐。由于当时交通和通信条件的落后，偏僻的南湖乡与外界联系不便，在那个缺乏娱乐的年代，戏曲成了大部分人的娱乐方式。

以前要是来唱戏的大家都自发地捐米捐面，以前本地也有唱戏的，还有说书的，当时叫唱黑戏❶的，几乎每天晚上都有，每个村子都有，都是村民们

---

❶ 黑戏：就是指在晚上演出的戏。黑，当地方言，意为晚上，如"黑饭"，就是晚饭的意思。

自发地组织参与。20 世纪 60 年代四个村有四个团队，大家还在一起比赛，属于娱乐活动，这些活动在 1962—1965 年时非常盛行。当时因为 1961 年刘少奇的政策让大家肚子吃饱了，开始想着娱乐了。但是受 1963 年至 1966 年"四清"运动的影响，村子里的人要划分成分，大家互相之间按照成分划分群体，这样的戏也就很少了，几乎中断了。❶

值得一提的是 1950—1960 年间阳关地区迁入了一批河南移民。移民来到的初期，作为新老关系中的老户——阳关本地的村民与河南来的移民相处得并不算十分融洽，影响到学生之间的关系。在学校里，本地学生和河南学生多数情况下不会在一起玩，放学后也是各自结伴回家。总的来说，河南来的移民相对来说更看重教育，这种情况经过了几年的磨合才逐渐改善。随着时间的推移，河南移民逐渐融入当地关系网中之后，双方形成了一体关系。

我们当时有 2000 多人，五六十年代迁来的河南人占了三分之一。和这些新来的人相处得不太融洽，也不怎么接触。好多人看不惯他们斤斤计较，和他们没有互赠性的礼物交换关系。学生娃娃之间也有隔阂，娃娃打架了，他们人要去学校和对方家里闹。但是他们比较团结，和本地人有一定的矛盾。1960 年后他们当中的大部分人跑回老家去了，剩下的随着住的时间长了，关系也就逐渐好起来了，现在没啥问题。❷

从这段时间的教育与地方社会关系中我们可以看出，政府政策对于教育的影响极大。当地政府开始行使公共权力，介入当地的教育问题中，增加自然科学科目，扩建学校，组织扫盲，组织传统艺人收徒都是为之后的农业合作化培养人才。而在这一过程中，南湖乡人也初步认识到了教育带给他们的好处。接受过基础教育的人在一系列政府建设中发挥着重要的作用，并且取得了一定的社会地位。而学习传统技艺的艺人的地位也有所提升。这段时间也是南湖教育发展速度很快的时期。

在之后的"四清"运动和"文化大革命"期间，位于西北大漠的阳关也不可避免地受到了波及。划分阶级，批斗地主，反革命分子，搞工农联合。不可避免地，学校也深受其影响。教育工作受到了极大的冲击。曾经担任过阳关镇

---

❶ 访谈对象信息：男，汉族，1940 年生；访谈时间：2019 年 7 月 16 日；访谈地点：寿昌村访谈对象家中。

❷ 访谈对象信息：男，汉族，1940 年生；访谈时间：2019 年 7 月 16 日；访谈地点：寿昌村访谈对象家中。

高小校长的马立宽先生也受到了冲击。在"文化大革命"中，小学也受到冲击，先后停课闹革命。1966年9月，全县实现"一片红"，各公社、大队、学校一律改为"革命化"名称。南湖小学改为红湖小学；改秋季始业为春季始业；学校以参加社会活动和生产劳动为主，正常的教育教学秩序被破坏。❶

我叔叔马立宽一开始是在小学当校长，后来1957年调到敦煌去工作，在敦煌的学校当老师。"文化大革命"的时候给打成右派，免去了他的职务，还判了刑，判到新疆，后来回来后就生病去世了。当时他腿不好，这边送他的警察是他的学生，让新疆那边的人照顾他一下，就让他管货物。这件事主要因为是他当时犯错了，好心办了坏事。当年土匪袭击南湖乡保安队后，他就拿了两袋子白糖去和土匪谈判，不让土匪劫掠南湖乡。后来南湖乡政府就认定他通匪，最后也没有给他平反。我姐姐也受了影响，本来考上的好大学因为政治原因不让上了，改到甘肃省内的大学去上。❷

阳关中学一开始没有高中，只有小学和初中，"文化大革命"时才设立了高中，当时高中只上两年。"文化大革命"期间设立的高中是响应政府号召成立的工农兵高中，从普通学校改成工读学校，上半天学，劳动半天，写大字报，搞联合。天天写大字报，基本上没有文化课。1970年设立高中部，"文革"结束后，学校就裁撤，只办了几年。1979年高中部停办，将其合并至原敦煌中学。

根据对当时上过工农兵高中老人的访谈，我们发现，对于这段历史，不同的村民存在两种截然不同的态度和命运。有一部分没有多少文化水平，但是在"文革"期间表现活跃的村民获得了免试推荐入学（大学）的机会，这部分人是在这件事里得到了好处，他们对于这段历史的回忆就倾向于强调运动时自己的无奈或者积极表现。而另一部分没有获得免试名额或者基层干部职位的人则心怀怨言，强调不合理以及对他们的不公。有人说他们上了假高中，有人抱怨要天天写大字报，搞运动耽误了学习。而在社会上，他们这些上过工农兵高中的人的高中学历也并不为大多数人所认可。

从这段历史我们可以看出，在"文革"期间，政治教育优先于学校教育是当时教育的常态。许多成绩优异的学生因为出身不好而失去了继续读书的机会。与之相对的是许多并没有多少文化的人却能借助政治运动获得一个较

---

❶ 敦煌市地方志编纂委员会编. 敦煌市志 [M]. 北京：中华书局，2016：1199.
❷ 访谈对象信息：男，汉族，1952年生；访谈时间：2019年7月15日；访谈地点：寿昌村访谈对象家中。

好的出身。普通人则被政治运动所裹挟，丧失了受教育的机会。至于传统艺人受到的冲击尤甚，许多人都遭到批判批斗。特殊的历史时期，学校与社会教育同时受到冲击，在这一阶段又出现了大批的文盲、半文盲。人们的教育观念也随之发生了暂时的转变。

三、1980 年至今的教育情况

为说明 1980 年以来阳关地区教育发生的变化，我们从学校、个体受教育情况分别加以考察。

（一）阳关中学的变化

改革开放以来，中国社会发生了翻天覆地的变化，乡村也迎来了高速发展和变迁的时代，阳关也不例外，而其教育的发展尤其引人注目。阳关中学的发展和变化，可以充分证明阳关教育的发展历程。

阳关镇中学原名南湖中学，1984 年，学校进行了第一次重建，设有初中和高中部，而当时小学分布在各村；1985 年，营盘小学、阳关小学合并为阳关小学，南工小学、北工小学合并为南湖小学；1987 年，高中部撤销，保留了初中部，高中学生全部前往敦煌市区就读；1988 年，南湖中学学生总数 248 人，专任教师人数共 16 人。❶

一直到 2007 年秋季，在上级部门的大力支持下，阳关中学在原址进行二次重修，2008 年将南湖中学、南湖小学、阳关小学、国营林场小学、社办林场小学、二墩小学合并，建成了九年一贯制的寄宿制学校，实现一镇一校的办学目标；2011 年，学校更名为阳关中学，拥有初中、小学和学前教育。

2019 年 7 月时，阳关中学占地面积 34017 平方米，学校建筑面积 5380 平方米。其中，绿化面积 12060 平方米，体育运动场地 11670 平方米，其他用地面积 4907 平方米。学校建有公寓楼一栋，教师办公室 2 栋，师生餐厅 1 栋，标准化理、化、生实验室等功能室 17 个，现有微机 112 台，小学部生机比为 3∶1，中学部生机比 2∶1，图书室藏书约 1.4 万余册，生均 31 册。学校由中学部、小学部、幼儿园三部分组成，下设处室 5 个，有教学班级 12 个，学生 368 人。其中中学部有教学班级 3 个，学生 103 人；小学部有教学班级 6 个，学生 192 人；幼儿园有教学班级 3 个，幼儿 73 人。学校共有寄宿生 107 人。有教师 31 人，男 14 人，女 17 人，中共党员 21 人。其中，中学部教师 10 人，

---

❶ 敦煌市志编纂委员会. 敦煌市志 [M]. 北京：新华出版社，1994：509.

小学部教师 16 人，幼儿园教师 5 人；具有本科学历教师 25 人，专科学历教师 4 人；中专学历教师 1 人，高中学历教师 1 人，学历合格率为 100%；学校优秀教师和甘肃省级园丁教师 1 人，省级骨干教师 1 人；高级教师 4 人，一级教师 8 人；敦煌市学科带头人 3 人，骨干教师 5 人。历年来，学校先后荣获"敦煌市绿色学校""敦煌市均衡教育先进单位""酒泉市标准化学校""酒泉市技术教育示范校""酒泉市美丽校园""甘肃省快乐校园"等多项荣誉。

2019 年 8 月，阳关中学的初中部撤销，初中部师生前往敦煌市区的学校任教和就读。至此，阳关中学就只有小学和学前教育（幼儿园）（见图 4-1）。

我是 1992 年 7 月中专毕业以后就在这里教书的，已经 28 年了。来的时候这里就没有高中，听说主要是因为高中生已经比较成熟，离开家住校上学也可以，再加上这里高中部的师资无法保证，所以市上就把高中调到敦煌市区的高中去了。我刚来的时候就教初中学生，后来也教小学生。这里的老师基本上都来自酒泉地区，而且以敦煌周边的居多。大约从十年前开始，来这里的老师的学历越来越高，一般都是大学本科学历，而且毕业的学校也不错，像我们这样的中专学历教师的压力就越来越大了。

十几年来，学校除了硬件设施发生很大变化外，最大的变化就是学生。我们的学生正在逐年减少，这倒不是说阳关地区的人口在减少，而是指在这里居住生活的人在减少，好多人家因为敦煌市区的教育质量好，就把孩子送到敦煌市区去了，所以这里的学生数慢慢在减少。这也是因为阳关的人有了一定的经济基础之后，很多人在敦煌市区买了房子，所以孩子就进城上学了，也有一些人家为了孩子上学专门在敦煌市区租房。刚开始的时候，初中学生减少得多，现在小学生甚至幼儿园学生也在减少，主要原因就是经济条件好了，交通方便了。所以，市上刚刚决定把我们的初中部也撤销，学生全部分到敦煌市区的学校了，我们只剩下小学和幼儿园了。我看照这个速度，小学和幼儿园也在减少，以后我们学校还会调整。

我们学校里确实当地人少，就是说阳关本地出来的老师少，也就两三个吧，不多。好像这边以前考上师范类的不多，要么考得好，去了好大学，要么考不上。❶

---

❶ 访谈对象信息：男，汉族，1970 年生；访谈时间：2019 年 8 月 3 日；访谈地点：阳关中学操场。

图 4-1　阳关中学一处休闲区实景（关丙胜摄于 2019 年 7 月 12 日）

阳关中学发生的这种变化，正是当前中国大多数乡村学校所发生的变化：随着人口的集中，基础教育也正在向市镇集中，而且越来越向大的市镇集中。

（二）个体受教育的差异和感受

关于阳关整体人口在 2019 年时的学历情况，在前文阳关人口现状部分中已经有所提及，此处不再赘述。以下从几位个体受教育的情况、人生经历和感受中直观地反映教育带给个体和阳关地方社会的变化。

我❶今年52岁。小学毕业，父母都是农民出身，妻子是初中学历。我就在镇上的小学上过学，不上学以后就一直帮着家里种地。我们家孩子五个，兄弟四个，我是家里最小的男孩。我大哥考上兰州的师范大学，原先在阳关教书，后来去敦煌市里当校长。我二哥在家种地，家里有 12 亩地。我三哥在外跑大车，后来岁数大了，就在敦煌市里开超市，在市区买的房子，现在就住在敦煌市里。我妹妹是绿洲商贸公司的经理，在敦煌市工作。妹夫是转业军人，现在在公安系统工作。

我从 20 岁就开始做葡萄生意，到今年大概做了 32 年了。我做葡萄生意一开始家里并不支持，父母觉得做生意不靠谱，不如自己在家种地稳定。我当时年轻，有想法，有干劲，就出去了，全靠自己在外面闯。

我家里兄弟多，我1987年结婚时欠了钱。后来把妹妹经营的超市在她结

---

❶ 访谈对象信息：男，汉族，1968 年生；访谈时间：2019 年 7 月 13 日；访谈地点：访谈对象家中。

婚后接手过来，让我妻子经营。我刚开始做生意时第一笔生意是拉两车马奶子葡萄从康巴到兰州，第一车赚了3000元，第二车赔了3000元。后来在兰州认识了几个朋友，第二年就做葡萄代办，就是帮着老板从农民手里收葡萄。一年赚了十几万元。后来我觉得钱的大头都被收葡萄的老板赚走了，就自己做。把葡萄卖到各地，后来出口到柬埔寨、越南。1988—1989年，政府号召开荒，我就把地卖给别人。自己又开了50~60亩地。我在90年代代办了19家葡萄商家，旺季一天就可以收入15000元。我是1992年修的冷库，当年花了5万元整地，花8000元办冷库，只有8000元钱修冷库，找的施工队给了他们3000块钱生活费。后来冷库厂房修起来了，找银行贷款80万元，给工人发了工资，冷藏设备是赊欠的，后面慢慢地还债。销售就是自己跑到各个市场转，寻找市场。现在自己发葡萄，想要带动村民卖葡萄致富。

我在2000年的时候还在外面干过建筑，施工方拖着不给工程款，我只能自己掏钱发给工人，赔了十几万元，回家后想还是要从葡萄干起来。我是我们那儿第一家修的楼房。觉得自己在外面干了一年，不能让别人小看我，看我笑话。媳妇开门市部还有点钱，就贷款修房子，花了二十多万元翻新房子。2005年走了个弯路，开了个编织厂，一年就倒闭了。投资了两百万元，机器只卖了几万元，损失很大。我想了想，不能三心二意，要专心做葡萄生意。

我2011年把葡萄卖到广州挣了50万元，觉得市场行情好，就想扩大规模。2012年就在广州市场租了十条冷柜，但是市场行情不好，好多葡萄烂了，赔了130万元。我就想自己承担损失，不能让跟着我的老百姓吃亏。后来我有个朋友帮我找了政府林业局贷的款，我靠政府的资金回转和村里乡亲的支持东山再起。当时好多老百姓相信我，把葡萄赊给我。

我今年贷款100万元建了个篮子厂，也没啥经验就自己摸索着搞起来。现在厂子一年光工资30万元。还欠款200多万元。我家厂子对面的新冷库是2015年买过来的，花了150万~170万元。110万~120万元是买厂房的钱。之前的机器太老了，我没要，买新机器和装修花了60万元左右。我现在厂房和冷库一共投资900多万元。

我现在和农民合作，成立了农业合作社，把农户品质不好的葡萄也进行回收，帮助农户减少损失。因为这事，2015年中央财经频道对我进行了访谈。我和村民的协议大部分是口头协议，现在也有签合同。我没有上过管理课，全靠自己在社会上的经验。一步一个脚印走过来的。我现在搞合作社，就是想抱团发展，联合起来发展，统一葡萄价格，防止收购商压价。但是很多人有小农意识，不愿意抱团发展。农民的受教育水平低，小农意识浓厚，不考虑未来的发展。我先从几家开始分批层出售，但是还是有人不愿意分批层出售，嫌麻烦。还是思想意识不够，受教育水平太低了。

我建厂房的时候营盘村没有地方了，原来这里是一片荒地，我花钱买了下来。我找的工人大部分都是外地人，本地人比较忙，也有不忙的来帮忙，一天发100多到200块钱。只有一个老技术员负责新上的篮子机。缺少本地的高学历人才。我儿子今年23岁，上的大专，毕业后让他去青海油田上班他不去，想要接手家里的企业，我就放手让他干。现在的篮子厂就交给他打理。

上述李先生在阳关是比较有代表性的人物，他在当地取得了较为突出的成就，是趁着90年代的经济大潮发家致富的。他个人受教育水平较低，他先前对于教育问题也并不重视。他的儿子也仅有专科学历，但在他发展自己企业的过程中认识到了教育的重要性，尤其是在缺乏管理型人才和高技术人才对其企业的发展产生了极大的阻力后。

与上述李先生相比，冯先生对子女的教育尤为重视，也因此受益。

我❶是高中学历，55岁，就在阳关镇中学上的高中，我妻子也是本地人，初中学历。儿子在韩国留学，留学了8年，初中在阳关镇中学上的。高中毕业就走了，在韩国上的大学，研究生。当年在敦煌三中上高中，有韩国来招生的大学，他就去了。两年回来一次。学校是韩国的国立学校，管得比较严，不允许打工，开销很大，第一年就花了七万块钱，还有六万块钱保证金存在银行。当时葡萄卖得还可以，就靠家里的积蓄供儿子上学。后来上研究生后，有工资补贴，一个月大概是两千块，家里就轻松一点。大学读的是电子专业，研究生是特殊材料和机械制造方面，现在是在上海航天机械制造工作。

我们家之前是在古阳关卖工艺品，当时日本游客比较多，觉得学门外语挺好。当时家里就想着把他供出去，有个好的出路，他自己也努力，专业也还可以。当时想让他去日本，但是那年美国、瑞典、日本、韩国的学校都来招生，听别人说去韩国孩子更适应一点，两国关系也好，后来儿子只考了个二本的分数，想给他找个好的出路，就让他去了韩国。当时全酒泉只有他一个人去韩国，当时那边学校的人来接的。上了两年韩语班，四年大学，两年研究生。已经28了，还没结婚。在上海已经基本稳定了，想留在上海工作生

---

❶ 访谈对象信息：男，汉族，1964年生；访谈时间：2019年7月15日；访谈地点：访谈对象家中。

活。去年八月份回国的,在家待了一个月,9月份就去上海工作了。现在一个月工资是13000元,还有五险一金。家里这边也有来提亲的,但是他想在上海找一个。

我儿子从小没上过辅导班,那时候乡上也没有辅导班。

与上面访谈对象不同,以下两位访谈对象是70年代出生的,比上述访谈对象更年轻一代,无论自身经历还是教育观念、对待子女受教育的态度上都与60年代出生的访谈对象不同。

我❶是南湖本地人,开这个商店是近几年的事。房子是租电信公司的,我之前是修车的。我是高中学历,在敦煌市一中上的学,初中就在咱们阳关镇中学。我是1991年初中毕业的,镇中学1987年就撤销了高中部,我就只能进城读书。我妻子也是初中学历,现在带着孩子在城里打工。我有一儿一女,大儿子今年刚高考完,初中在阳关镇中学上的,高中在敦煌四中上的,镇上大部分孩子都在敦煌四中上高中,因为敦煌只有四中一个高中,其他的都改成了初中。女儿在阳关镇小学上学,今年上五年级。假期在市里上补习班和兴趣班,镇里没有辅导班,只能在城里上,一年大概要一万块钱。儿子没上过兴趣班,只上过辅导班。当时大概是2000~3000元一年,男孩子嘛,管得少,家里当时也没有条件,没上过兴趣班。

我记得阳关镇的学校大概翻新过3~4次,我上学时翻新过2次,小女儿上幼儿园时翻新过一次,现在条件好了,学费也收得少,比儿子上学时少了不少。

另一位自述道:

我❷是南湖本地人,今年40岁了。我之前在兰州上的大专,后来报考了兰大的药学专业;我小学、初中都在阳关镇中学上的,后来去兰州上的中专。我之前在供销社的药店上班,后来供销社没了,我就自己开药店,到现在已经开了18年了。我妻子是从敦煌肃州镇嫁过来的,也是兰大药学毕业的,现在在家里陪读。我家在敦煌买了房子,她们母女三人都在城里。我大女儿在敦煌上高中,小女儿在敦煌上小学。

---

❶ 访谈对象信息:男,汉族,1976年生;访谈时间:2019年7月17日;访谈地点:访谈对象家中。
❷ 访谈对象信息:男,汉族,1979年生;访谈时间:2019年7月17日;访谈地点:访谈对象家中。

我印象里阳关镇一直没有高中。镇上教育条件不好，我就把孩子送到敦煌去上学。两个孩子都报了兴趣班。大女儿是初中开始上辅导班，一直上到现在，现在还上钢琴班，一年大概要一万多块钱。小女儿在上英语班、口才班、舞蹈班、古筝班，古筝班一年大概7000~8000元，舞蹈班大概也是这个价格。口才班是少年宫组织的，不收费。上学上辅导班都在市区。这几年辅导班上得多，价格也贵。

对待孩子教育的重视程度，一般是越年轻的人越加重视。下面一位20世纪90年代出生的访谈对象，对其子女的教育的重视就很典型。

我[1]是南湖乡本地人，中专毕业，小学、初中都在阳关镇中学上学。父亲在家里种地，我们家有十几亩地。我母亲是从瓜州嫁过来的，高中学历。原来是镇上私立幼儿园幼儿教师，后来镇上幼儿园合并就在家帮着种地。之前家里比较困难，我母亲比较敢干，就在半年前开了这所邮局。我之前在新疆伊犁打工，在移动公司维护线路。后来感觉没啥干头儿就回来了。现在帮着母亲打点邮局。现在我们家一年大概收入20万元左右，但是在镇上还是比较差的，镇上大部分人在城里有楼房，有小车。

我是2009年初中毕业的，大概是2007—2008年的时候阳关镇中学翻新的。小时候家里条件差，镇上也没有兴趣班，就只上过英语班，当时大概100~200块钱一个假期。我还有个弟弟，今年九月份上初中。因为镇里的初中被合并要去市里的初中上学，我们在市里没有房子，进城花费高。之前一直让他在镇里学校上学，现在也只能去城里了。学校承诺有校车接送，住宿全免。从2015年开始，学校让用平板电脑授课，一台电脑可以用到高中。一台平板电脑的价格是2980元。有些贫困的家庭不好拿出来，学校也承诺会给予补贴。家里对用电脑教学的效果是持怀疑态度的，但还是支持的，因为电脑可以开拓孩子的眼界。我们家里也有电脑，平常也让他玩，也经常购买一些益智玩具，但是没有上过辅导班，因为条件不允许，没条件去城里，而且镇里就没有辅导班。也没有出去旅游过，最多就是走亲戚时把他带着。之前在学校的时候学校管早餐，有时候是牛奶面包，有时候是白米粥或者骨头汤，变着花样做，孩子反映除了馒头不好吃，别的都还可以。牛奶也是伊利的，感觉政策还是挺好的。

---

[1] 访谈对象信息：男，汉族，1994年生；访谈时间：2019年7月20日；访谈地点：访谈对象家中。

我是我们家族里面年青一代活动的组织人，年青一代一年也就聚一次，平常都在外面，见面的机会也少，我就每年叫他们一起吃个饭，玩一下。我和他们说一年就一次，别的时间我不管，一年起码要聚一次。也没有人不来，但是平时联系得还是太少了。

我们村也没啥特别出名的人，寿昌村有个浙江大学毕业的，现在在吉利公司上班。阳关有一个儿子在韩国留学的，后来去上海上班了；还有一家的孩子去日本留学了。

从上述对象的讲述中，我们可以看出当地人对教育观念的重视与转变。人们开始对教育更加重视，投入也随之增加。有的家庭随着经济水平的提高，开始出现居城劳乡式的迁移情况。大量的陪读妈妈带着孩子在城市里接受教育，而且出现了非常趋同的现象，就是大部分家庭极其注重对女孩子的教育投入，这与之前重男轻女的教育现象完全相反。部分家长认为男孩子无须接受过多的教育，相比而言，女孩子更应该上学，认为女孩子上学以后的出路会更多，但男孩子就比女孩子多，没有太多的教育也可以。

从以上资料我们也可以看出，阳关镇正在经历一次巨大的变革，这个变革包括了经济、社会、文化、教育等各个方面。这些变动或直接或间接地对阳关的教育产生了巨大的影响。越来越多的村民开始走出祖辈居住的村庄，走向城镇。村落的空心化、居城劳乡的住居模式导致了陪读妈妈的出现。这也从侧面反映出当地村民对教育的重视，尤其是对男女教育观念的转变，更多的家庭更加注重女孩的教育，而对男孩的重视程度则不如女孩。

同时也发现，从阳关走出的大学生，回乡工作服务的极少，一般都在更大的城市发展。一方面，这是本人的追求，另一方面，也是家长的期望和自豪。正如在访谈中一位老人自豪地说：

我❶孙子一个博士毕业，现在在西安工作；另外一个在陕西西安理工大学。学习好的一般都留在外面了工作了，学习一般的就只能留在这里。如果上了好大学，还回这里干嘛？回这里不仅没有事儿干，也会被人笑话。

随着现代化程度的提高，更多的家庭更加注重教育，加大了对教育的投入。这一方面是出于攀比心理，另一方面是为了培养在现代社会中拥有竞争力的人才。但是有些略微富裕的家庭对教育的重视和投入却出现了逆增长现

---

❶ 访谈对象信息：男，汉族，1936年生；访谈时间：2019年7月21日；访谈地点：访谈对象家中。

象。调查发现，对子女的教育重视程度和父母自身经济和受教育情况呈现 N 字形，这与其家庭经济水平密切相关。

虽然阳关镇的教育状况得到了改善，但也存在着很大的危机。越来越多的人才和年轻人不愿意留在农村，一旦考出去就回不来的现象十分普遍。本来乡村教育水平就远远落后于同时期城市，而教育水平的差距还在急速扩大，这对于乡村的发展是极其不利的。在这种趋势下，阳关的教育水平虽然得到了提高，但是也与外界的差距愈来愈大。学校教育的变迁是我国城镇化过程中出现的一种现象，其形成的动因是乡村居民向乡镇甚至更大城市的人口迁移流动，致使乡村人口逐渐减少，学校生源也随之减少，多数学校不得已走上了空心化的道路，导致了教育资源的极大浪费。为了使这些日渐荒废的教育资源重新得以利用，教育部门开展了一系列教育改革举措，其中就包括乡村的撤并学校，而阳关镇中学就是千千万万个中国乡村学校的缩影。

在阳关近百年来的历史中，教育经历了三次大的变化。1949 年前私塾学堂建立的初步教育，是阳关教育的起步；1949—1979 年国家将学校纳入国家教育体系之下，使阳关学校教育体系逐步完备，也使得阳关的教育事业取得了极大的成果。其间"文化大革命"使学校教育受到严重干扰。随着 20 世纪 80 年代初的恢复和快速建设，一方面阳关人逐渐转变了教育观念，另一方面教育制度也变得十分完备。但自 2000 年以来，随着人口流失，村落空心化日益加重，教育资源差距扩大等问题的显现，阳关的教育出现了重大变化，那就是教育远离了乡村。阳关镇教育的发展变化，反映了阳关社会的巨大变迁。

第五章　阳关旅游的发展与现状

改革开放以来，我国经济迅速发展，一跃成为世界第二大经济实体。随着居民生活水平的不断提高，人们的生活方式也发生了巨大变化。节假日期间，更多的人选择外出旅游消费，旅游市场迎来了巨大的发展良机，旅游业发展所带来的经济效益已使其成为全球最大的第三产业之一。在这个大潮中，阳关作为著名的历史文化遗址，又靠近敦煌这个全球瞩目的旅游胜地，有着得天独厚的旅游资源。通过阳关主要的旅游资源、发展状况、几个旅游景区的开发运行情况、当地民众对旅游业的参与情况以及游客对阳关的感受体验，可以看出旅游在阳关地方社会图景中的作用和影响。

一、阳关的旅游资源

阳关的旅游资源可以分为三类：历史文化遗址类旅游资源、特色度假区类旅游资源和休闲娱乐类旅游资源。其中前两类主要针对的是外地游客，而后一种主要针对的是当地及附近游客。

（一）历史文化遗址类旅游资源

阳关是古丝绸之路上的重要关隘，这一地区在历史上曾有诸多城池、烽燧等建筑遗址分布。至目前，经相关部门勘察确认不可移动文物共31处，其中全国重点文物保护单位就有12处，省级文物保护单位8处，县级文物保护单位9处，未定级的2处。这些都分布在阳关地区，大多可以作为历史文化类旅游资源加以利用（见表5-1）。

表 5-1 阳关地区不可移动文物情况表

名称	级别	时代	类别	所在地	数量
墩墩山烽燧	全国重点文物保护单位	汉代	古遗址	阳关镇寿昌村西侧	烽燧1座
颜家庙墩（烽火台）	全国重点文物保护单位	汉代	古遗址	阳关镇至国营阳关林场公路北侧	烽燧1座
南湖头墩（烽火台）	全国重点文物保护单位	汉代	古遗址	阳关镇二墩村西北4.5千米	烽燧1座
南湖二墩（烽火台）	全国重点文物保护单位	汉代	古遗址	阳关镇二墩村北2千米	烽燧1座
红泉坝墩（烽火台）	全国重点文物保护单位	汉代	古遗址	阳关镇阳关村西南4.5千米	烽燧1座
山水沟大墩（烽火台）	全国重点文物保护单位	汉代	古遗址	阳关镇寿昌村山水沟	烽燧1座
崔木土沟口东墩（烽火台）	全国重点文物保护单位	汉代	古遗址	阳关镇阳关村西南23千米崔木土沟南口	烽燧1座
崔木土沟口西墩（烽火台）	全国重点文物保护单位	汉代	古遗址	阳关镇阳关村西南约24千米崔木土沟南口西侧	烽燧1座
海子湾东墩（烽火台）	全国重点文物保护单位	汉代	古遗址	阳关镇阳关村西南崔木土沟海子湾	烽燧1座
海子湾墩（烽火台）	全国重点文物保护单位	汉代	古遗址	阳关镇阳关村西南崔木土沟海子湾	烽燧1座
崔木土沟墩（烽火台）	全国重点文物保护单位	汉代	古遗址	阳关镇阳关村西南崔木土沟海子湾西岸	烽燧1座
海子湾东石墩（烽火台）	全国重点文物保护单位	汉代	古遗址	阳关镇阳关村西南崔木土沟海子湾东	烽燧1座
阳关遗址	省级文物保护单位	汉—晋	古遗址	阳关镇阳关村西2.5千米处	遗址1处
西土沟墓群	省级文物保护单位	西周—汉	古墓葬	阳关镇阳关村三组西土沟西岸	墓葬1600座
黄鸭洞烽燧	省级文物保护单位	汉代	古遗址	阳关镇阳关村西西土沟南岸	烽燧1座

续表

名称	级别	时代	类别	所在地	数量
古董滩南墩烽燧	省级文物保护单位	汉—唐	古遗址	阳关镇阳关村六组西南西土沟北岸	烽燧1座
寿昌城遗址	省级文物保护单位	汉—唐	古遗址	阳关镇寿昌村二组东侧	城址1处
南湖墓群	省级文物保护单位	汉—晋	古墓葬	阳关镇寿昌村东8千米	墓葬1520座
山水沟墓群	省级文物保护单位	汉—唐	古墓葬	阳关镇寿昌村西北10千米	墓葬2600座
西土沟遗址	省级文物保护单位	新石器—唐	古遗址	阳关镇阳关村西北5千米处西土沟中下游两岸	遗址1处
上坝脑遗址	县级文物保护单位	汉—晋	古遗址	阳关镇寿昌村东南新工坝上坝南侧	遗址2处
十里沙窝墓群	县级文物保护单位	唐代	古墓葬	阳关镇寿昌村东	墓葬20余座
南湖塞墙	全国重点文物保护单位	汉代	古遗址	阳关镇寿昌村东6千米	长16千米
双墩子墓群	县级文物保护单位	唐代	古墓葬	阳关镇营盘村东7千米	墓葬560座
红山口遗址	县级文物保护单位	新石器—夏	古遗址	阳关镇寿昌村西	遗址1处
颜家庙墓群	县级文物保护单位	汉—晋	古墓葬	阳关镇至国营阳关林场公路北侧	墓葬30座
野麻湾墓群	县级文物保护单位	汉—唐	古墓葬	阳关镇寿昌村野麻湾西	墓葬30座
寿昌遗址	县级文物保护单位	汉—宋	古遗址	阳关镇寿昌村二组东侧	遗址1处
西土沟西烽燧	县级文物保护单位	汉代	古遗址	阳关镇寿昌村西侧	烽燧1座
崔木土沟海子湾城障遗址	未定级	汉代	古遗址	阳关镇阳关村西南崔木土沟海子湾东	遗址1处
青山梁烽燧	未定级	—	—	—	—

目前，这类旅游资源中开发成功并经营运行的就是阳关景区，是阳关地

区旅游业的标志，是在阳关烽燧的基础上发展而来的。而其他古遗址因为数量众多和文物保护等原因，均没有开发为大众性旅游资源，只限专业人士考察和研究。

（二）特色度假区类旅游资源

因为特殊的自然地理区位和生态，从远处看似荒无人烟的阳关，却深藏着阳关绿洲，在绿洲内有很多天然形成的小湖泊、水池，加之湖池周边良好的树木、芦苇等植被和水鸟、黄羊等野生动物，形成了良好的自然生态景观。这些景观稍加改造和利用，就是大漠深处独具特色的度假区，吸引前来旅行的游客度假休闲。同时，由于阳关就在阿尔金山脚下，雪山融水自多处山坡流出，这些小溪水质纯净，温度偏低，可以作为冷水养殖的有利资源。

在这些资源的基础上，阳关已经形成了两家特色度假类旅游景点，一处叫敦煌宫，另一处叫高老庄，均由私人投资兴建，形成了初步的接待规模。两处度假区都定位于为前来敦煌旅游的团队游客提供食宿和休闲，不仅有标准的住宿房间，还有葡萄园、冷水养殖区、室内活动中心、报告厅、室外活动广场等功能区，可以满足团队性旅游项目接待。

这类旅游资源的开发，除用特殊的自然生态作为基础之外，就是利用了敦煌这个世人瞩目的旅游胜地资源。阳关离敦煌只有64千米，车程大约1个小时，而前来敦煌旅游的游客大多需要停留敦煌2~3天，这期间可以去阳关的敦煌宫食宿休闲。这样一方面可以远离敦煌繁华市区的喧闹，另一方面可以领略大漠边上湖泊秀水的宁静，深得旅游者的青睐。敦煌宫和高老庄的开发情况将在下文详细介绍。

除敦煌宫和高老庄之外，另有一些户外活动、自驾营地等基础建设，如徒步活动等也正在组织实施，但尚未形成规模和效益。阳关位处从青藏高原的阿尔金山进入河西走廊的国道旁，发展自驾车营地项目定会大有作为。另外，一些影视拍摄等类的资源也可以开发，这方面多坝沟的胡杨峡景点已经有了初步尝试。

多坝沟胡杨峡位于阿克塞县城西端90余千米处，西连库木塔格沙漠，北依敦煌西湖湿地自然保护区，东靠夹山险峻的石壁。此地沟谷狭长，胡杨生长茂盛，故取名"胡杨峡"。进入秋季后，胡杨金黄灿烂，景色奇特，与周边生长的红柳、梭梭、沙枣树和芦苇等错综相映，犹如一幅壮丽的水彩画。2006年，影视明星成龙在胡杨峡白沙滩拍摄了《天将雄狮》，摄制组将部分经费用于景区修建。2010年,为了开发胡杨峡,乡政府统一请工程队对村主干道两侧20多户村民的房子进行了翻修。村内面貌焕然一新。2016年后,《沙海老兵》和《东宫》也在胡杨峡取景。为引起更多人的关注,为了推动旅游业的发展,2018年村里修了两个彩钢房、四个公厕和一条旅游专线。目前正在筹备修建景观大门和停车场。五一和十一期间游客相对较多,2019年五一期间接待了四辆载满游客的大巴车,估计有200人左右。游客比2018年增加了一半。由于餐饮住宿和其他景观设施不完善,游客一般在村委会住一晚就走了。住宿、道路等基础设施还亟待大力完善(见图5-1)。

图 5-1　多坝沟胡杨峡生态景区(关丙胜摄于2019年8月1日)

正如多坝沟的两位访谈对象所说:

> 从外面来旅游的人都是奔着这里的胡杨峡景区来的,是自然景区,景区挂名也就五六年的时间,基础设施建设去年才开始,以前到现在有很多剧组来这里拍电影取景,比如成龙的《天将雄狮》等,来这里的游客人数不多,主要是因为太远太偏僻,景区收费是一辆车50元,主要交的是环境维护费,因为景区还未建餐馆,游客大多自己带吃喝,容易造成环境污染。景区现在由乡上的人在管,这里没有工作人员,乡上会定期招村干部去打扫卫生。❶
>
> 2010年左右,乡政府有开发胡杨峡的意愿,所以把主干道两边农户家的房子进行了翻修,大概有二十几户,乡政府统一请的工程队,门面和室内布

---

❶ 访谈对象信息:男,汉族,1977年生;访谈时间:2019年8月1日;访谈地点:访谈对象家中。

局结构大家都是一样的。村里的柏油路是2008年修建的,当时下一场洪水就没有路。胡杨峡景区2006年开设的,当时成龙在白沙滩拍摄了《天将雄狮》,景区修建也是用的这笔资金。在这里取景的还有《东宫》《沙海老兵》,我们女婿当时就负责看场,大规模开发也是在2016年左右开始的,在《东宫》拍摄前就开始开发了。❶

(三)休闲娱乐类旅游资源

除上述特殊旅游资源外,阳关地区还有专门供附近及周边村民或市民休闲娱乐的旅游资源,可以开发为野炊、水上娱乐、垂钓、游泳等休闲娱乐项目。目前野炊、垂钓比较普遍,其他的尚待开发。

可以开展水上项目,如划船、垂钓、游泳连带野炊等项目的地方有渥洼池、各水库,包括国营林场和阳关农场的水库,敦煌宫内的小湖泊等。

仅可提供垂钓和野炊的地方有野麻湾、高老庄院内小湖泊以及南工坝水池和湿地等。这些都可以作为阳关本地村民和敦煌市民前来娱乐休闲的旅游资源。正如阳关中学的一位教师所说:

我们喜欢去那里走一走,夏天几乎每周甚至每天下午几个人一起去渥洼池去纳凉、游泳、散步。村民们去得也挺多的,从敦煌来的人也不少,主要是钓鱼、纳凉、野炊、散步,是本地人休闲娱乐的好去处。其实阳关这里这样的地方不少,渥洼池是大一些,又连着湿地和隔壁,视野非常好。阳关农场有垂钓的水库,也不小,还有餐饮店;敦煌市区尤其是青海油田敦煌基地的人来的不少,因为阳关农场本来就是他们的,现在听说承包给私人了,每年的承包费是5万元。还有国营林场那边的两个水库,也可以垂钓,也是村民们娱乐休闲的好去处。当然,这些水库的主要功能是储水、防洪。但可以发展养殖业,已经有了一定的养殖规模,同时还可以好好开发,把他们开发成供本地人娱乐休闲的地方,这就需要一些基础设施的建设。我特别希望在渥洼池上有划船等项目,这个水面上太需要这个活动了,也非常适合划船。❷

---

❶ 访谈对象信息:男,汉族,1940年生;访谈时间:2019年8月1日;访谈地点:访谈对象家中。

❷ 访谈对象信息:男,汉族,1985年生;访谈时间:2019年7月13日;访谈地点:阳关中学操场。

二、阳关旅游的缘起与发展阶段

(一) 阳关旅游发展缘起

阳关作为全国特色景观旅游名镇和古关隘遗址所在地，其旅游资源极为丰富，包含着很多历史文化资源和自然资源，根据目前被开发的情况可以分为三类：第一类是已经完全开发并商业运营成熟的，如阳关景区；第二类是正在开发、商业运营还不够成熟的，如野麻湾、高老庄和敦煌宫（沙漠都江堰景区）；第三类是尚未开发的潜在的旅游资源，即渥洼池以及各个淹没在黄沙中的烽火燧，其中还包括寿昌古城这种受众较小的深度旅游资源。

20世纪时敦煌学在国外掀起一股热潮，其中以日本为最。改革开放后，随着外国人入境旅游的增多，很多外国人特别是研究敦煌学的考察队来到了敦煌，对莫高窟、玉门关和阳关等进行调查研究，但由于规模小、游客少，当地百姓并没有享受到旅游带来的红利。到了90年代，随着我国经济的发展和人们思想观念的转变，人民有了一定的经济收入并愿意出去旅游，大众旅游兴起，来阳关旅游的游客数量急速增长，并且以国内游客为主，国外游客占比越来越小。旅游开始成为拉动地方经济快速发展、改善人民生活水平、培育地方文化的重要支点。这座起源于西汉汉武帝时期的小镇拥有着丰富的人文旅游资源和自然旅游资源，因境内丰富的水资源、沙漠与绿洲并存的自然风光及千年历史洗礼后积淀的厚重人文历史而备受游客的青睐。因此也引起了旅游部门和政府的重视，其旅游开发也提上了议程。阳关镇近几十年的旅游开发主要经历了三个阶段：一是政府主导阶段；二是企业承包、政府监管探索阶段；三是多层级、多主体综合开发管理阶段。以下是对一位参与旅游业并受益的商贩的访谈。

在20世纪80年代，我就去墩墩山峰燧那边开始卖葡萄了。一九八几年的时候，早上起来种地，中午就提一篮子葡萄去卖，几毛钱一斤，一天都能卖个八九元钱。当时游客比较少，而且游客中外国人比较多，特别是日本人。一九九几年游客相对来说多了一些，但其中还是外国人多，中国人少。当时我们已经有人靠旅游来吃饭了，比如弄个骆驼骑个马之类的。而且那时候景区里面还不收地摊费，我们闲了就过去卖葡萄、干果、桃子等，一斤也就两三毛钱。不知道为什么，当时种葡萄很省事，种地手续少，灾害少，就是好种，不像现在这么麻烦，还需要套袋、盖塑料等。当时也没有那么多天灾，年年气候都比较稳定。

我这个流动摊搞了三年了，之前是因为景区里面不收费，我就在里面卖东西，现在收费了，我就在家门口摆流动摊。我们摆摊主要是在7~9月三个月。我们去到景区路上的那几家门口摆摊还要给人家交地摊费，把阳关景区上面的那几家，大概有11家左右炒红火了，他们门口的公共设施什么都是政府投资的，然后我们现在在那里摆摊还需要交地摊费，一年好几千元，那几家都是跟村里有关系，人流量大，能赚不少钱。我们本来想着当时规划是从上面那条路进入景区，然后从下面那条路出来，结果现在是从上面上，然后再从上面下，我们下面这些人家就没有人流量。景区只要把现在上面的那条路改成单行道就可以了。如果上面的那条道不改成单行道，我们下面的这些人家就都不能享受到旅游发展带来的红利。我去年就在上面的我家亲戚他们门前租了个摊子，地摊费3000元一年，然后我又做了个摊子花了1000多元，这样的话去年就没赚上什么钱。今年就在自己家门口摆摊自己搞了，正好还能照顾自己地里的活儿，在上面那边租摊的话，一天都要待在那里，就照顾不了自己的地了。

以前这边都是戈壁滩，我们都在那边，远处那地方都是土桩子，零零散散的分散开来的几户房屋。一九七几年的时候有这个路，就统一把房子修到了路两边。我1985年来到这儿，住的还是四合院，住了15年。我家这地理位置特殊嘛，是景区下来住户这边的第一家。后来拆了我家的洗澡间给修了个车站。那时候还重男轻女呢，我还生了个丫头，我们就贷了款。2000年的时候把四合院修成了一个方的平房，那时候就按城里的楼房布局那样设计的。我们有个亲戚在乡政府，来我家看了看，又说必须统一修门面。又拆了车站，又一次拆了我的洗澡间什么的，2013年还是2014年的时候规划门面，就修了门面，又修厕所，改水，还有门前这个水泥桥，成了现在这样，现在的房子130多平方米。那个车库都没怎么用过。

门面是一户补贴5000元的，我这儿还有拆洗澡间，拆车站、车库什么的要补贴一万多元。

以前这儿叫"水尾"，都是栽的树，一九六几年的时候社办林场，现在树都毁掉了，种的葡萄。改成龙勒这个名字还不到十年。原先不是还叫"墩墩山"么，因王维写了首诗"西出阳关无故人"，又变成阳关了。这两年乡政府过来，想起我们以前的蔬菜大棚难看，因为是土坯里面加的麦秸，但是效果好得很，3月份就能吃到新鲜的水果蔬菜，但是政府嫌难看就让我们给推了，现在就是塑料大棚。同样以前我们这个道上都是葡萄长廊,乡政府也觉得难看,让给拆了,说是要修成上面的那样的步行道。我们这长廊也拆了,地基也打好了。

我们就主要卖葡萄干、大枣、西瓜,反正自己种什么就卖什么,西瓜是从敦煌市拉过来的,我们这边不种西瓜。上面的那些摊位位置好的一天能卖个几百元上千元,租的那些位置就稍微差了一点,一天可能赚个一两百元左右。我现在在这儿摆摊,位置不好,一天生意好的时候能赚个100来块钱,生意差的时候,一天几十块钱,甚至一天到晚就没人买东西。

可见,阳关的旅游开始于80年代初,是随着一些国外游客对阳关的深度历史文化考察潮开始的。改革开放后,由于阳关在中国历史上的影响力,许多国外专业人士迫不及待地前来考察,蜂拥而至的人潮刺激了当地民众参与初步的旅游经营。80年代中后期,国内随之兴起了"文化寻根"热,像敦煌、阳关、玉门关、嘉峪关这些河西走廊上重要的历史古城和遗址成为人们期望亲临目睹的地方。在此背景下这一时期也产生了很多与之有关的文艺作品,如成书于90年代初的余秋雨所著散文集《文化苦旅》就是代表,其中一篇题为《阳关雪》的文中对阳关的描写节选如下:

阳关雪[1]

……

今天,我冲着王维的那首《渭城曲》,去寻阳关了。出发前曾在下榻的县城向老者打听,回答是:"路又远,也没什么好看的,倒是有一些文人辛辛苦苦找去。"老者抬头看天,又说:"这雪下个不停,别去受这个苦了。"我向他鞠了一躬,转身钻进雪里。

走出小小的县城,便是沙漠。除了茫茫一片雪白,什么也没有,连一个皱折也找不到。在别地赶路,总要每一段为自己找一个目标,盯着一棵树赶过去,然后再盯着一块石头,赶过去。在这里睁疼了眼也看不见一个目标哪怕是一片枯叶,一个黑点。于是,只好抬起头来看天。从未见过这样完整的天,一点儿也没有被吞食,边沿全是挺展展的,紧扎扎地把大地罩了个严实。有这样的地,天才叫天。有这样的天,地才叫地。在这样的天地中独个儿行走,侏儒也变成了巨人。在这样的天地中独个儿行走,巨

---

[1] 余秋雨. 文化苦旅 [M]. 上海:东方出版中心,2001:17-21.

人也变成了侏儒。

天竟晴了，风也停了，阳光很好。没想到沙漠中的雪化得这样快，才片刻地上已见斑斑沙底，却不见湿痕。天边渐渐飘出几缕烟迹，并不动，却在加深，疑惑半晌，才发现，那是刚刚化雪的山脊。

地上的凹凸已成了一种令人惊骇的铺陈，只可能有一种理解：那全是远年的坟堆。

这里离县城已经很远，不大会成为城里人的丧葬之地。这些坟堆被风雪所蚀因年岁而坍，枯瘦萧条，显然从未有人祭扫。它们为什么会有那么多，排列得又是那么密呢？只可能有一种理解：这里是古战场。

……

远处已有树影。急步赶去，树下有水流，沙地也有了高低坡斜。登上一个坡，猛一抬头，看见不远的山峰上有荒落的土墩一座，我凭直觉确信，这便是阳关了。

树愈来愈多，开始有房舍出现。这是对的，重要关隘所在，屯扎兵马之地，不能没有这些。转几个弯，再直上一道沙坡，爬到土墩底下，四处寻找，近旁正有一碑，上刻"阳关古址"四字。

这是一个俯瞰四野的制高点。西北风浩荡万里，直扑而来，踉跄几步，方才站住。脚是站住了，却分明听到自己牙齿打战的声音，鼻子一定是立即冻红了的。呵一口热气到手掌捂住双耳用力蹦跳几下，才定下心来睁眼。这儿的雪没有化，当然不会化。所谓古址，已经没有什么故迹，只有近处的烽火台还在，这就是刚才在下面看到的土墩。土墩已坍了大半，可以看见一层层泥沙，一层层苇草，苇草飘扬出来，在千年之后的寒风中抖动。眼下是西北的群山，都积着雪，层层叠叠，直伸天际。任何站立在这儿的人，都会感觉到自己是站在大海边的礁石上，那些山，全是冰海冻浪。

……

即便是土墩、是石城，也受不住这么多叹息的吹拂，阳关坍弛了，坍弛在一个民族的精神疆域中。它终成废墟，终成荒原。身后，沙坟如潮，身前，寒峰如浪。谁也不能想象，这儿，一千多年之前，曾经验证过人生的壮美，艺术情怀的弘广。

这儿应该有几声胡笳和羌笛的，音色极美，与自然浑和，夺人心魄。可惜它们后来都成了兵士们心头的哀音。既然一个民族都不忍听闻，它们也就消失在朔风之中。

回去吧，时间已经不早。怕还要下雪。

像阳关这样的历史文化古城或遗址的旅游兴起，正是与专业人士和文人们的不断推动有关，是他们将尘封在历史中的记忆不断发掘添新和再解读，不断将这些史实传播给大众，形成大众的文化热。而对大众记忆的唤醒就形成了旅游的逐步兴起，旅游一旦成了规模，则旅游业就会跟上，与之相关的产业就会形成和发展，也进一步促使政府部门加以配合。如2007年，政府将南湖更名为阳关就说明了这一点。

（二）阳关旅游发展的三个阶段

从对旅游开发和管理模式来看，阳关旅游经过了以下三个阶段。

1. 政府主导阶段（20世纪80年代初至2000年）

万事开头难，一个天然的古镇要想从旅游零基础发展成为知名的旅游景区，是一件异常复杂、艰难而漫长的过程。在最开始，阳关的旅游开发需要一个总体利益和目标代言人，由这个代言人来规划、引导、控制、协调、规范一切事宜的发展，而在阳关镇能担此角色的只有政府。由于前期外国游客比较多，而且以文化交流为目的，在这种情况下也只能由政府来主导。对阳关遗址、墩墩山烽燧、寿昌古城等进行立项保护，设立专门的文物保护机构，并在保护修复的基础上进行适度的开发。

2. 企业承包与政府监管探索阶段（2000年至2010年）

任何一个旅游景区都是一个有人为因素参与"生态系统"的载体，在这个系统中地方政府、旅游企业、社区居民、旅游者等是利益相关者，而各主体间的利益博弈无时无刻不在上演着。在最初的阳关旅游开发中，政府发挥着主导作用，随着古镇的发展，资金的巨大缺口让政府重新审视和规划旅游的发展，审视的结果就是政府决定开始对外招商引资。在这段时期阳关的旅游景区纷纷对外承包，阳关景区于1999年承包给敦煌书画院，野麻湾也于1999年承包给私人，并由其建立了敦煌市野麻湾观光农业有限责任公司，高老庄也是在那个时候发展起来的。在这十几年的时间里，承包方负责了各个景区的开发、建设、日常具体事宜等，而政府履行其监督的职能，对阳关镇实现政企开发管理。但是随着景区的发展，一些诸如开发主体缺位等问题未能得到较好的解决反而更加突出，传统文化面临严重冲击、服务质量不高等新矛盾也阻碍了阳关镇的发展。

3. 多层级和主体综合开发管理阶段（2010年至今）

在旅游规划方面，为了更加科学更加统筹地发展阳关，进入2010年以来，对于阳关的旅游发展有了明确的规划。一是高点定位抓规划。以全域旅游发展为目标，按照拉框架、编规划、夯基础的思路，加快编制全域旅游规划，完成龙勒村重要节点改造规划。邀请知名设计院根据市场选择和需求趋向，立足特色产业、生态特色、区位优势、文化底蕴、资源承载等实际情况，围绕美丽乡村建设、乡村旅游、产业发展、项目建设等内容，坚持高标准、高起点进行策划设计，优化空间布局和环境协调融合，着力构建全域旅游发展新格局，打造乡村旅游精品。二是深入挖掘增内涵。加强阳关文化、丝路文化的研究、挖掘、传承、保护与旅游业的对接，深入挖掘阳关文化、寿昌文化等文化底蕴，弘扬文化精髓，激活文化创意，拓展旅游产业发展空间。积极将农耕文化、传统文化、葡萄文化等元素融入旅游产业布局，赋予景区景点等旅游产品新的文化内涵，年内打造集休闲观光、文化旅游、田园采摘、农事体验、农副产品销售等为一体的美丽乡村示范点2个。三是大力培育新业态。按照"农业景观化"思路，以乡村旅游与现代农业交互融合为主导，加快培育休闲、观光、创意、徒步、露营等新兴业态。开展"百人体验游""千人走戈壁"等活动。依托阳关独有的葡萄园、葡萄景、葡萄晾房等资源，做深、做足、做全"生态"文章与"乡愁"文化，大力开展观葡萄、品葡萄、了解葡萄等推介活动，吸引名人、记者、游客、墨客参与其中，鼓励引导建设高标准的葡萄休闲观光采摘园10家，努力让绿水青山转化成"金山银山"，使阳关旅游走上多层级和主体综合开发管理的阶段。

（三）阳关旅游的总体发展情况

近年来阳关镇围绕全域旅游发展目标，加强基础设施建设，完善旅游要素，发展乡村旅游，发展农家园8家。2018年接待游客人数超过15万人次，实现旅游收入1106万元以上，占农民收入的43.4%，是典型的葡萄生产专业村和文化旅游示范村。龙勒村先后被评为"全国休闲农业与乡村旅游示范点""全国绿色小康村""全国生态文化村"等。全镇共有各类旅游从业人员130多人，月平均工资达3500~6000元，文化程度主要以初中和大专为主。这些数据都诉说着阳关镇的巨大变化，其中以龙勒村最为典型。

阳关镇旅游以一年中的夏季，主要是7、8、9月份为旺季，达到巅峰。游客大多来自东南沿海大城市和青海等地。旅游多为团队出行、假期游、亲子游，辅以自驾游、自主散客游。下面是2019年7月30日对阳关景区外一商贩在其摊位处进行的访谈。

  我们在这阳关景区门口摆摊有4年了，主要卖当地的土特产和防晒用品，主要就是各种葡萄干、帽子等，还有就是饮料矿泉水。在这门口摆摊的有两家，我们是其中一家。这阳关景区的旺季主要是在4月初到11月底，最多的时候就是暑假吧，7月20日到8月20日左右。每天也就是下午4：00左右，环线车过来的时候人最多。环线车就是从青海西宁，然后出发过茶卡盐湖，青海的水上雅丹到阳关、莫高窟再到张掖的丹霞地貌，然后在终点到兰州的一条旅游线路。环线车大多都是小型的那种商务车或中巴，旅游大巴很少。因为他们走的路条件比较恶劣，旅游大巴不太容易穿行。只有在暑假，自驾游的散客才比较多，其他的时间大多都是旅行团过来的。旅行团也就是兰州和敦煌过来的旅行团比较多。淡季4、5、6月份，就是兰州和敦煌来的人多，旺季7、8、9月份，青海来的人多，因为他们青海过来的时间长，要7天，平时没有时间过来。敦煌来的一般也就是三天游，第1天月牙泉、鸣沙山和莫高窟，第2天就是玉门关雅丹，第3天就到阳关，大概的行程就是这样。

  我们租的这个摊属于景区管，要给景区交管理费，一年8000元。每年根据游客量的变化来变化管理费。这两年游客的数量是在递增的，人多的时候两三千、四五千人一天都有，人少的时候一两百人。来我这个摊上的游客比较少，多的时候一天上百人，少的时候一天一二十个。虽说游客的数量是在逐年递增，但是他们的购买力是逐渐下降的，因为现在网上卖东西的太多了，网购太发达了，对我们这些实体店的影响就比较大，影响到我们的生意了。而且一般游客过来都大多只是买雪糕和水，葡萄干这两天就卖不动了。因为路口摆摊的太多了，游客认为我们这景区门口东西卖得贵，都在路口摆摊的地方买，其实大家都差不多。因为我们这儿都是自己种的，大家的成本也都差不多，我们都是好的葡萄五斤半才能晾一斤干，稍微差一点儿的七八斤才能晾一斤干。

  这两年的游客数量还是增长比较快的，我们承包的第1年流量只有27万人，在去年人流量已经有39万人，快40万人了，是逐年递增的。今年还新增了一个研究项目，就是为中小学生夏令营提供服务。来的学生都是团队，中小学生居多，这两天一天能来两三百人。他们是来研学的，主要就是参观了解景区及丝绸之路的文化内涵。研学就是把整个敦煌的文化景区串在一起，阳关景区只是其中一站，这些一个人要好几千元，上万元。

  徒步也就4、5月份最多，而且来这边的比较少，大多都是在二墩村那

边，这两天太热了，搞大型活动肯定有人中暑，不好管理。❶

2020年阳关景区门票价为40元，其中学生持学生证、60岁以上老人持身份证等情况均可半价，电子票有一定的优惠，类似记者等特殊人群进入景区者免费，进入后景区内交通电瓶车收费10元。景区入口有古镇公司保安人员值班，进出游客需被验票。随着客流量的迅速增加，龙勒旅游配套设施得到了全面的发展。

资料显示，餐饮、住宿、购物为龙勒村旅游消费的三大块，其中餐饮收入为600万元（餐费按40元/人计算），占农民收入的23.6%，住宿收入为116万元（共有床位70张，床位费138元/天，旅游旺季4个月120天），占农民收入的4.6%，采摘及其他购物收入为350万元（开展采摘鲜食葡萄及其他水果的有46家，按5万元/家，共230万元，农家园及各种干果及工艺品售卖大概120万元），占农民收入的13.7%，旅游其他项大概收入40万元（从业人员20人，2万元/年），占农民收入的1.5%。2018年保护经费投入13.384万元，占乡村旅游收入的0.5%。在吃居行方面，目前在工商局登记注册的农家乐为8家，农家乐各有其特色，以古风为主。待了一段时间后了解到，农家乐老板以前大多为外地人，本地人开的客栈较少，但这几年发生了变化，外地人好多走了，现在农家乐的老板大多为本地人，且好分辨，多以姓氏命名，如潘葡萄农家园、双亮客栈等，以阳关特色菜为主，价格实惠。龙勒村目前道路两侧街道都是政府统一硬化，两侧住房也由政府统一设计，十分整齐。如表5-2所示是龙勒村农家乐基本情况的统计表，如图5-2所示是主要农家乐的分布图，可以从一个侧面反映出龙勒村的旅游接待情况。

表5-2 阳关龙勒村农家乐基本情况统计表

农家乐名称	面积（平方米）	容纳桌数（桌）	就业人数（人）	年接待人数（人）	年营业额（元）
阳关第一农家园	400	35	6	8万	40万
潘葡萄农家园	400	24	8	2万	13万
塞外农家	200	10	7	0.6万	12万
阳关人家	500	40	10	5万	20万

---

❶ 谈对象信息：女，汉族，1981年生；访谈时间：2019年7月17日；访谈地点：阳关景区门口摊位。

续表

农家乐名称	面积（平方米）	容纳桌数（桌）	就业人数（人）	年接待人数（人）	年营业额（元）
古阳关农家园	300	40	6	8.5万	40万
阳关永红农家园	200	15	7	1.5万	10万
龙腾山庄	500	20	9	6万	30万
双亮客栈	200	15	7	2.5万	20万

注：表中数据全部是2019年7月在田野调查中对经营者的访谈得到。

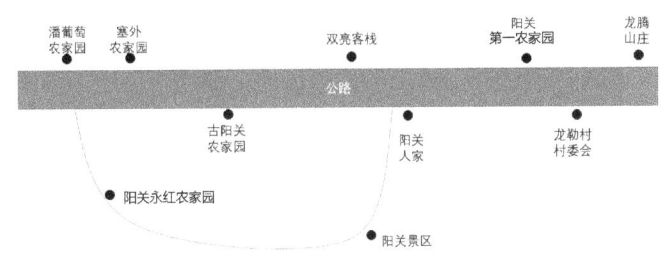

图 5-2 阳关龙勒村农家乐分布图

阳关的旅游在取得了诸多令人欣喜成绩的同时也产生了很多令人担忧的问题和矛盾。第一，阳关镇的衣食住行等旅游资源要素还存在质量不高的问题。镇内的饮食品种较为单一，每家每户菜单大致相同，以本地特色家常菜为主，但是饮食质量和卫生水平并不高；而住宿方面大多还存在采光差、卫生不够整洁的现象，因而饭馆就餐环境和住宿环境仍需改善提高。要对古镇旅游涉及的要素进行资源整合，提高其配套设施的接待游客能力；第二，旅游产品较为单一，旅游服务质量有待提高。旅游产品还集中在一日游，镇面积小，可玩度还不高，游客市场也有待进一步扩大，宣传力度应该突破桎梏；走入景区，无论交通、住宿还是景区服务点的管理和服务水平都有很大的提升空间。阳关游客大多来自东南沿海大城市，现代人经济水平提升的同时也开拓了他们的眼界，随之提升的还有游客的旅游需求服务水平，因而要增强阳关镇的服务水平，提升景区的竞争力；第三，开发初期阳关居民主体缺位的问题需要科学合理地加以解决，要处理好短期和长期利益的关系，平衡主体间的利益关系，让景区得到良性的发展。

三、阳关地区开发运营成熟的旅游景点

在阳关地区开发运营并很成熟的景点非阳关景区莫属，阳关景区是阳关地区旅游资源的代表，也是目前唯一一个完全开发并商业运营成熟的景区，景区因建于古阳关遗址之上而得名。阳关始建于汉武帝元鼎年间，在河西"列四郡、据两关"，阳关即两关之一。阳关作为通往西域的门户，又是丝绸之路南道的重要关隘，是古代兵家必争的战略要地。据史料记载，西汉时为阳关都尉治所；魏晋时，在此设置阳关县；唐代设寿昌县；宋元以后随着丝绸之路的衰落，阳关也因此被逐渐废弃。旧《敦煌县志》把玉门关与阳关合称"两关遗迹"列为敦煌八景之一。而今，昔日的阳关城早已荡然无存，仅存一座被称为阳关耳目的汉代烽燧遗址，耸立在墩墩山上，让后人凭吊。图5-3为阳关景区示意图，图5-4为阳关景区大门实景。

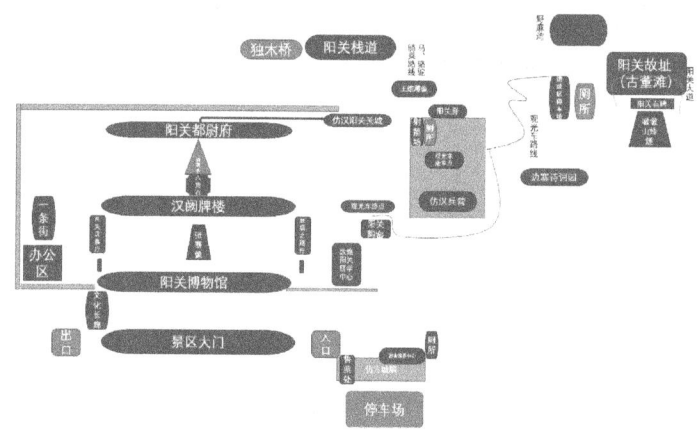

图 5-3 阳关景区示意图

图 5-4 阳关景区大门（崔翔摄于 2019 年 7 月 13 日）

第五章　阳关旅游的发展与现状

景区内兴建的阳关博物馆占地约 10 万平方米，建筑面积近 2 万平方米，是目前中国西北地区最大的景点式博物馆，也是其核心景点。馆藏文物丰富，陈展风格新颖，系统地反映出汉唐时期敦煌及阳关的繁荣与变迁。阳关博物馆从 1999 年 12 月开始筹建，2003 年 8 月 28 日建成开馆，总投资 4600 万元。馆内建筑呈仿汉城堡式建筑群，由两关汉塞陈展厅、丝绸之路陈展厅、阳关研究所、汉阙牌楼、仿古兵营、阳关都尉府、仿汉阳关关城、仿汉民居一条街、旅游工艺品展销中心等九部分组成，是一座依托于历史遗迹、馆园相结合的遗址型博物馆，是目前西北最大的景点式民营博物馆。

阳关博物馆以"挖掘古文化，建设新文化"为宗旨，依托两关长城地区，尤其是阳关地区星罗棋布的历史遗迹和丰富深厚的文化底蕴，综合运用建筑、雕塑、壁画、陈展、环境等艺术手段，系统展现阳关、玉门关、长城及丝绸之路的历史风貌，揭示其丰厚的历史文化内涵，是集保护、研究、博物、展览、旅游等功能于一身的现代化新型博物馆和文化产业基地。阳关博物馆现馆藏文物 4000 余件，包括青铜器、铁器、陶器、玉器、石器、骨器、毛麻丝织品等，以古代冷兵器为例，馆藏冷兵器品种式样齐全，数量众多，特征明显，且自成体系，具有较高的历史价值和学术价值，基本反映了春秋、秦汉、魏晋、唐宋等各个历史时期的兵器演变过程，对于研究我国古代军事文化的发展和丝绸之路边塞地区多民族的发展有着深远的意义。

阳关博物馆先后举办"边塞诗词研讨会""敦煌文化遗产与敦煌旅游发展大型讲座""丝绸风情书画展""两关长城学术研讨会""《敦煌诗选》出版发行座谈会"等大型文化学术活动，并编辑出版了《阳关玉门关论文选粹》《敦煌诗选》《阳关新曲》和《阳关博物馆讲解基础知识》。阳关博物馆设顾问委员会、学术委员会、管理委员会。其中顾问委员会由文博界和相关行业关注阳关博物馆和旅游事业发展的人士组成；学术委员会由馆内专业工作者和文博界的专家组成；管理委员会由馆长、副馆长、馆长助理和各部门负责人组成，下设宣教部、文物管理部、阳关研究所等部门。

其两关汉塞厅是馆区主要展厅之一，分四个单元展示了阳关、玉门关和河西汉长城的历史和文化，内容包括两关长城的设置与修建、历史沿革、在经济社会发展中所起到的作用和历史地位、历史文化内涵等。两关存遗迹，长城铸精神。洞察历史云烟，纵览边塞风情。另一丝绸之路厅也是馆区主要展厅之一，分四个单元系统全面地展示了丝绸之路的历史和文化，内容包括丝绸之路的形成背景、开发过程、历史地位、文化内涵等，以及在经济社会发展中所起的作用。

汉阙牌楼是馆区标志性建筑之一，参照敦煌莫高窟、天水麦积山魏晋时期壁画及汉画像砖图画等设计建造，由牌楼和左右两阙组成，巍峨壮观、古朴典雅。汉阙牌楼正面墙上两侧嵌布高温釉下彩大型陶瓷壁画《丝绸友谊图》。

阳关都尉府则是馆区重要仿古建筑之一。西汉时，都尉是佐助郡太守掌管军事的官员，边郡都尉都设有府衙。西汉敦煌郡设置有宜禾、中部、阳关、玉门四都尉，肩负防区内候望、屯兵、屯田、交通等任务。阳关都尉驻守敦煌郡龙勒县（今敦煌南湖乡破城子）南境，治阳关。阳关都尉府内置有阳关都尉办公、饮宴、办理通关文牒等场景，游客可以参与体验。

仿汉阳关城馆区也是重要仿古建筑之一，依据历史文献记载按原状建造，简括大气，古朴伟岸，张扬汉家气象，反映历史风貌。作为中国传统文化概念符号，阳关已成为告别故国家园亲人，远行时别情离绪的寄托。阳关道则是表达美好愿景的希望大道、康庄大道的代名词。游客在此可以参与出关验牒、饮酒告别、观赏敦煌乐舞等活动，借以凭吊阳关、缅怀先贤、寄托情思。

仿汉兵营是馆区重要仿古建筑之一，由帅帐、军帐、军营、辕门、练兵场、射箭场、点将台等组成。这组建筑形象地展示了边关军事文化，再现了昔日守关将士戍守边关的艰辛军旅生活。游人可以参与军事内容的游乐活动，体验古代边塞军事生活。

景区内的墩墩山烽燧是阳关附近汉代烽燧遗址最大、地处最高、保存也比较完整的一个。这个烽燧处在阳关的制高点，它是阳关历史唯一的实物见证。人们在各种图片中看到的阳关遗址，实际上就是这个烽燧遗址，而不是阳关遗址。墩墩山顶上的这个烽燧，是用土壑夹芦苇砌筑而成，上面有残余围墙，一条马道直通顶部。烽燧周围有半人高的护栏，旁边竖有说明牌：墩墩山烽燧系汉代建筑，现残高4.7米，上宽南北8米、东西6.8米，底宽南北8.8米、东西7.5米、为古阳关候望之处，故有"阳关耳目"之称。站在烽燧遗址所在的这座墩墩山上，人们俯首远眺，阿尔金山的皑皑白雪、浩瀚戈壁、苍茫大漠的宏阔景色尽收眼底。

在阳关石碑后面是一片荒漠，这里就曾是阳关故址所在的古董滩。它东靠农田，南有元台子山，西依青山子梁，北到墩墩山，沙丘从南到北自然排列成二十余道天然屏障。多少年来，每当大风刮过，村民们说，那时候在古董滩上常常会拾到古钱、首饰、玉佩、宝剑、兵器和其他小杂物，甚至有的还能拾到金戒指、金手镯（见图5-5）。

图5-5　阳关景区的古董滩实景（崔翔摄于2019年7月13日）

关于古董滩为何会有如此多的古董，历史上还有一个动人的传说：

相传，古董滩原来埋着一位公主丰盛的嫁妆，到底是哪一位公主，说法不一。有的说是远嫁乌孙王的细君公主；也有的说是唐代去西藏的文成公主；还有的又说是下嫁于阗王的曹氏公主。当年公主远嫁，中原王朝的皇后给她陪送了许多的嫁妆，金银首饰、绫罗绸缎、胭脂香料、四季衣衫，等等，足足装了几十辆大车，由一位武官带士兵押送，向西进发。当护送嫁妆的人和车来到古董滩上时，遭到了一股强人的洗劫。这些强人是一个小国王派来的。这个小国国王也曾向中原王朝的皇帝请婚，但因其国家特别小，物产又不丰富，所以遭到拒绝。小国国王遭到拒绝后，怀恨在心，他派人四处打探，终于打听到公主的嫁妆要从离他们国家不远的古董滩经过，便一咬牙派出300名亲信兵将，用黑墨抹脸，白巾包头，躲藏在古董滩周围。这一天下午，装有嫁妆的车辆和护送的士兵来到了古董滩，猛听一声牛角号响，白头黑面的强人从四面一起杀出，瞬间和护送的军人打成一片。当时，为公主护送嫁妆的士兵只有100名，而且多数由于长途劳累和水土不服患病在身。而强人身强力壮，熟悉地形，并且人又多，不一会儿，护送的军人都被强人杀尽了。强人们抢到了大批的嫁妆和金银财物，欣喜若狂。正当这些强人准备离开的时候，猛然间刮起了大风，一时天昏地暗、日月无光，一个个沙包飞上了天空，又慢慢地降落下来，把300名强人和他们抢来的几十车财物统统埋在了滩上。多少年过去了，风吹沙移，人们在这片沙滩上拾到了大量古钱、首饰。于是，这片沙滩便取名为古董滩。

四、阳关地区正在开发的旅游景点

目前，阳关地区正在开发但尚未成熟的景点占多数，代表性的有敦煌宫旅游度假区、高老庄和野麻湾，均由私人开发经营。

（一）敦煌宫旅游度假区（"沙漠都江堰"景区）

据了解，被称为"沙漠都江堰"的水利工程，实际名称是敦煌西土沟流域洪水灾害综合治理工程，是由甘肃省发改委、省国土资源厅、敦煌市政府批准，由敦煌飞天生态产业科技园投资建设的。资料显示，"沙漠都江堰"生态治理工程修建了清洪分离河道21千米，13条多级梳流分洪河道120千米，防护堤坝60多千米，移动沙丘石山500多座，拉运砂石料1亿多立方米。将上游山区1500平方千米、107条河道汇集的洪水泥石流进行层层调蓄、多级分流、渗滤净化变为可利用的再生水，核心治理区总面积达134平方千米，保护受益区面积达998平方千米（见图5-6、图5-7）。

图 5-6　敦煌宫正大门（关丙胜摄于2019年7月13日）

图 5-7　敦煌宫多功能中心（关丙胜摄于 2019 年 7 月 13 日）

在上游区，该工程将带有大量泥沙的洪水通过枢纽调蓄覆盖于沙漠表面形成板结层，有效地阻止了沙地的活化，即形成典型的黏土固沙效果，达到了以洪治沙的目的，构成了防止沙漠东移的第一道生态屏障；在中游区，通过侧渗净化抬升地下水位，涵养地下水源，使天然植被得以恢复，达到了生物治沙的效果，构成了防止沙漠东移的第二道生态屏障；在下游区，将渗漏过滤的洪水通过河道收集转化为可利用的再生水，在此基础上通过植绿种树，恢复退化的生态系统，构成了防止沙漠东移的第三道生态屏障。通过以上三大生态屏障建设，形成黏土固沙—石堤阻沙—生物防沙综合风沙防御技术体系。该工程在保护阳关守住敦煌的同时，构建起了洪水资源化—高效利用—生态治理的一套完整技术体系，通过利用增加的水资源量发展养殖业、种植业、生态循环经济产业，形成特色农业的洪水资源高效利用模式，带动了当地农业尤其是水产养殖业的发展（见图 5-8）。

图 5-8　敦煌宫的冷水鱼养殖场（关丙胜摄于 2019 年 7 月 13 日）

该工程巧妙地将沙山、湖水、芦苇、飞鸟、游鱼有机结合，成为独具特色的沙漠奇观，成为敦煌市生态文明建设的象征，许多国内外生态专家、学者纷纷前来交流、学习。游客中心是一群汉唐风格的建筑，占地面积10800平方米，集院士工作站会议接待、敦煌宫学术交流、食宿、休闲、演出为一体，可分散容纳近八千人活动。其中敦煌宫是其主体建筑。

景区内集合了沙漠的瑰丽，以其高、陡、险、俊著称于世。神泉沙漠湿地、沙漠枯树林、沙漠都江堰、沙漠奇观冷水鳟鱼号称阳关沙漠"四绝"。高大的复合型沙丘链和金字塔状沙丘，貌似"山"一般，沙峰、沙壑、沙峭、沙壁、沙窝、沙刃随处可见，景象奇伟壮观，缤纷多姿。在沙漠腹地，沙峰林立，峰峦叠嶂，沙脊如削。奇特的沙漠造型，给人以自然的美感，是进行沙漠探险旅游的理想之地，建成后接待了许多团队旅游项目和夏令营等特殊团队的项目，同时也是许多科研部门的实习研究基地。敦煌宫景区示意图如图5-9所示。

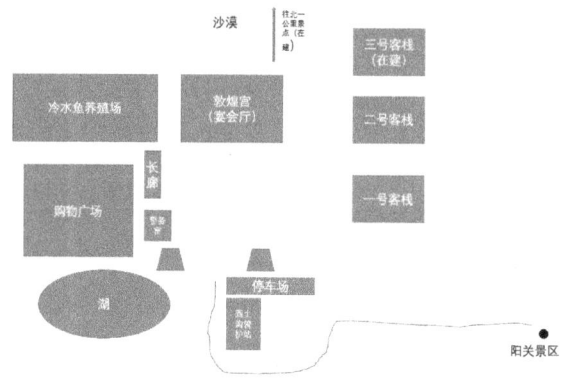

图 5-9 敦煌宫旅游度假区示意图

阳关敦煌宫旅游度假区是一个综合工程，集防洪、治沙、旅游、养殖、科学研究等功能于一体，由于高标准的建设和良好的基础设施投资，对于提升阳关的旅游度假水准起到了示范作用，也为当地的经济发展、就业等做出了贡献。

（二）高老庄

在阳关以东的村外，也就是从敦煌市去阳关的路上有个地方叫高老庄，和中国神话故事《西游记》里的高老庄同名。据当地一位姓高的老人津津有味地讲，猪八戒高老庄招亲等脍炙人口的故事就出自这里。故事是否真的发生在这里或者当地人是否在构建故事，但不可否认的是，高老庄的建设却真真切切地是按照《西游记》中的故事来的（见图 5-10）。

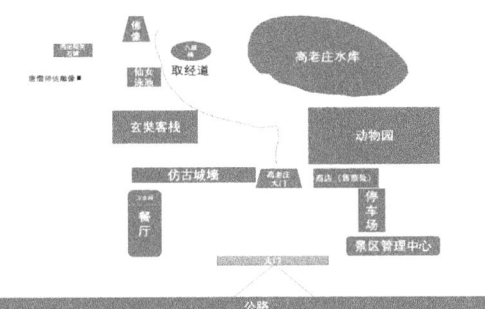

图 5-10　高老庄景区分布图

现在高老庄景区的主人是马俊，是高老庄的上门女婿。早在 1997 年时，年仅 35 岁的他在敦煌市七里镇因从事乡企开发而小有成就，抱着防风治沙、开发沙区旅游资源的设想，他承包了这里的一湾清泉水和 1000 多亩荒沙滩。几年来，他靠向朋友借钱、银行贷款等方式，先后投资 100 多万元，重点加强治沙造林等环境改造和旅游项目基础设施建设。

目前已初步建成防风固沙林 400 余亩，鲜食葡萄园 180 亩，鱼塘 100 亩，动物园一处，年接待中外游客达 4000 余人次，成为敦煌市西部旅游热线的一处生态旅游场所。截至目前，马俊已请人完成了《西游记》故事中的人物雕塑 5 尊，动物园里养殖有鸵鸟、鸡和黑天鹅等。高老庄已发展为集防洪、蓄水、治沙、旅游度假（含餐饮）为一体的多功能景区。

（三）野麻湾

在阳关中部地势低洼处有一块湿地，叫野麻湾，因这里夏季开满粉红色的野麻花而得名。由于野麻湾特殊的低洼地势和地质结构，祁连山的雪水渗入地下，长年积累汇聚形成一股泉水，形成了一个小水库，在水库的周围，生长着大片大片的野麻，成为沙漠中一道独特的风景线。其位于古阳关遗址与墩墩山脚下，与山水沟古墓、西土沟古墓群隔古阳关遗址东西相望；北与阳关博物馆相毗邻，与古寿昌城、玉门关、雅丹地貌国家地质公园等旅游景点都位于同一条旅行线上。旅游面积 10 万平方米，水域面积 5 万平方米，有 5 千米的游览线，野麻湾生态水域纵横、草木繁盛、自然景色奇特秀丽，常年有白鹭、野鸭栖息在此，水域清澈、幽静，鸟飞鱼跃，芦苇丛生，是深藏在阳关绿洲深处的宁静之地（见图5-11）。

图5-11 野麻湾水库湿地（崔翔摄于2019年7月20日）

野麻湾因为处于阳关绿洲的腹地，藏在寿昌村、营盘村之间的溪水流过的地域，地势低洼，加之周边树木繁茂，一般从村路经过也很难发现它的存在，所以一般不为外人所知，只有阳关人深知它的幽静（见图5-12）。

图5-12 栖息在野麻湾湿地的白鹭（于志疆摄于2019年8月2日）

几年来，利用野麻湾水库和湿地，当地村委会和私人在周边开发建立了生态几处生态园，有农家乐模式的餐饮，还有划船、垂钓等对外旅游项目，也有一定的养殖业，但总体上来看，处于开发阶段，没有正式形成旅游经济，尚待开发（见图5-13）。

图 5-13　野麻湾生态园大门（崔翔摄于 2019 年 7 月 20 日）

五、阳关地区尚未开发的旅游资源

（一）渥洼池

前文已经多次提及和介绍了渥洼池，它又名黄水坝水库，是阳关地区最大的水库和湿地，因为它处于阳关的西南地势最高处，也就成为阳关地区最为重要的防洪设施。关于渥洼池，流传着一个传说：

> 西汉元鼎年间，南阳新野县有一个名叫暴利长的罪犯，被充军发配到此地屯田垦荒，他看到一群野马经常到池边饮水。其中有一匹马体格健壮，姿态矫健，与众不同。暴利长深知汉武帝酷爱宝马，想把这匹马捉住献给汉武帝，为自己将功赎罪。于是暴利长就在野马经常饮水的池边用土塑了一个与他相仿的泥人，穿上他的衣服，拿着索套立于池边。刚开始野马到池边饮水，看到泥人，惊恐万分，撒腿就跑。久而久之，野马习以为常，不再害怕提防。暴利长见时机成熟，搬走泥人，自己立于池中，套住了这匹奇异的野马。为了得到汉武帝的赏赐，他编造了神马出水的谎言。汉武帝见此马体态魁伟，骨骼非凡，非常喜欢，认为这是吉祥之兆，是太乙神所赐，故名"太乙天马"，并作《天马之歌》把这件事大肆宣扬。❶

从此，"渥洼池"同"天马"一举驰名，天马的故事从此成为我国文学史上一个传统题材，渥洼池也成为敦煌的一大名胜古迹，更是阳关的标志。

---

❶ 选自敦煌石窟旅游网。

阳关原名为南湖，即指渥洼池这个湖泊，因在敦煌以南而得名。

在当地，渥洼池的另一个名字黄水坝也有一个美丽的传说：

很早以前，这儿有一片绿茵茵的草滩。村子里有个憨厚老实的小伙子，叫白老大。他幼年丧母，继母手毒心狠，爱财如命，人称老白矾。继母生的儿子叫白老二，饱受宠爱。白老大平日总受到虐待和刁难。他二十多岁时，也不给他讨媳妇。为了让白老大"脱离苦海"，一位仙女化身为受伤的黄鸭下凡，正好飞到白老大跟前，白老大把她带回家精心喂养。伤好后，黄鸭姑娘为了报答救命之恩，与老大结成夫妻。继母和白老二得知老大有一位妩媚多姿的妻子后，想将仙女夺过来，据为己有。于是，继母想了很多常人办不到的事为难他，然而，每次都在仙女金簪一挥间轻而易举地被解决。但继母依然贼心不死，气呼呼地说："三天之内你要不能给涝池挑满滚烫的水，那黄鸭姑娘就归老二！"没想到的是，第二天涝池涌满了沸腾的开水。继母一看傻了眼，她越发狠毒，一把将老大推入涝池。结果，老大在沸水里不但没事，还捡起了一块银元宝给他们看。继母生怕银子全被老大独吞，瞬间将老二推入涝池去捡钱，老二扑腾几下，便沉入池中。老白矾也跳入水池内，结果双双丧命，而老大却平安无事。后来池水就慢慢变凉了，水却不断地往上翻冒，白老大和村民就打了一座大坝，拦住泉水，来浇灌庄稼。日久天长，水越来越多，坝也就越打越高。每当太阳下山时，晚霞像匹彩绸落在水上，成群结队的黄鸭轻盈地掠过水面，湖水荡起了金黄色的涟漪，波光潋滟，金碧辉煌，煞是好看，人们就为它起名叫"黄水坝"。❶

现渥洼池始建于1938年，由当地老百姓在古渥洼地筑坝蓄水，1983年后，又进行了数次大规模的加固护坡维修工程。黄水坝水库是一座典型的小型水库，以子母库的形式将水库一分为二，主要水源为上游露头泉水，水库主要建筑物由主、副、中三坝和1#、2#输水洞及中坝节制闸六部分组成。水库蓄水量达200万立方米，年平均流量0.15立方米/秒，年均径流量900万立方米，水域面积660亩，大坝全长3.46千米。渥洼池的示意图如图5-14所示。

---

❶ 根据多个当地的传说版本概写。

第五章　阳关旅游的发展与现状

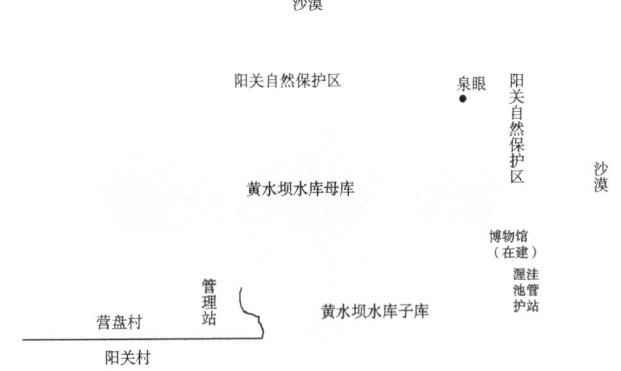

图 5-14　渥洼池示意图

图 5-15　渥洼池管护站（崔翔摄于 2019 年 7 月 18 日）

渥洼池以西以南是甘肃敦煌阳关国家级自然保护区，全区总面积 8.8178 万公顷，其中湿地面积 2.169 万公顷。保护区原为 1992 年建立的县级自然保护区，1994 年经省政府批准晋升为省级自然保护区，2009 年 9 月经国务院批准晋升为国家级自然保护区。在渥洼池便有其三大管护站之一的渥洼池管护站（见图 5-15）。

目前，渥洼池的旅游开发还没正式开始，以后可以开发成供当地民众和敦煌市民前来短期休闲娱乐度假的景区。

（二）寿昌古城

寿昌城位于阳关镇寿昌村北部，西距古阳关遗迹约 3 千米，南距汉渥洼池（黄水坝水库）5千米。现在寿昌城址已很残破，大多被流沙埋没，平面呈矩形，东、西、北三面仅存断续残垣，南垣仅见墙基，其西段被现代水渠用作渠堤。墙垣皆取河湖中的红色胶泥夯筑而成，墙基宽7米，残高最高5米，顶宽约2米。北墙长约300米，东西二垣各长约270米，总面积83500平方米。东墙似有瓮城残迹。

寿昌城内虽然沙丘连绵起伏，当年的通衢街道、繁华闹市早已无影无踪，但古城的轮廓依然清晰。城外北、东两边数千米范围内亦全为沙丘占据，沙丘高达数米，有时人行至沙丘间就不见了人影。而沙丘间地上暴露成片的风蚀古耕地、渠道以及房舍的遗迹，亦见陶片、砖块等汉唐遗物，与阳关遗址一带类似。城外东南70米处存古陶窑遗址一处，地面散落已烧成的、半成品的陶器碎片甚多。城西北、西南数千米外的戈壁滩上存两处汉唐墓葬群，分别名为山水沟墓群和西头沟墓群，距城东5千米的双墩子一带亦有古墓群（见图5-16）。

图5-16 寿昌古城遗址（关丙胜摄于2019年7月11日）

史学家们认为，阳关寿昌城就是汉代敦煌郡所辖六县之一龙勒县的县城，唐代为沙州所属的寿昌县城。早年城内出土石碑一块，上书"寿昌城"三字，并有碑文，后被砸碎。

目前，寿昌城遗址是文物保护单位，其旅游开发尚未进行，只有一些专业人士前来考察。寿昌古城遗址现在紧邻寿昌村的葡萄地，其以北、西均为葡萄地，且与寿昌村舍相距不远，以后可以开发其历史文化资源。

六、阳关旅游业中游客与村民感受

现代社会中一个城镇如果想要快速发展，交通是关键，民间流传一句话

"要致富，先修路"。阳关位于敦煌市最西部，一直以来交通比较闭塞，13年前从阳关到敦煌市和玉门关的路皆为石子路，游客过来十分不方便，严重阻碍了阳关镇旅游业的发展。直至2013年，为了迎接文博会的到来，政府终于在原来道路的基础上修了柏油路，至此阳关就被纳入敦煌市西线旅游路线，游客数量增速加快，给阳关提供了发展的契机和诸多的发展优势条件。

尽管阳关的主要产业是葡萄种植业，但随着阳关旅游业的发展，也有不少民众参与到旅游业中来，从旅游业中受益。同时，大量游客中，不乏众多国外游客前来阳关旅游参观，不仅使阳关声名远播，也促使阳关的基础设施更加完善，同时也在潜移默化地影响着阳关地方社会。以下就从游客和当地民众两个方面，也即从"客"与"主"的角度看阳关的旅游情况。

（一）游客的感受和认知

一位到阳关的普通游客期待看到什么呢？将"舞台真实"放之于现实的阳关，可以知道"舞台真实"并非仅仅指逢年过节时古戏台的舞台上的各类节目表演和娱乐项目，而是指从游客踏上阳关镇那一刻起，由东道主向游客展示的所有场景，不论静态的建筑、烽燧、古墓等，还是动态的黄姚人的生活细节、文化展示。对于大多数游客而言，其目的不在于享受现代化的奢华、娱乐节目，而是希望能够深入了解和体验阳关这个历史文明地的原真文化、厚重的历史环境，那种与一般生活不一样的文化和环境，从而获得一种美的享受。下面是2019年7月13日在阳关景区内对一名游客的访谈：

> 我❶这是第一次来阳关，我本不想来，可是孩子要过来玩，我也就跟过来了。我们是先坐火车到嘉峪关，再在那儿自己租车自驾游的。我们的旅行路线是先在嘉峪关玩，然后到敦煌看莫高窟、鸣沙山和月牙泉，再就是到这个阳关景区，接着准备去玉门关和雅丹国家地质公园，看完后我们就回去了。我是因为王维的那首诗中的"西出阳关无故人"才对这里产生了印象。我觉得阳关景区挺好的，来就是为了看看沙漠，看看古丝绸之路。
>
> 我们家一般是一年来一次大的旅行，一般都要跨省，海南、上海、杭州、张家界等地我都去过了，小的旅行经常都有，逢节假日想出去就出去玩了。我比较喜欢去看自然景观，山山水水什么的，人文景观我不太懂，只是来看外观的，并不懂其中的内涵。

---

❶ 访谈对象信息：女，汉族，1968年生；访谈时间：2019年7月13日；访谈地点：阳关景区门外。

另一位游客说:

我[1]是来这游玩的一名游客,这儿就是一个养鱼的,现在还没开吧好像,这儿原来是很好的。我们就是当地的,这不是周末嘛,没地方玩,就找个地方来乘凉。就南湖这一片有常流水,这一块就凉快一些。这里以前开过,原先做的是全鱼宴,像什么鱼包子、鱼饺子、鱼火锅,做得还非常不错。好像就是为了这个养鱼的泉水问题,和当地发生了一些纠纷,最后就去打了官司,现在官司好像打赢了,但是还没有开。他用的这个水是当地的灌溉水源,这个是当时政府答应的条件,后面呢农民就把水给截走了。这养鱼场的鱼必须用活水,这儿的水是先经过养鱼场,养完鱼后再流向下面,当作龙勒村的灌溉水源,然后下面的农民就不乐意了。这事发生有两三年了大概,原来这儿非常火爆,接旅游团的团餐什么的,他这儿的消费也贵着呢,鱼挺贵的,当时旅行团来按人头消费一个人要一百六十元、一百八十元左右。他们这是套餐,要给你上鱼饺子,要给你上鱼包子,还要给你上鱼火锅,一个人吃个四五样就吃饱了。以前这儿还是很不错的,兰州的老板把好多钱都砸到这儿了。后面的那些旅游景区就没有听说开过。开过的那几年只是前面的这一片主楼开过。一般来这吃饭的能停留在这儿玩的人不多,因为你是导游带过来的,带过来就是吃个团餐什么的,吃完就走了,周末就是附近的人过来逛一逛,吃个饭什么的,大家都停留不住。

游客的阳关文化旅游的真实性不仅包括了本地文化的真实,也包括了在这样一个大的环境中游客的旅游主观体验真实。旅游目的地的形象主要由游客对东道主社区的硬件(环境、设施、景观等)、软件(民俗、民情、文化等)的接触所产生的实在感知。前来阳关的大多数游客表示,他们所看到的景象是真实的,烽燧、沙漠、古墓都是真实存在的,也有少数的游客表示并不怎么真实,认为整个阳关景区只有一个墩墩山烽燧是真的,其他全是新建的仿古建筑,看到的、接触到的肯定与想象中的古阳关有所差别。还有一类游客在询问是否觉得真实的时候露出比较诧异的神情,可能在他们看来,从来没有意识到这个问题,就把看到的一切都归为真实了。

---

[1] 访谈对象信息:男,汉族,1965 年生;访谈时间:2019 年 7 月 28 日;访谈地点:阳关景区内。

(二) 阳关人的感受和认知

乡村是一种典型的熟人型社会，讲究的是差序格局，血缘关系造成的亲疏远近是农村人社会交往的尺子。但是随着旅游的大力发展，来自五湖四海的陌生面孔进入乡村，有的是处于利益追逐来此长久居住融入当地社会的商人，有的是短期居住追求身心放松的游客等。无论长期还是短期居住于乡村的人，无论目的如何，庞大数量且流动性的陌生人群都会对原本相对稳定的乡村熟人社会方方面面造成很大的冲击和影响，而在冲击下，新的乡村社会关系开始演变。在当地大多数人看来，旅游业的发展和他们并没有什么关系，游客来看的是古阳关的历史载体，如烽燧、古墓等，而不是他们。而且他们在旅游业发展中并没有获得什么实质性的好处，因此漠不关心。

阳关位于我国西北偏远地区，相比沿海发达地区经济上发展相对缓慢。阳关镇农业收入成为阳关人主要的经济来源，这种情况一直持续到了现在，就人口组成来说，现在阳关镇的大部分人口都为农业户口，而从全镇的就业情况来看也是如此。但是阳关镇有一个情况很特殊，由于当地普遍种葡萄等经济作物，土地收益不错，再加上村民普遍文化水平比较低，进入景区也不能获得较高的报酬，因此在阳关景区里工作的本地人极少，大多本地人从事与旅游业相关的有开农家乐、当服务员、卖土特产品等。下面是对本地在阳关景区做工作人员的一位老人的访谈。

在阳关景区我们阳关镇只有两个工作人员，我和另外一个。他是管开关门的，我是夜班巡逻的。景区给的工资很低，我是一个月1050元，我干了10年了。景区也要本地人，但是没人愿意去，都嫌工资太低，而且农忙大家都没有时间。就像景区晚上仅有我一个人在那儿巡逻看护，看看水电有没有关掉，有没有人乱跑，不让他们喝酒，两小时需要转一圈。这几年来大的变化就是修了一个游客服务中心。我是我家的叔叫我去的。他今年冬天不干了，因为年纪大了，景区就不让干了。我是能做一天是一天吧，景区让干我就干，景区不让干我就不干了。❶

总的看来，阳关的旅游有以下几个特点：
一是阳关的旅游资源大多为私人所承包，且多在2000年左右承包出去。

---

❶ 访谈对象信息：男，汉族，1967年生；访谈时间：2019年7月31日；访谈地点：阳关景区内。

这同时也是我国旅游开发现状的一个缩影，受当时特殊的历史环境影响，并没有资金和人才对旅游资源进行开发，政府为了发展经济只能引进外来资本对其进行开发，但是由于这种开发是私人进行主导的，很容易受资本的影响，更多地兼顾私人利益，而不是公共利益，带动大家共同富裕，这就导致了旅游的发展与旅游开发的目标发生了偏差。阳关景区的发展并没有对当地村民带来直接收益，村民基本没有在景区工作的，最多是依靠阳关景区的人流量在路边摆摊卖一些土特产品赚取一些利润，就这样景区还一度想绕开村庄，直接修一条路连通到景区，独享绝大部分收益。

二是旅游资源的开发是地方政府和外来资本的直接结合，跳过了其所在的行政村和村民，没有很好地照顾到当地人民的利益。敦煌宫（沙漠都江堰景区）就是地方政府直接和敦煌飞天生态产业科技园签订合同的，其在当时合同中允许敦煌宫使用当地村庄的灌溉水源修建冷水鱼养殖场，却没有和当地村民协商，导致了村民们的不理解。

三是阳关镇的旅游格局呈现出阳关景区一家独大的局面，它并没有很好地带动阳关镇的整体旅游资源的开发，致使阳关镇这么丰富的旅游资源却没有成为推动阳关镇经济发展的重要因素。在大众印象中，阳关镇和阳关景区在地理概念上是重合的，说阳关只知阳关景区。并且阳关景区由于是私人承包，为了追求其利益最大化，对于宣传阳关镇其他景区并不积极，同时镇政府把资金着重倾向于龙勒村，在其他景区投入较少。

再有一个有趣的现象是，2007年南湖乡更名为阳关镇，之后2011年左右对阳关镇下辖的行政村进行了重新划分，将南工村和北工村合并为寿昌村，林场村更名为龙勒村，黄水坝更名为渥洼池。这里面的深层因素就是，随着人民经济水平和生活水平的提高，当地为了发展旅游业，提高自己的知名度，把名字纷纷更改为古名，吸引人们前来。

综上所述，阳关旅游业的发展起源于改革开放，20世纪90年代初后逐渐兴旺，2000年以来随着大众旅游的兴起，阳关旅游业的发展也迈入快速发展期。但是哪怕阳关旅游业的快速发展，这儿的村民一如生活在一个普普通通的中国村庄，只管埋头苦干，旅游业的发展与他们中的大多数人是没有多少关系的。而且阳关虽说是个旅游大镇，但村民参与旅游经济的意识都还不强，在今后的岁月里，阳关人普遍参与阳关旅游业并从中受益的愿景任重道远。

第六章 阳关地区的社会关系网络变迁

在阳关一个月的田野工作中，一位关键性报道人提到自己家曾是地主。在他小时候的印象中，都是别人到他们家来拜年，等自己上高小的时候阳关来了工作队，把他们家的地分了，原来过年来他们家拜年的人大多跑去那些大队、公社的干部家拜年。后来改革开放了，早些时候冬天村里人多，还能看见有人拜年，到了近几年村里的人大部分进城了，冬天的村里只剩下老人，也很难看到拜年了。从这位关键性报道人的话语中不难分析出：阳关的乡村社会经历了巨大的变迁，其社会关系网络也在不断地发生转变，这种转变有两个显著的特征：一是乡村的社会关系网络中核心要素在不断发生变化；二是伴随核心要素的变化，乡村社会关系网络的特征也在变迁。这些变化与经济基础、国家力量和历史重大事件有不可分割的关联。以下分1949年前、1950—1979年、20世纪80年代以来三个时期，在呈现阳关地区社会关系网络的变化的基础上，借此对社会关系网络的变化、经济基础和国家力量的关系作一个初步了解，最后希望借阳关地区透视整个乡土社会的变迁特质。

一、1949年前阳关的社会关系网络

通过调查发现，1949年前阳关地区的社会关系网络表现出比较典型的北方乡土社会的特点，即以下明显特征：一是地方社会的权力主要由以家族为表现形式的乡绅掌握着；二是地方社会受国家力量的一定节制；三是地方社会往往形成多家族分布的格局。在这些特点之外，由于自然地理等诸多原因形成了1949年前阳关地区独特的社会关系网络。

1949年前阳关主要有四大家族：北工村的夏家、南工村的马家、营盘村的张家、阳关村的孙家。这四大家族中马家原是敦煌的晋商，后来来到了阳

关，该家族是以商补农，其他的三大家族则是比较传统的地主。除了这几大家族之外，还有几户相对小一些的小家族，如堡子村的唐家、龙勒村的樊家。四大家族在1949年前的阳关主要通过对水源、精英、在本地经济的优势的掌控和地方政治权力等几方面来显示对当地的影响。

四大家族对水源的掌控在很早以前就有了，但是在1924年国民政府曾主持过对阳关的开发，当时国民政府以对水源的掌控权为条件向社会各界集资，在这次入股中四大家族在官方层面正式确立对水源的掌控。在皇权不下乡的传统社会中，家族中精英会因为血缘和地缘的优势掌握地方社会中可以调动资源的关键性位置。阳关的四大家族通过对基层政治权力的掌控，进一步巩固了其在地方社会中的优势地位。通常在地方社会中家族会通过占据优势的经济地位获得对地方社会的掌控。

1949年前，阳关的四大家族以土地和水源的所有权为基础，精英通过进入体制内来巩固家族在地方社会中的优势地位，在这种关系之上形成的社会关系，四大家族处于其核心位置。这些内容展现了1949年前阳关地区的大家族通过何种方式掌握和巩固了地方社会的权力，在阳关地区还留下了许多形容地主家如何富裕的故事。

当年新中国成立的时候，夏家的磨坊还在自己手里，当时想把磨坊搬个地方，所以就把磨坊拆了，拆了之后才发现，在磨坊的石磨底下，挖出了一个大缸，这个缸里面全部都是银元宝。那些银元宝全部都是16两制的，当时夏家还问了当时主事的一个老婆子，这个老婆子80多岁了，她说自己也不清楚，原来磨坊底下还有这样的东西。到了"大跃进"的时候，以前营盘的地主张家，他们在原来的老宅子里还留了大概40斤的黄金，但是这个宅子已经在土地革命时期分给别人了，他们当时饿得没有办法，也拿不出来，所以就给乡政府说了这件事儿，乡政府听说之后把这40斤黄金收了，然后给了张家几十块钱，正因为有这些钱，张家才渡过了难关。❶

阳关地区据史料记载在民国之前很长一段时期内少有人住居。管辖阳关的敦煌也是在雍正年间才重新设立行政机构的。所以现在阳关乃至敦煌地区的人口主要是清朝后期开始迁移而来的，在阳关地区的"老户"大多来自山西和甘肃。所以，在1949年前阳关地区的社会关系网络呈现出移民聚落的典型特征，

---

❶ 访谈对象信息：男，汉族，1945年生；访谈时间：2019年7月14日；访谈地点：寿昌村对象家中。

加之传统乡土社会"皇权不下乡",因此1949年前阳关地区社会关系网络的特征与北方传统杂姓村存在一定相似之处:以几大家族为代表的乡绅为社会关系网络的核心,地方社会的关系网络形成了以乡绅为核心同时向依附他们的农民辐射的"同心圆"结构,这个结构的中介机制是四大家族与农民之间不平等的经济关系。所以,1949年前的阳关社会结构网络在传统北方乡村社会网络结构的基础上,又糅合了一些移民社会结构网络重构的特点,所以最终形成以乡绅为核心的社会关系网络,这种社会关系网络如图6-1所示。

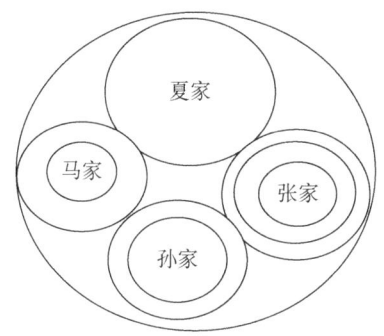

图6-1 1949年前阳关地区社会关系网络

二、1950—1979年阳关的社会关系网络

本时期因特殊情况,还可以细分为以下两个时期。

(一) 1950年至"四清"运动前阳关地区的社会关系网络

改变阳关地区社会结构的事件是1949年后的南湖保安事变与土地改革。其中保安事变客观上促进了原来的社会关系网络的核心,即乡绅的分化。而土地改革则更加深刻地改变了阳关地区的社会,根据资料和在阳关地区的田野工作中得到的对于阳关地主的认定情况,与1949年前的几家地主所经历的几件特殊事件直接相关。这些特殊事件为后续在阳关地区的土地改革中"定成分"提供了直接依据,也让乡绅阶层自身产生了分化。阳关在1951年进行了土地改革,这次改革的直接目的是巩固新生政权,完成"耕者有其田"的政治承诺。它的影响远不止如此,党的农村党支部的建立标志着国家政权成功地将农村基层政权纳入国家管理体系中,实现了国家权力向乡村底层的垂直延伸。土地是乡土社会的根基,农村土地改革和"四清"运动的全面推进,让一种全新的土地制度在阳关地区得以确立和实施,阳关地区的土地资源也从此得以重新分配。当乡土社会的土地制度发生了根本性变革，即相当于从制度上改变了乡土社会。这种改变不是生计方式的转型——农业生产依然是当时农村的主要生产方式，这种改变主要是乡土社会成员对土地的占有和使用关系以及社会关系的重新调整，简而言之，就是对于土地占有人和其社会关系的一种转变。

在这次的转变中，阳关的乡绅主要分成有像马家这种开明乡绅和孙家这种"罪大恶极"的土豪劣绅。马家在这场运动中颇具戏剧性：

> 当时土改的时候来土改的部长姓苗，我姐当时上学，年级比较高。土改工作队当时发动学校学生帮助参加土改工作。我姐就把工作队队长带到我家里了。队长就给我父亲做工作，说这是全国性的运动，不要抗拒，并且保证我父亲的人身安全。因为我父亲为人比较好，在抗战时倾尽家产对抗战有功，又主动配合调查，所以影响小。所以土改时我父亲没有受到任何冲击，没有被批过。❶

由此可见，在此次的土改运动中原有的不平等经济关系被打破，与之对应的阳关地区的原有社会结构也发生变化。通过对土地资源的再分配，同时在再分配过程中，对阶级关系的重新划分和政治运动等一系列行动，乡村建立了一种新的平等的社会关系。

在土地改革完成后的1956年，由政府组织敦煌地区接纳了一批从河南来的移民，这批移民是1949年后至改革开放前阳关地区唯一一批大规模外来人口，这批移民对阳关地区有着较为深远的影响。这批从河南来的移民在当时有几百人，这些人相当于当地总人口的1/3，所以在"老户"和新的移民之间就有一定的摩擦。这是原有的社会结构在新的人群进入后必有的磨合时期。这批人口迁移对阳关地区产生了较为深远的影响，但是对阳关地区的社会结构产生更大影响的是别的因素：阳关地区在"大跃进"时期在原北工村的东边新开辟了一片土地，当时这片土地是由当时的各生产大队一起开辟的，哪片地是哪个大队开的，哪片地就属于哪个大队。在这次运动中普通社员为了争先进产生的劳动竞赛让一批原来是农民的人成了当时社会关系网络中的核心。在"大跃进"后"社会主义四清运动"之前的几年，伴随着中央"八字方针"的实施阳关地区开始出现以娱乐活动为中心将一些人组织起来的新的

---

❶ 访谈对象信息：男，汉族，1953年生；访谈时间：2019年7月17日；访谈地点：寿昌村访谈对象家中。

社会关系网络。

因此,对于阳关地区的社会关系网络,1949后到改革开放之前的这段时间,可以以"四清"运动为节点划分成两个小的阶段。在"四清"运动之前,虽然新的社会关系已经建立,但原来的社会关系网络还留有一定的残余,并融入新的社会关系网络之中,加之由政府推动的以开发大西北为名的移民活动,让这个本就在逐渐完善和发展的新的社会关系网络,又增添了新的可变因素。

这一时期,阳关的地方社会关系网络如图6-2所示。

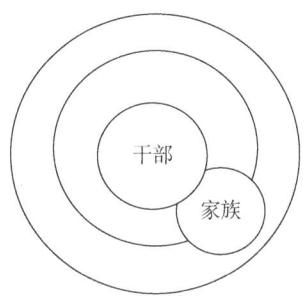

图6-2 1950年至"四清"运动前阳关地区社会关系图示

(二)"四清"运动到1979年阳关地区的社会关系网络

"四清"运动又称社会主义教育运动或城乡社教运动,主要指1963年到1966年在中国农村和少数城市基层开展的一次运动,中共八届十中全会后,中共中央制定在城乡发动一次普遍的社会主义教育运动。1963年5月,毛泽东在杭州召集部分中央政治局委员和大区书记参加的小型会议,制定出了《关于目前农村工作中若干问题的决定(草案)》,由此为基点开始了近三年的社会主义"四清"运动。"四清"运动对于改变农村干部的作风,完善基层财务保管制度,打击反革命破坏活动有一定的积极意义,但由于这场运动是在以阶级斗争为纲的"左"的思想下指导展开的,把多种性质的问题简单归结为阶级斗争或阶级斗争在党内的反映,致使不少基层干部遭到了错误的处理和打击,特别是在1965年初制定的《农村社会主义教育运动中目前提出的一些问题》(即二十三条)强调这次运动的性质是解决社会主义和资本主义的矛盾,提出这次运动的重点是整顿党内的那些走资本主义道路的当权派。到了1965年12月,全国有1/3左右的县社进行了社教运动,社教运动一直延续到"文化大革命"开始。

这场运动对于阳关地区社会关系网络的影响尤为明显。在此之前,阳关地区社会网络主要是新生政权建立后以对革命付出过的人为核心建立起来的社会关系网络,也有一部分乡绅阶层中的精英被纳入了基层管理体系。但是从"四清"运动开始,乡绅阶层中的精英就逐渐被排除出基层的管理体系之外,加之家族势力在土地改革运动中就已基本被摧毁殆尽。所以自"四清"运动开始至改革开放前的这个阶段,阳关地区社会关系网络的核心主要有两种:一是以国家力量在基层管理政权的干部为核心同时向周边的普通社员进行扩散的结构;二是以在之前的政治运动中定下的成分为核心在阳关地区的村民中间建立起不同成分的小团体。这种社会关系网络并不是相对独立的,而是交融在一起的。

在"四清"运动的时候把原来在"大跃进"时在北工村的东面,开的那片地成立了新的生产大队,那个队就叫四清队,但是我们平常叫四清村。当时四清村都是从各大队派人去,当时大家明面上说是随机派人去,其实大家心照不宣地把成分不好的人迁到了四清村。四清村这个地方的地本来就不好,当时这个地方是乱坟岗,中间还有古墓,听说还有唐代的。"大跃进"的时候是把这些坟和古墓推了大半,后面等到"四清"运动的时候把这些坟全部推平之后再迁人过来的,所以大家都说这地方风水不好。[1]

随之而来的是"文化大革命"。"文化大革命"中"破四旧"运动,在文化上对阳关地区的乡土社会进行了彻底的改造。"破四旧",就是指在"文革"期间打破一切剥削阶级的旧思想、旧文化、旧风俗、旧习惯的政治运动。政治运动主要影响的是思想领域,在这一运动的冲击下,许多文化传统甚至是当时的文化,都可能被当作旧的文化加以破除和摒弃。家族力量作为传统乡土社会中的一种现象,在这场运动中理所当然地被当作破除的重要对象。破四旧主要通过两个方面来压制或瓦解传统乡土文化,尤其是家族的传统文化:一是在农村破坏已有文化设施,主要包括民间信仰的场所、设施、器物和书籍等;二是通过运用"污名化"的手段来对待家族力量,如将家族祭祖现象驳斥为封建糟粕,既然是封建糟粕的话就可以通过"破四旧"的方法去除。

到1966年划分成分,大家互相之间按照成分划分群体,不敢说太多,不

---

[1] 访谈对象信息:男,汉族,1945年生;访谈时间:2019年7月14日;访谈地点:寿昌村访谈对象家中。

敢和其他成分的说话，就连亲戚也不敢认。我二哥马立宽在家当老师，当时我父亲在他出去上学的时候对他说让他上完学后回来，在阳关地区建立学校。所以等他上完学后回来建立了阳关地区的第一所学校。当时还没有解放，在新中国成立的时候，阿克塞的土匪来了，由于我二哥在当时的阳关当老师比较有威望，所以他当时提着两包糖去跟土匪谈判，让他们到此为止，不要再抢阳关了。这件事其实现在看来没有什么太大问题，但是等到"四清"运动甚至后面的那段时间有一些人认为这证明了我二哥通匪，所以我二哥就被判到新疆那边去服刑，当时一块送他的两个警察中有一个还是我二哥当年的学生。

同时在那个时间段我们家的牌位没了，族谱也在那时候被烧了。在那个时候不只我们，整个阳关地区，对于祭祖这种活动都是要严肃批评，甚至是要判刑的。那个时候不只当年像我们这些被判为地主和富农的一些家族，甚至在新中国成立之后一些新兴起来的家族也受到了冲击，他们的族谱也被毁坏，亲戚之间的往来基本没有，大家见面时也不敢说话。❶

在这个阶段出现了一批人，他们通过在"文化大革命"中以打倒一切党内的走资派为口号，攫取了一部分权力，所以这批人在那个时间段甚至以后的一段时间内，通过这种方式取得了一定的政治地位，进而站在了阳关地区社会关系网络的核心位置。

现在在四清村，也就是现在的寿昌一二组，有一位当年在那场运动中当过"造反派"头头儿的人，他当年学历也不高，但是通过这场运动曾经一度成为我们这儿一大势力代表的头头儿，后来因为他的手下人把当时大队书记的腰打断了，他就因此被批斗，而且好像入狱服刑了几年。当年不只阳关地区，敦煌市周边也有几个当年"造反派"的头头儿，据说后面还去敦煌市里面任职，当的官还不小，直到20世纪80年代末，这种现象才开始逐渐好转。❷

这一时期阳关的地方社会关系如图6-3所示。

---

❶ 访谈对象信息：男，汉族，1951年生；访谈时间：2019年7月20日；访谈地点：寿昌村访谈对象家中。
❷ 访谈对象信息：男，汉族，1945年生；访谈时间：2019年7月14日；访谈地点：寿昌村访谈对象家中。

图 6-3 "四清"运动至 1979 年阳关地方社会关系网络

综上,在"四清"运动到改革开放前的这一段时间内,阳关地区社会关系网络结构同"四清"运动之前的社会关系网络结构存在着一定的差异,但是这种差异放到历史的情境下来看,则是一种原有的社会关系网络的残余逐渐被新的社会关系网络所取代的过程。而从 1949 年到改革开放前这一段时间,阳关地区的社会关系网络呈现出一个整体大变迁的趋势,其中原有的社会关系网络被摧毁,仍有一些因素融入了新的社会关系网络中。但是随着政治运动的不断进行,原有的社会关系网络中的一些因素也被逐渐排除到了现有的社会关系网络之外,不论经济基础方面还是思想文化方面,这一阶段原有的家族势力被彻底地摧毁。在这一阶段,本地的老户和政府迁移过来的群体之间仍然存在一些问题。因此,这一阶段阳关地区社会关系网络总体上是由 1949 年前的社会关系网络向以贫下中农为核心干部作为指导的新社会关系网络的变迁。

三、1980 年以来阳关地区的社会关系网络

1978 年开始的改革开放对阳关地区影响极为深远,它不仅影响了阳关地区的经济发展、人口流动,更加深刻地影响了阳关地区的社会关系网络和乡土文化的形成。在改革开放后,阳关地区在 1983 年实行家庭联产承包责任制,即所谓的"大包干"之后,原有的高度集中的经济逐渐走向市场经济,在经济基础之上形成的社会关系网络,不得不再一次伴随经济基础进行变迁。这个阶段阳关地区的关系网络主要呈现以下几点特征:一是原有的社会管理体制和社会关系网络对该阶段有深远影响。二是基层干部背景的多元化和影响。三是原来的家族势力开始逐渐回归其在乡土社会中社会关系网络的位置,但是家族开始分散,走向流动。四是伴随着改革开放后国家对户籍管理的放松,阳关地区的人口流动呈现迁入和迁出两种模式。其中迁入是指在 20 世纪 80 年代至 90 年代,

为了讨生活而迁到这里来的人群。而迁出的人群主要是指成为有知识的人迁出本地的知识精英以及因种植经济作物等拥有一定的经济能力而迁出去的经济精英。五是改革开放后阳关地区种植作物的改变，对社会关系网络造成了一定的影响。六是进入 2000 年后，在阳关地区即将形成传统乡土社会的社会关系网络时，全球化和城镇化的浪潮极大地冲击了阳关地区的社会关系网络，伴随着阳关地区整体经济实力的提高，绝大部分的人在敦煌市区买了房和车选择进入城市。所以阳关地区形成了半年在乡下种葡萄，半年进城的居城劳乡住居模式，阳关地区的社会关系网络也就逐渐向两栖模式转变。

在阳关地区，担任村干部时间最长的应该是二墩村的第一任书记。二墩村是 1974 年左右建立的，当时阳关公社因为粮食不够吃，所以组织人去二墩遗址附近新垦殖，但那片土地附近没有水源，只能从阳关镇附近引来水源。"大包干"之后，由于村落形成较晚，而且去的人相对少，分的地是最多的。正如一位二墩村的一位访谈对象所说：

> 我原籍甘肃平凉，是在 1983 年胡耀邦总书记开发大西北的号召下于 1985 年来到这儿的。当时我来到这里一部分是怀着一腔热情，同时在那时候"开发大西北"也是一项政治任务：在我们老家那里是有指标的，兄弟两个去一个，三个去两个，我的大哥就去了玉门。这里的环境苦，当时和我一块儿来的四五个人在这儿待了几年就跑了，现在留在二墩村平凉的好像就我一家了。
>
> 我们二墩村大部分人都是迁移过来的，有从高台迁过来的，还有从青海的乐都、宁夏海原等地迁过来的，这里的本地人不到 40 户，但是现在，二墩村大部分人都有户口，没有户口大概只有十几户吧。我来到这儿几十年里，在 1994 年左右的时候，二墩村又开垦过一次土地，然后放松了对户口的管辖。在 1994 年到 1995 年左右迁过来的人比较多，这些人中有些人是先买地，然后再落户口，还有一些人是过来打工，等有了钱买些地再落户口。我这里有一户从青海迁过来的，是一个小的家族，他们过来主要是由于他们家的老二当时在青海油田的敦煌基地那里上班，所以跟村干部取得了一定联系，他们家老二把他们家的老大和老三一块迁到二墩村来，现在他们家还有一些人在那个基地上班。他们家是在 1990 年左右迁过来的，也给他们在这儿分了地，也是一个人 6 亩。所以我们村里户数多的家族很少，他们家算是较多的，但也就四五户而已。❶

---

❶ 访谈对象信息：男，汉族，1963 年生；访谈时间：2019 年 7 月 26 日；访谈地点：二墩村访谈对象家中。

二墩村是一个相对较小且成立时间较晚的村庄，与阳关地区一些比较大且很早就有的村庄的情况会稍微有一些不同：营盘村由于其家族精英基本都选择出去且数量较少，因此在村子中势力不算特别大，所以最近一任的营盘书记是从外地来的，而且就来了他们家一户几个人。二墩村乃至阳关地区在改革开放后在当地社会掌握关键性位置的人有一些共性：一是改革开放后的第一任领导往往跟原来的管理体制存在着千丝万缕的联系，甚至有可能原来就在体制内；二是改革开放后第一任领导刚好经历改革开放早期，国家注重城市改革而农村相对放松管控，他们由此担任领导的时间比较长，而且改革开放早期基层政权的管理上存在一些漏洞；三是改革开放到现在，村委会在某些重大领域仍对农村产生较大影响。

传统的乡土社会中家族势力在地方社会中占据了主导地位，但是自1949年到改革开放前，几十年的种种运动表明，其在尝试着用各种方式，推进农村的现代化。自改革开放后，伴随着高度集中的政治经济体制，人民公社解体对于家族力量的限制也在逐渐消解，在这种情况下，由于维系家族的经济基础已经发生了决定性变化，所以家族开始转型。在转型的过程中呈现出两种趋势：一是家族开始逐渐分散，二是家族人口的流动性越来越强。其中家族的分散从1949年后就已经开始，但是改革开放后伴随着家族力量在乡村社会的复兴，家族的凝聚力却并没有显现，反而分散性越来越强。伴随着现代化浪潮的是家族力量虽在乡村社会复兴，但是家族内部凝聚力却逐渐下降。改革开放之后，家族精英通过自己的努力逐渐走出阳关地区，走向敦煌市乃至更广阔的天地。随着家族精英的外流，家族人口的流动性趋势也越来越强。

由于寿昌村是由当年北工村和南工村合并而来，加之南工村有一个相对大的家族白家，这个白家现在第三代的人就是现在的寿昌村村长兼支书：南工有一个白家现在家族比较大，他们家在新中国成立后才逐渐兴盛起来。白家当年的当家人白盛城，他有四个儿子，分别是白玉、白学、白盛、白翔。这四个儿子又有许多的后代：白玉有七个孩子，两个儿子五个女儿，大儿子白永路在寿昌务农，二儿子白永平在敦煌景区做公务人员，三女儿白秀芳在敦煌养路段工作，剩下的四个女儿都嫁到了南湖乡本地；二儿子白学原来在信用社当主任，他的孩子中有女儿嫁到了敦煌，有个儿子去新疆当兵复员后留在新疆，有个儿子去了肃北信用社工作，小儿子是现在寿昌村的主任；三儿子白盛就在寿昌七组，有四个儿子：大儿子白永忠原来当过南工村的书记，剩下的三个儿子都在七组务农，他们分别是白永刚、白永军、白永辉；小儿

子白翔迁到了社办林场,他有四个儿子,白永强、白永林在社办林场务农,三儿子白永海在社办林场当主任,小儿子正在上高中。❶

结合上述的例子,可以得出以下的结论:阳关地区的家族势力复兴,并不等于阳关的家族重新复兴。由于传统乡土社会中的家族制度和文化失去了以往的基础,所以乡村政治就不再是乡绅自治。因此家族势力的复兴,更多的是在社会联系和文化意义范围之内的复兴,而不是传统的家族制度和家族组织的复兴。而家族精英也很少被传统的家族观念束缚,宗亲关系已经不是他们相互认同的基础,转而开始注重他人的社会地位、职业种类、个人能力以及人品等,家族传统的连接方式在瓦解,现代的民主法律规范超越了家族传统的礼制规俗,家族成员的利益相关性很少受家族因素的制约。改革开放后,城乡之间隔阂被打破,家族精英更多地出现在不同的社会关系网络中,社会性和开放性进一步增强,所以家族精英群体出现前所未有的分化:传统精英向知识精英、政治精英和经济精英转变。

阳关地区的人口大多数是1949年前外来的移民,1949年到改革开放前唯一的大规模移民是1956年政府组织了一批河南人迁入。改革开放之后到80年代末至今都有外来的人群迁入,这些人群来自不同的地方,他们迁移的人口不尽相同:小则一两户,多则一个大的家族。他们的迁移对于阳关地区的社会关系网络结构有较大的影响。❷

从以上的个案资料中可以看出:社会成员在迁移的过程中,会在某种程度上动用一定的社会关系网络。通过对他们的访谈,可以看出只有当迁入的地区满足被迁入者的某些意愿时他们才愿意迁移,这就意味着在迁移之前他们要对这个地区进行了解,由于当时他们可依赖的路径较少,而且不太可能亲自到当地去了解情况——因为这需要花费大量的成本,因此他们会首先在当地寻找亲戚朋友或者熟人。大多数迁移者在迁入之前都会首先去了解已经在当地居住的属于自己社会关系网络中的成员,希望能从他们那里得到一些信息或帮助,而且迁移过程中遇到的一些问题,比如住所的落实、工作的寻找等,在一个陌生的环境中,这些很难通过正常路径去解决,所以他们也只

---

❶ 访谈对象信息:男,汉族,1951年生;访谈时间:2019年7月20日;访谈地点:寿昌村访谈对象家中。

❷ 访谈对象信息:男,汉族,1982年生;访谈时间:2019年7月22日;访谈地点:寿昌村访谈对象家中。

能依靠建立在血缘、业缘基础上的社会关系，而正是由于这些关系存在，他们才能在迁入地扎下根。

在对这个时期阳关地区迁入群体的调查中还发现，迁移者他们所能利用的关系及其运用关系的方式，也存在着某些不同：从学历水平上看，受教育程度高的人可利用的关系网也更加宽泛，群体在迁移的过程中，往往在早期他们更加容易受到亲戚朋友的强关系影响，但是由于这部分群体的文化程度相对较高，他们在日常生活中所接触到的人较多，社交范围往往比较大。除了传统意义上的血缘和亲缘的社会关系网络之外，他们更重要的社会关系网络是以业缘为基础的社会关系网络，这部分群体认识的往往是社会中的精英人物，他们拥有较高的社会地位，掌握着某些关键资源——由于信息流通的有限性和相对闭塞性，不可能被社会上所有群体所获取，往往只可能被一小部分精英群体所占有。从这个意义上而言，这部分文化程度较高的迁移者，他们所能利用的社会关系网络也将更加高效，他们所能获得资源的能力也就更强，而且在迁移过程中社会关系网络的建构与重组的能力也就比其他人强。

所以总体上来说，在阳关地区改革开放后的人口迁移的群体中，拥有较高学历的群体，在迁移过程中所占据的优势更大，他们所能利用的社会关系网络要相对比其他群体获取资源的能力强，而且在社会关系网络的重构方面的能力上，他们比其他群体要更胜一筹。这个源于信息资源的闭塞以及信息流通渠道的有限性。因为在人口迁移的过程中，人和人之间建立的关系是有限的，我们只能有选择地和周边的人建立关系，而且现实生活中人与人之间关系的建立，也往往需要通过中间人的关系，所以，拥有较高学历的群体所能接触到的社会关系网络和人也就相对是在迁入地的社会关系网络中占据重要地位的人，即精英。因此，阳关地区的社会关系网络与改革开放后全国人口迁移的特点是存在共性的：迁移群体在迁移早期往往利用强关系进行迁移；迁移的过程以业缘关系为主的社会网络一般对迁移占主要作用；迁移群体中拥有较高学历会在迁移过程和社会关系网络重构中占有一定优势。

改革开放后的过程中，阳关地区的传统乡土社会逐渐形成，但是进入21世纪之后，伴随着全球化与城镇化浪潮的袭来，阳关地区的社会关系网络又不得不经历新的改变。

阳关地区在改革开放后其实是"大包干"之后，开始小规模地种植葡萄，在当时，一般来说一家也就一两亩葡萄田。但是到了20世纪90年代，阳关镇当时来了一个领导，他说要让大家全部种棉花，大家当时都开始改种棉花，但是做了两年发现收益不好，而且当时听说国家的政策下来了，让产业化种植，于是我们才开始大规模推广种葡萄，我们推广种葡萄大概是1998年左右。当时对于种葡萄大家其实都不愿大规模推广种，因为种葡萄不仅前几年基本没有收益，而且要等种超过5年之后才能大规模收，当时销路不能确定，但是到2003年也就是葡萄大规模收的时候，大家开始变得愿意种葡萄，因为发现种葡萄很赚钱，而且当时大家在有钱之后不知道该怎么花，所以有一段时间，政府鼓励我们修二层小楼。当时我们也没有考虑那么多，我们这样想的：孩子和老人住在一块儿，孩子住二楼，我们这些老人住一层，但是当这些房子盖好又过了两年，差不多到2010年前后，大家手头又积攒了一部分钱，好多人去了城里买房，因为当时城里的房价也不是太贵，大家手头的钱还是可以买的，且阳关地区的教育水平在21世纪后就逐渐不行了，所以也为了孩子的教育问题。大部分的人就跑到敦煌市区买房了，买房基本都是在党河的西边买的。随着这两年大家有钱但是阳关地区的其他基础配套设施没有跟上，比如教育、邮政、医院等问题，而且现在的年轻人也不太愿意种地，因为在他们看来种葡萄一年最多也就收十万来块钱，再减掉成本的话也就那么七八万元收入而且又累，根本比不上自己在外面打一年工的收入，并且在他们看来，打工还不是那么辛苦。许多年轻人都不太愿意回到阳关地区生活、工作，他们更加愿意走出去，所以导致在阳关地区种葡萄的往往都是35岁以上的中年人。至于六十岁之上的老人如果身体还不错的话，那么能下地干点活儿也就干点活儿，如果身体不太好就在家里喂喂羊、看看门、干点活儿。而且我们这些中年人也不是全年都待在阳关镇的，我们是4月份到10月中旬或10月底在阳关种葡萄，等到十一月初我们就回城里自己的房子里住，等到来年的4月初清明后再回来。老人的话，他们一般不太愿意和我们在一块儿住，而且在农村的土炕睡得要比床舒服。所以如果身体好，他们冬天也就待在阳关镇，主要是喂喂羊，看一看门这些事儿，如果身体不好的话，也就跟我们一块进城住了。

这两年在阳关，我们的红白事不像在改革开放前要请全村那么多人了，我们一般也就只请本队的所有人，加上除了本队之外的亲朋好友之类的，其中红事的话现在一般都在敦煌市举办，这些流程都有专门的婚庆公司负责。白事的话一般老人在哪儿去世就在哪儿办。就在这两年办白事的话都要挨家挨户地去本队通知。至于去不去的话就是你自己的意愿，但是份子钱一般都是要随到的，村里的白事一般要邀请本村中担任过书记或者有声望的老人主

持，这个主持不给钱，但是一定会招待好他。❶

从以上的材料中可以看出，改革开放后阳关地区社会关系网络的变迁，一部分与当地种植的作物关系，如改革开放前，阳关地区主要种植粮食作物，而且有高度集中的政治经济体制管束，所以在当时阳关地区的社会关系网络相对比较紧密，大家的关系相对亲密。改革开放之后，随着经济的发展，阳关地区不再种植粮食作物，而是种植经济作物，从棉花到葡萄，葡萄作物相对难以管理，而且付出的劳力成本相对较高。加上到 1983 年左右的"大包干"之后，即实行家庭联产承包责任制，大家自主经营耕地，合作相对较少，这两方面的因素结合起来，可以总结为农业生产对阳关地区的社会关系网络造成了一定影响。在葡萄进入丰产期后，恰逢 2000 年的中国改革开放继续深入。一方面的显著特征是优质的教育资源开始向经济发达的地区集中，所以阳关地区的教育水平在逐年下滑。为了孩子的将来发展，也为了有更好的生活质量，加之敦煌地区的房价相对不高，农民手中又比较有钱，所以阳关地区的农民进城也就显而易见，这个特征与改革开放后随着户籍制度的放松，经济的发展，农村人口开始向城市人口集中的大趋势相吻合。从阳关地区的红白喜事上可以从另一个角度看当地在改革开放后社会关系网络的一个变化。材料中所说，现在红白事不像原来要请全村。所以相比前一阶段，阳关地区人与人之间的关系要相对疏远。白事这两年还要挨家挨户地去通知，这与传统乡土社会熟人社会这一特点有显著的不同。

阳关地区社会关系网络的变化与国家力量和历史性大事件有着很重要的正相关关系：1949 年前，家族作为阳关地区社会关系网络中的核心力量，对地方社会进行管理。1949 年后到改革开放之前，伴随着农村基层党支部的建立、土地改革等一系列运动使家族这个原社会关系网络中的核心要素退出了社会关系网络的主要位置，转而形成了一套新的社会关系网络。在这个社会关系网络中的核心要素是国家基层政权的干部，而到了改革开放之后，随着高度集中的政治经济体制的瓦解，阳关地区的社会关系网络又开始重新构建，在经过几十年的发展后，阳关地区在逐渐形成传统乡土社会的社会关系网络时城镇化和全球化的浪潮来袭，使阳关地区的社会关系网络发生了新的改变。原有老一辈的社会关系网络的向心力逐渐消减，而新一辈大多数外出融入了

---

❶ 访谈对象信息：男，汉族，1982 年生；访谈时间：2019 年 7 月 22 日；访谈地点：寿昌村访谈对象家中。

新的社会关系网络之中。由于经济的发展，使得老一辈夏季在阳关地区进行农业生产活动，他们的社会关系网络与传统乡土社会比较类似，而到了冬季，大部分人进城使其原有的生活关系网络暂时解体，融入了城市新的社会关系网络中。循环往复，形成了一种比较特殊的两栖模式。至于未来阳关地区社会关系网络将如何变化，从访谈的一位老人的话语中可见一斑。这位老人说：估计伴随着他们这一辈人的去世，阳关地区的本地人基本不会再种地，把地包给那些从外面迁过来的愿意种地的外地人，下一辈人有一半估计会全部进城生活。那时候，1980年以来形成的阳关地方社会关系将全部瓦解，重新进入另一种结构之中去组建新的社会关系网络。而实质上，这一切已经开始并初露端倪。

1980年至今，阳关地区社会关系网的特点如图6-4所示。

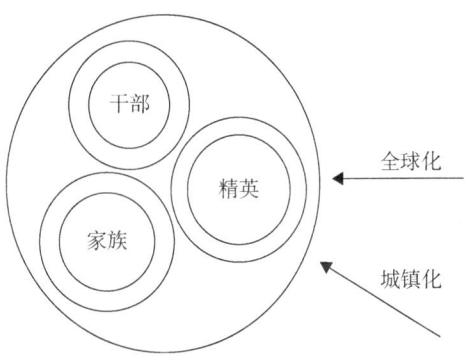

图6-4　1980年后阳关地区社会关系网络

四、阳关社会关系网络变化的特点

通过对近一个世纪以来阳关地区社会关系网络变迁的大概回溯，我们可以看出，阳关地区的社会关系网络的核心要素和社会关系网络整体性的变迁与国家力量的介入有着直接的关系。总体上来看，自1949年中华人民共和国建立至今70多年的时间里，国家力量对于中国农村的影响，是一个从直接介入到逐渐减弱的过程。这一过程在阳关地区体现得十分明显：阳关地区的"老户"大多数来自山西和甘肃，所以，在1949年前阳关地区的社会关系网络呈现出移民聚落的典型特征，加之传统乡土社会"皇权不下乡"，所以1949年前阳关地区社会关系网络的特征与北方传统杂姓村存在一定相似之处：以几大家族为代表的乡绅为关系网络的核心要素。地方社会的关系网络形成了以乡绅为核心,同时向依附他们的农民辐射的"同心圆"结构,这个结构的中介机制是四大家族与农民之间不平等的经济关系。

1949年后伴随着中国共产党农村党支部和全国性的土地改革运动,国家力量在50年代第一次强有力地介入国家的最基层。在这个过程中,农村的经济和政治制度发生了根本性变革,阳关地区社会关系网络的变化只是阳关地区制度性变革中的衍生结果之一,与此同时在开发大西北的号召下,由政府动员了一批人迁入敦煌地区,而阳关地区也接受了不少的人。据了解,大约有当时阳关地区"老户"的1/3,虽然在60年代初大部分人都离开了阳关。在"四清"运动至改革开放之前的一段时间里,伴随着一系列的政治运动,在国家力量推动下,新的社会关系网络最终形成。

阳关地区社会关系网络在这一时期出现了新的变量,因此,1949年后至改革开放前阳关的社会关系网络呈现出以下特点:家族力量几乎被摧毁。总体上来说,大多数的家户精英逐渐淡出乡村社会秩序的主流体系,其社会关系网络基本上被新生政权在乡村社会构建的新的社会关系网络所取代:一是为革命立功的干部及其后代为核心的社会关系网络;二是没有被彻底排除在外还具有一定能力的家族精英所组成的社会关系网络;三是伴随着政府组织的大规模移民,让这个社会关系网络还没有完全成型的村落再次进入重塑的模式。

这一阶段新的政权虽已建立,并在最基层确立了基层管理政权实现了国家对最基层的垂直延伸管控,但是由于受教育的人口过少,国内国际局势比较严峻,加之要完成工业化和现代化的任务,导致大部分的基层干部仍由本地或相距不远的地方调来,并且将原来乡绅阶层中一些名声较好且愿意合作的精英,纳入基层管理体系中,实际上这些人和本地人之间存在着藕断丝连的关系。至"四清"运动和"文化大革命"时期,阳关地区以基层政权和革命军人为核心的新型社会关系网络建成,原有的社会关系网络中不符合社会预期的因素被较为彻底推向新型社会关系网络的边缘地带。到了改革开放至今,阳关地区乃至整个中国乡村社会中国家力量逐渐退出。伴随着经济全球化和国家力量提出的城镇化战略,阳关地区的社会关系网络在即将形成传统地方社会的社会关系网络时,又受到了外界因素的极大影响。从改革开放至今的阳关地区社会关系网络大体情况中可以分析出,国家力量虽然退出了对地方社会的直接管控,但是仍可以通过间接性手段达到对地方社会的影响。但是这种影响更多的是一种大方向的作用,在地方社会的具体管理中国家力量已经退出。所以在国家力量退出之后地方社会的权力结构出现了真空现象,而这种权力真空现象持续的时间不会太久，地方社会必然会选择一种管理成本相对较低的管理机制对地方社会进行自治。所以原有制度中的一些因素或者关键性人物会被重新吸纳进新的地方社会的管理体制中去，而血缘关系作为一种较为稳定且管理成本相对较低的机制脱颖而出，重新进入了新的地方社会的管理体制中去。

从阳关地区的社会关系网络的变化中，可以看到国家力量对阳关地区地方社会介入的前因后果和在这个过程中各个群体之间的博弈，同时这也是中国北方农村社会关系网络变化的一个缩影，从它的身上既可以看到整个中国北方农村社会变迁的身影，也可以看到阳关地区所产生的特殊情况。希望笔者的这次研究既能弥补阳关地区社会关系网络变化中的一点空白，也可以从一个小点去看整个中国北方农村社会变迁的面貌。

阳关地区作为只有一百多年历史的村落，而且是以外来迁入的人为主的移民村落，一方面，这个地区确实存在着家族或者叫家户更加准确，但由于是移民村落，加之家户在这个地区住居的时间不长，所以家户力量只在这个地方占据一定优势，然而并没有绝对优势。但是在家户开始逐渐掌握地方实权的时候，随之而来的是土改。土地是乡村社会的根基，土改的全面推行，让一种全新的土地制度在阳关建立起来，随即改变了以土地关系为基础的家族关系与社会关系网络。另一方面，在阳关地区随着各个时期移民的不断迁入，使得阳关开始逐渐向传统汉人乡村村庄迈进，但是在这个时期全球化和城镇化快速席卷了这个地方，让这个即将成型的乡村又开始转型。这种变化的主要力量来自中国经济和科技快速发展下的中国社会的巨大转型。

人类学关注着一个人群的具体文化现象和文化现象背后的社会基础和该事项与其他社会事实之间的联系，在阳关这种带着不同文化的群体，在阳关绿洲这种相对闭塞的地区开始磨合与重构。在现代化力量的冲击下，还没有磨合完成的社会关系，再一次开始转型。在阳关的新一代不仅淡忘了阳关的历史，而且不愿继续从事父辈们赖以为生的农业活动。他们不屑于故乡的社火，同时他们对自己先人在阳关的事迹也不愿了解。这种具体现象背后体现着阳关这个乡土社会在全球化与城镇化的影响下正在以极快的速度变迁。形成了现在状态是：年轻一代选择进城，阳关留下的人中绝大部分是中老年人，在阳关的街道上只能看到老年人，乡村的空心化已经不可避免。可以预计在阳关的这批人逝去之后，新一代会选择进城，农业的集约化进程会大大加快。在阳关的田野调查中，我们看到的不仅是阳关，而且是中国乡村正在发生转型的共有特征。

第七章　阳关的婚俗和丧俗变迁

婚姻和丧礼是社会构成的必须环节和组成部分，无论个体还是人类社会，婚姻都对其产生极大的影响；反过来，一定的社会制度和习俗也对个体的婚姻产生巨大规制；而丧俗是解读人群社会特质的重要视角，其变迁情况更能反映区域社会特点。阳关地区的婚姻和丧礼因移民地域来源的不同存在差异，但经过几十年的村落文化融合，逐渐趋同，形成了基本共享的婚姻和丧葬习俗。因为婚姻不仅包括习俗和仪式，还包括通婚情况，在地方社会中，通婚情况是考察区域内地方社会连接的重要指标，故以下将从婚姻习俗、通婚情况、丧俗变迁等方面体认阳关地方社会的特质及其发生的主要变迁。

一、婚俗变迁及现状

婚姻通常是指男女依照社会风俗和法律的规定所建立的关系。其本质是一种社会行为，在特定的社会中发生，受特定的社会政治、经济和文化的影响。[1] 人类学对"婚姻"有独特的理解，韦斯特马克认为婚姻是习得的习俗或法律承认的一男或数男与一女或数女相结合的关系，并包括他们在婚配期间相互所具有的以及他们对所生子女所具有的一定的权利和义务。以下主要从婚俗变化和婚姻圈来看阳关人的婚姻情况。

（一）婚俗变迁

如果要全面了解阳关地区的婚俗，首先必须了解一个词"东家"。"东家"不仅在婚俗中起到重要作用，还在丧俗中作用很大。"东家"旧时称聘用、雇用自己的人或承租给自己土地的那些人，指居所的主人、宴会主人，

---

[1] 李守经. 乡村社会学 [M]. 北京：高等教育出版社，2000.

佣工称雇主为"东家"。汉文化中素有东方为正统的习俗，自古以东为上、为大，"东家"为正宗的人家。"东"位就是代表主人，我们平常所说的"做东"指的是主人请客的意思。一般来说，"做东"的情况有很多，一个人的生命历程中难免会有"自家做东"的体验，尤其是当经历人生重大仪式——婚丧礼时，办事的人自然就称"东家"，发挥着主持和满足仪式所需财力、人力的作用。与一般理念中"谁家的红白事，谁家做东"不同，阳关人的婚丧礼仪需要当事人另找一位"东家"操办，这位"东家"一般具有一定的声望，熟悉当地的婚丧礼俗，其对仪式的布置与流程心中有数。往往在一个村或者一个村的几个队上总有这样一个人，以一种近乎职能化的姿态，服务于周围要举行婚丧礼仪的村民。

"四清"运动后，阳关地区的婚俗仪式简化，但一部分具有明显传统婚俗特征的仪式被保留了下来，大致可以分为提亲—订婚—婚礼当天—回门四个流程，提亲前会通过媒人来让男女双方家长相互了解情况，等到双方达成结亲意愿后，媒人会安排男方上门提亲，提亲结束后，再由媒人联系双方敲定彩礼和嫁妆，确定订婚时间。彩礼金额在十几年的时间里变化是十分明显的。

> 那时候订婚前先让媒人为双方父母传话，在双方父母了解对方的情况和意愿，大致谈妥之后，男方会约个时间带着烟酒之类的礼品去女方家提亲，一般是媒人领着男方去，而男方父母是不去的。提完亲，媒人还会两头跑，先促成双方说好彩礼嫁妆的事，然后再商量日子订婚，订婚仪式一般是在男方家举行，女方父母和至亲都来，男方付彩礼，置办女方要的首饰，以前彩礼也就一千元左右，后来就是十万元左右，女方会相应回礼，就是把彩礼钱退一部分，男方有心思的一般都会给女方的爷爷辈送件衣裳，现在都是给钱了，然后在男方家吃个饭，这个事就算成了。❶

敲订婚礼时间后，办事的这家便会去请村上或队里的一位"东家"在婚礼当天操办主持，更早的时候，"东家"操办得几乎面面俱到，不仅包括门面新房布置，主持婚礼流程，还要确定婚宴摆几桌，上多少道菜，甚至要商定上什么菜。之后管菜的职能通过请做菜的大师傅（厨师）或者去酒店的方式，被分离了出去。

以前的婚礼不像现在请个司仪去城里酒店办，比较随便，怎么办都是听

---

❶ 访谈对象信息：男，汉族，1957年生；访谈时间：2019年7月14日；访谈地点：访谈对象家中。

"东家"的。像我们这儿农村以前办婚礼需要准备两三天，一般办事的主家会提前一天来请"东家"。"东家"会带着队上帮忙的去布置，以前不像现在这么麻烦。以前家门口贴个红对联，把新房的铺盖换成新的就可以了。根据办事的家里要请的人数，安排人弄菜、肉、馒头，以往做菜都是自己家里人做，后来都嫌麻烦，就请个大师傅做菜，再后来就直接去饭店了。❶

婚礼当天，新郎要在中午十二点仪式开始前接亲回来。在不到20年的时间，接亲的交通工具由牛车、马车转为汽车，敬酒回门改口的礼钱数额激增，结婚的新衣多是考虑新娘的喜好，跪拜仪式中部分人选择鞠躬代替叩首。宣读证婚词，新郎新娘互相戴花等较为新颖的婚俗与送肉方子❷、拜天地这些传统习俗并存，现代化的烙印印在了传统婚俗文化中。

随着生活水平的提高和酒店司仪的出现，"东家"在婚仪中的职能逐渐被替代，目前大都仅仅充当证婚人的角色。村镇的干部领导对婚俗仪式并不了解，但有一定声望与社会地位的人以"东家"的身份被邀请作为证婚人出现在婚礼上。

婚礼当天新郎要同一位陪女婿，也就是现在的伴郎和一位伴娘从男方家出发去接亲。以前没什么交通工具，远一点都是坐牛车、马车去接的，后来条件好一点开始用拖拉机去接。新郎去接亲要拿着肉方子，就是羊肉、猪肉的大红肉，也就是瘦肉各切一块，用红布分别包好带去。到了女方家，女方家里人会招呼新郎进门吃好喝好，带新娘走的时候女方家会堵门不让走，这时候要把准备好的红包给人家才能走。新娘的兄弟姐妹和朋友会跟着送亲，也就是去男方家吃饭，女方家其他亲戚朋友当天由女方父母请吃饭，以前新娘都是走着就来了，不用坐车啥的，因为近嘛。新娘从娘家穿着新衣服来，到了婆家再换一身新衣服，都是提前买的。那时候也没婚纱，衣服都是挑自己喜欢的买就可以，也不一定要穿什么颜色。结婚典礼一般12点开始，这时候新娘一般会盖个红盖头，放完爆竹之后请来宾、证婚人、主婚人入席。因为那时候院子里一般也就摆四五桌，一桌坐十个人，人多的时候大家会轮流上桌，一般会让长辈和有急事走得早的小辈先上桌。证婚人一般是村上的干部、有威望的人，现在结婚也管这些证婚人叫"东家"。主婚人一般就是男方

---

❶ 访谈对象信息：男，汉族，1944年生；访谈时间：2019年7月24日；访谈地点：访谈对象家中。
❷ 肉方子：是猪或羊的好几条肋条连成的一整块排骨，有些地方要羊肉的，有的地方要猪肉的，在阳关两种都可以。

父母，以前父母穿着也没什么要求，现在都要穿那种唐褂。最后请新郎新娘入席，证婚人会先宣读新郎新娘的结婚证词，那时候还兴新郎新娘互相在胸前戴那种假花。最后就是拜天地、拜父母这些仪式，拜完父母会给女方改口费，那时候也就几块钱，现在都是几百几百地给了。当时有的人还是按老规矩跪下磕头，现在有的人鞠个躬就完事了，新郎新娘送入洞房时还会有堵门的。男方的朋友会拦着女方让男方先进，女方的朋友则反过来，拦着男方，让女方先进。入洞房后，新郎新娘会各拿一根蜡烛，点着放在桌子上，之后他们便会出来帮忙招呼客人，新郎新娘一块敬酒的时候，被敬酒的亲戚会给钱。那时候最多也就给几块钱，图这么个意思。晚上会有人为新郎新娘铺床的，一般是新郎的姐姐，铺床的人会把桌子上提前放好的碗中的花生、喜糖、红枣放在枕头和被子下面。婚礼结束的第二天，儿媳妇会到公婆房间里踩个门，就是给公婆敬个茶。结完婚第三天女方带着女婿回门，回门吃饭敬酒的时候女方父母也会给点钱，那时候都是几块几块地给，现在都是几百几百地给。❶

可见，在短短几十年的时间里，"东家"在婚俗仪式中的功能逐渐分离弱化，由其他的社会角色所承担。有意思的是，"东家"作为一个自愿且无偿服务的社会角色，原本近乎义务性的职能被分离到了大师傅、村镇干部这样的有偿劳动者和有话语权的人身上。现代化对经济政治利益的诉求愈加明显，"东家"这样自发的义务性服务者必然不适应这样的快节奏，伴随而来的就是功能的弱化。

而在通婚的基本讲究上，大多交给婚庆公司，很多以前由乡邻免费帮忙的工作都用钱核算。

我是1966年出生的，我的娘家在瓜州，1989年我嫁到了阳关村一队，我和我丈夫是通过我丈夫在瓜州的亲戚介绍认识的。我是我们家的老大，我们家有三个姑娘，只有我嫁到这来了，从别的地方嫁到这来的特别多。我有两个孩子，大的是儿子，小的是女儿，女儿今年二十四了，在学幼师，没结婚。阳关村一队有我丈夫的亲戚的孩子，大约三十多岁，嫁到上海去了，在那工作生活稳定，几年没回来了，我们都是姑舅亲。

结婚这件事，比方说，你和她互相谈好了，父母都同意了，那双方父母就见面，见面就是男方家庭把女方家庭弄上吃一顿饭，这事情就算成了。然

---

❶ 访谈对象信息：男，汉族，1955年生；访谈时间：2019年8月2日；访谈地点：访谈对象家中。

后就问什么时候结婚,什么时候订婚,日子订好了,婚订完了,男方就给女方一个卡,卡里就是彩礼钱。订婚那天还要付儿媳妇改口钱,我们这大家都互相知道是什么家庭,不会提太过分的要求。我们彩礼是给了八万八千八百元,八千八百元给我们退回来了。除了给彩礼,儿媳妇结婚那天我们也要给她钱,我们给了2000元。除了这些就只有第一次儿子把儿媳妇领进家见面,那时候我们也不知道成不成,就知道还谈着,我就给了她200元。结婚那天男方、女方父母的亲戚都要收礼金。双方朋友都来随礼,男方收的是男方的,女方收的是女方的,礼单也分开写。婚礼我们现在都请婚庆公司司仪,镇上是没有婚庆公司的,我们现在办婚礼都去敦煌市里,没有在这办的。我当时结婚嫁到这才要了1200块钱,人家还说我要得多,而且当时三金什么的都没有。我丈夫有个嫂子是从瓜州嫁过来的,当时我先坐车到她家,她家在寿昌村,然后结婚当天我老公从寿昌村把我接到阳关来。❶

在过去几十年里,婚丧礼俗的变迁是巨大的,在现代化的推动下,经济政治与各种诱因都在迅猛发展变化,现代化以前所未有的方式,把我们抛离了所有类型的社会秩序轨道。阳关地区婚俗的巨大变迁在"四清"运动前后尤为明显,改革开放以来,尤其是近十几年里,"东家"作为一个职能化的社会角色,相应地,在功能上也发生了明显的变化。

(二) 阳关人的婚姻圈

通婚圈是指伴随着两性婚姻关系的缔结而形成的一个社会圈子,通婚圈形成的社会基础源于婚姻里超个人和超家庭的事情。婚姻的本质是文化的、社会性的制度,婚姻的缔结不是生理本能的驱使,而是"文化引诱的结果",直接受到各种社会习俗、道德、规范和制度的影响和制约。❷ 通婚圈是指个体在择偶时可能选择的地域或群体范围。前者是指地理通婚圈,后者是指通婚的社会圈,即等级通婚圈。❸ 婚姻交换理论是社会交换理论在婚姻和家庭领域的应用,社会交换理论是基于经济理论的假设提出,其基本观点为:社会关系的实质是社会交换,遵循着等价交换的原则,人们的行为是以公平交换的形式出现的。

---

❶ 访谈对象信息:女,汉族,1966年生;访谈时间:2019年7月12日;访谈地点:访谈对象家中。
❷ 周旗,杨媛. 关中地区乡村通婚圈60年演变研究:以咸阳正阳镇为例 [J]. 宝鸡文理学院学报(社会科学版), 2012, 32 (1): 93-98.
❸ 吴倩倩. 社会资本对农村通婚圈的影响研究 [J]. 中国管理信息化, 2018, 21 (11): 180-182.

人们在社会交往中往往追求利益最大化或者成本最小化，以获得最有益的产出。婚姻交换理论将婚姻的缔结视为一种等价交换，强调个人特征和资源同自身择偶偏好之间的匹配关系，认为在婚姻市场上，人们的择偶遵循着等价交换的原则，婚姻的形成对双方当事人而言是一种公平的交换，夫妻双方评估个人自身特征和资源，并审视潜在配偶的资源和特征，最终达成关于双方带进婚姻的资源和特征的价格的协议，并力图在这场交易中实现自身利益最大化。这些交换的资源，也包括感情、兴趣、性格、相貌等非物质因素。婚姻交换理论作为中国传统婚配模式的理论解读，对婚姻圈有较强的解释力。婚姻圈变迁的过程中，无论通婚范围的扩大还是缩小，人们的婚姻行为大致体现了某种交换意识，婚姻主题通过比较各自的交换因素，最终做出婚姻的选择。❶

另外，联姻是交换群体进行竞争以及克服困难的方式之一，上攀婚与下嫁婚、族内婚与族外婚则是联姻的策略。在上攀婚与下嫁婚中，娶妻者一方利用男人提高自己的地位，嫁女者一方利用妇女来达到目的，但双方能否达到各自的目的，还与社会的政治结构有关。❷

以下通过各村通婚情况的调查统计来分析几十年来阳关地区通婚方面的特点和发生的变化，从各村2019年7月健在人口中的娶进、嫁出两个方面说明。

1. 寿昌村的通婚情况

表7-1 寿昌村2019年7月健在人口中娶进人口统计表

序号	民族	出生年	娶进年	婚龄（岁）	丈夫民族	娘家所在地	娘家离本村距离（千米）
1	汉	1942	1962	20	汉	瓜州县	190
2	汉	1969	1992	23	汉	营盘村	1
3	汉	1984	2001	17	汉	敦煌市	72
4	汉	1961	1981	20	汉	敦煌市	72
5	汉	1952	1972	20	汉	七里镇	55
6	汉	1944	1964	20	汉	祁家桥	63
7	汉	1969	1989	20	汉	敦煌市	72

---

❶ 张翼，尹木子.村庄婚姻圈变迁及影响机制分析：以华北F村为例[J].北京社会科学，2017（01）：80-89.

❷ 兰婕.并系继嗣与婚姻联盟：列维-斯特劳斯的家屋研究及其政治学思想[J].西北民族研究，2018（03）：69-79.

续表

序号	民族	出生年	娶进年	婚龄（岁）	丈夫民族	娘家所在地	娘家离本村距离（千米）
8	汉	1979	1999	20	汉	肃北县	113
9	汉	1986	2006	20	汉	七里镇	55
10	汉	1949	1966	17	汉	肃州区	70
11	汉	1942	1962	20	汉	祁家桥	63
12	汉	1969	1989	20	汉	龙勒村	7
13	汉	1969	1989	20	汉	张掖市	663
14	汉	1966	1986	20	汉	营盘村	1
15	汉	1959	1979	20	汉	营盘村	1
16	汉	1955	1975	20	汉	七里镇	55
17	汉	1968	1988	20	汉	敦煌市	72
18	汉	1962	1989	27	汉	莫高镇	86
19	汉	1989	2015	26	汉	福建省	3413
20	汉	1994	2018	24	汉	郭家堡	75
21	汉	1951	1971	20	汉	肃州区	70
22	汉	1986	2006	20	汉	庆阳市	1626
23	汉	1971	1997	26	汉	七里镇	55
24	汉	1967	1987	20	汉	静宁县	1098
25	汉	1954	1974	20	汉	五墩乡	75
26	汉	1963	1983	20	汉	敦煌市	72
27	汉	1971	1996	25	汉	五墩乡	75
28	汉	1954	1974	20	汉	阳关村	1
29	汉	1989	2015	26	汉	孟家桥	64
30	汉	1960	1980	20	汉	营盘村	1
31	汉	1955	1975	20	汉	黄渠镇	90
32	汉	1983	2008	25	汉	肃北县	113

寿昌村娶进的32位女性中，1960—1979年娶进的有11人，最小婚龄17岁（1人），最大婚龄20岁，占比90.9%。婚姻距离大于100千米的仅有1人，娘家在瓜州。婚姻距离在100千米之内的有10人，其中有6人属于镇内通婚，另有两人娘家在1千米内的阳关村和营盘村，剩下两人娘家在肃州。

这体现出明显的近距离通婚的特点。1980—1999年娶进14人,最小婚龄和最大婚龄分别是20岁(10人)和27岁(1人),其中20岁占比最多,为71.4%。娘家与本地距离超过100千米的有3人,占到这一时期总人数的21.4%。娘家主要在肃北、张掖、定西和静宁等地。没有省外通婚的情况。婚姻距离在100千米内的有11人,敦煌市范围内有10人,其中营盘村3人,龙勒村1人,与邻村通婚的比例接近30%。此外,敦煌市有4人,占比28.6%。婚姻圈有所扩大。2000—2019年娶进7人,最小婚龄17岁(1人),娘家在敦煌市,最大婚龄26岁(2人),娘家分别在孟家桥和福建。20~25岁不同婚龄人数比例均等。娘家与本地距离超过1000千米的只两人,即庆阳市和福建。只有一人为跨省婚姻,占到14.3%,其余5人都在100千米内,除了肃北的1人,其他都是市内婚。

相对而言,寿昌村地理位置优越,面积广阔,人口占到全镇的1/3,水利设施完善程度好,葡萄产业收入较稳定,新式房屋基本普及。无论务农、务工,还是从事其他产业,人们的活动范围都局限在敦煌市。所以,娶进的女性也多数都在本市范围内。

表7-2 寿昌村2019年7月健在人口中嫁出人口统计表

序号	民族	出生年	嫁出年	婚龄(岁)	婆家民族	婆家所在地	婆家离本村距离(千米)
1	汉	1993	2015	22	汉	新疆维吾尔自治区	1000
2	汉	1986	2007	21	汉	武威市	891
3	汉	1990	2013	23	汉	敦煌市	72
4	汉	1970	1994	24	汉	营盘村	1
5	汉	1962	1984	22	汉	杨家桥	63
6	汉	1971	1996	25	汉	吕家堡乡	72
7	汉	1988	2008	20	汉	西安市	1773
8	汉	1988	2018	30	汉	酒泉市	453
9	汉	1949	1968	19	汉	七里镇	55
10	汉	1952	1972	20	汉	阳关镇	1
11	汉	1981	2004	23	汉	敦煌市	72
12	汉	1974	1994	20	汉	敦煌市	72
13	汉	1953	1974	21	汉	孟家桥	64

续表

序号	民族	出生年	嫁出年	婚龄（岁）	婆家民族	婆家所在地	婆家离本村距离（千米）
14	汉	1985	2010	25	汉	七里镇	55
15	汉	1987	2012	25	汉	漳县	1000
16	汉	1992	2017	25	汉	河北省	2168
17	汉	1965	1985	20	汉	七里镇	55
18	汉	1974	1999	25	汉	肃州区	70
19	汉	1972	1997	25	汉	兰州市	1154
20	汉	1987	2012	25	汉	阳关村	1
21	汉	1974	1994	20	汉	敦煌市	72
22	汉	1969	1991	22	汉	阳关镇	1
23	汉	1974	1994	20	汉	敦煌市	72
24	汉	1984	2018	34	汉	阳关镇	1
25	汉	1992	2016	24	汉	定西市	1254
26	汉	1982	2006	24	汉	营盘村	1
27	汉	1993	2018	25	汉	阳关村	1
28	汉	1980	2004	24	汉	龙勒村	7

寿昌村嫁出的28人中，外嫁时间在1960—1979年的有3人，最小婚龄和最大婚龄分别是19岁和21岁。外嫁地都在本镇或邻镇。集体化时期，生产方式和交通的影响，以及传统思想观念的限制，婚姻距离都在100千米范围之内。1980—1999年外嫁人数10人，最小婚龄20岁（4人），占比40%。最大婚龄25岁（3人），占到这一时期总人数的30%。这一阶段除了外嫁兰州（100千米外）的1人，其他都在100千米范围内。主要在营盘村、阳关镇、杨家桥和敦煌市等地。婚姻圈有所扩大，但主要为近距离婚姻。"远距离婚姻不仅造成结亲家庭来往不便，而且难以达到通过婚姻建立亲缘关系，并利用这种关系资源的目的。因而长距离婚姻很难使亲缘关系延续下去，更难形成相互吸引、具有反馈性质的婚姻网络。"[1] 2000—2019年外嫁人数为15人，最小婚龄和最大婚龄分别为20岁（1人）和34岁（1人）。婚龄为23~25岁的人数较多，有10人，占

---

[1] 王跃生. 华北农村婚姻家庭变动研究——立足于社会变革背景下冀南地区的考察 [D]. 北京：中国社会科学院研究生院, 2002.

比66.7%。婚龄表现出最大的趋势。嫁出地超过100千米的有7人，占到同时期总人数的47%。其中，省外婚3人，占这一时期总人数的20%。婚姻圈向外延伸的速度较快。受到男女比例、女性外流等客观因素的影响，婚姻距离大于100千米的外嫁女性比例要远大于娶进女性的比例。

表7-3 寿昌村不同范围通婚人数及比例

通婚范围	通婚人数（人）	比例
镇内婚（同镇不同村）	14	25%
市内婚（同市不同镇）	26	45%
省内婚（同省不同市）	14	25%
省外婚（不同省份）	3	5%

可见，寿昌村通婚圈的主要特征：主要通婚范围以本镇和敦煌市与敦煌其他乡镇为主；少部分与敦煌周边地区以及外省通婚；通婚范围基本固定在敦煌地区，1980年后与外地通婚人数开始增多，2000年后通婚圈外延趋势明显。

2. 营盘村的通婚情况

表7-4 营盘村2019年7月健在人口中娶进人口统计表

序号	民族	出生年	娶进年	婚龄（岁）	丈夫民族	娘家所在地	娘家离本村距离（千米）
1	汉	1966	1986	20	汉	阳关村	1
2	汉	1969	1989	20	汉	阿克塞县	63
3	汉	1989	2014	25	汉	莫高镇	75
4	汉	1984	2006	22	汉	酒泉市	453
5	汉	1987	2008	21	汉	郭家堡镇	76
6	汉	1972	1994	22	汉	酒泉金塔	514
7	汉	1954	1978	24	汉	转渠口镇	76
8	汉	1986	2002	16	汉	酒泉市	453
9	汉	1973	1993	20	汉	阳关镇	1
10	汉	1989	2008	19	汉	寿昌村	1
11	汉	1968	1988	20	汉	四川省	2220
12	汉	1948	1971	23	汉	阿克塞县	63

续表

序号	民族	出生年	娶进年	婚龄（岁）	丈夫民族	娘家所在地	娘家离本村距离（千米）
13	汉	1969	1989	20	汉	杨家桥	63
14	汉	1977	1997	20	汉	寿昌村	1
15	汉	1946	1964	18	汉	杨家桥	63
16	汉	1969	1989	20	汉	武威市	891
17	汉	1988	2009	21	汉	阳关村	1
18	汉	1949	1964	15	汉	杨家桥	63
19	汉	1984	2004	20	汉	酒泉市	453
20	汉	1965	1990	25	汉	敦煌市	72
21	汉	1974	1996	22	汉	秦家湾村	52
22	汉	1956	1981	25	汉	杨家桥	63
23	汉	1987	2015	28	汉	沙州镇	62
24	汉	1982	2002	20	汉	转渠口镇	76
25	汉	1988	2008	20	汉	莫高镇	75
26	汉	1946	1964	18	汉	兰州市	1000
27	汉	1961	1980	19	汉	黄渠镇	79
28	汉	1969	1987	18	汉	寿昌村	1
29	汉	1994	2016	22	汉	肃州区	70
30	汉	1965	1985	20	汉	吕家堡镇	72
31	汉	1955	1980	25	汉	寿昌村	1
32	汉	1978	2004	26	汉	兰州市	1154
33	汉	1980	1999	19	汉	四川省	2220
34	汉	1981	2014	33	汉	瓜州县	180
35	汉	1984	2019	35	汉	郭家堡镇	76
36	汉	1968	1991	23	汉	阳关村	1
37	汉	1987	2008	21	汉	七里镇	56
38	汉	1989	2015	26	汉	瓜州县	180

营盘村娶进的38人中，娶进时间在1960—1979年的有5人，最小婚龄15岁（1人），最大婚龄24岁（1人），此外婚龄18岁的占比40%，婚龄23岁的占到20%。距离大于100千米的仅有1人，娘家在兰州市，与老公的老

家在一个地方，是老公从兰州带过去的。距离在 100 千米之内的占到 80%，分别来自杨家桥、阿克塞县、转渠口镇，都是经人介绍后认识。1980—1999 年娶进 17 人，最小婚龄 18 岁的只有 1 人，只占 5.9%，最大婚龄 25 岁（3 人），占比 17.6%。娶进年龄为 20 岁的占比最多，有 8 人，占比为 47.1%。100 千米之内的有 13 人，其中阳关镇范围之内的有 11 人，比例为 64.7%。与娘家距离在 100 千米之外的有 4 人，占 23.5%，其中省外 2 人，占到 11.8%，婚姻圈较小。2000—2019 年娶进 14 人，最小婚龄 16 岁，娘家在酒泉市，最大婚龄 35 岁，娘家在郭家堡镇。娘家与本地距离超过 100 千米的有 6 人，主要位于酒泉市、瓜州县和兰州市。不存在省外通婚的现象。

结合我们的访谈可以发现，年龄与婚姻距离并不成正比。一些结婚年龄较大的女性，多有较好的工作和较高的收入。但他们在大学相处的对象，因为没有物质基础，毕业后多各奔东西，感情不稳定。在摸爬滚打多年后，最后找的结婚对象往往是老家本地及周边人。现代信息网络发达，"快餐式"的男女情感充斥着人们的生活。影响情感的因素主要有兴趣爱好、职业、相处时间等，其中一个因素的变动，都可能"牵一发而动全身"，成为感情破裂的致命要素，在外打工或大学谈的对象，最终能成为结婚对象的比例非常小。

表7-5　营盘村2019年7月健在人口中的嫁出人口统计表

序号	民族	出生年	嫁出年	婚龄（岁）	婆家民族	婆家所在地	婆家离本村距离（千米）
1	汉	1996	2017	21	汉	西安市	1773
2	汉	1994	2018	24	汉	敦煌市	72
3	汉	1987	2008	21	汉	转渠口镇	76
4	汉	1980	2005	25	汉	转渠口镇	76
5	汉	1994	2016	22	汉	杨家桥	63
6	汉	1965	1991	26	汉	敦煌市	72
7	汉	1988	2010	22	汉	杨家桥	63
8	汉	1973	1998	25	汉	转渠口镇	76
9	汉	1970	1990	20	汉	吕家堡镇	72
10	汉	1971	1991	20	汉	敦煌市	72
11	汉	1975	1995	20	汉	寿昌村	1
12	汉	1976	1996	20	汉	敦煌市	72

续表

序号	民族	出生年	嫁出年	婚龄（岁）	婆家民族	婆家所在地	婆家离本村距离（千米）
13	汉	1982	2002	20	汉	阳关镇	1
14	汉	1989	2014	25	汉	七里镇	56
15	汉	1952	1967	15	汉	七里镇	56
16	汉	1955	1969	14	汉	七里镇	56
17	汉	1962	1980	18	汉	七里镇	56
18	汉	1969	1992	23	汉	转渠口镇	76
19	汉	1960	1983	23	汉	七里镇	56
20	汉	1960	1983	23	汉	黄渠镇	79
21	汉	1984	2002	18	汉	龙勒村	7
22	汉	1984	1998	14	汉	敦煌市	72
23	汉	1993	2014	21	汉	西安市	1773
24	汉	1964	1987	23	汉	寿昌村	1
25	汉	1972	1995	23	汉	龙勒村	7
26	汉	1986	2014	28	汉	敦煌市	72
27	汉	1953	1971	18	汉	七里镇	56
28	汉	1963	1985	22	汉	郭家堡镇	76
29	汉	1974	1995	21	汉	黄渠镇	79
30	汉	1976	1999	23	汉	沙州镇	62
31	汉	1960	1982	22	汉	寿昌村	1

统计到的营盘村嫁出的31人中，外嫁时间在1960—1979年的有3人，最小婚龄14岁，最大婚龄18岁；外嫁地都在七里镇。外嫁距离在100千米之内。1980—1999年外嫁人数17人，最小婚龄14，最大婚龄26，各一人。婚龄在20~23岁的最多，为13人，占总数的76%，嫁出地都在敦煌市内。这一阶段外嫁距离都没有超过100千米。2000—2019年外嫁人数为11人，最小婚龄和最大婚龄分别为18和28岁，各有一人。婚龄在20~25岁的人数最多，有9人，占比82%。有两人外嫁地在省外（西安），其他都在本市内。

可见，随着时间的推移，外嫁距离在向外延伸，婚龄也表现出增大的趋势。现代化的快速发展，交通越来越便利，女性有更多机会出去从事其他工作，她们的婚姻观念也发生了变化。这些女子更想花时间提高自己在各方面的能力,在经济上获得独立,而不是早早地结婚生子。她们不愿意把人生正值奋斗的青春奉献给家庭,结婚时间普遍推迟。

表7-6 营盘村不同范围通婚人数及比例

通婚范围	通婚人数(人)	比例
镇内婚(同镇不同村)	14	20%
市内婚(同市不同镇)	40	58%
省内婚(同省不同市)	9	13%
省外婚(不同省份)	6	9%

总的来看,营盘村的通婚圈主要特征:主要通婚范围以本镇和敦煌市与敦煌其他乡镇为主;少部分与敦煌周边地区以及外省通婚;2000年以后,村中娶进敦煌周边人数较多,通婚圈开始外延;本村远嫁人数较少,从远处娶进的人数较多,村内可能女性人数偏少。

3. 龙勒村的通婚情况

表7-7 龙勒村2019年7月健在人口中娶进人口统计表

序号	民族	出生年	娶进年	婚龄(岁)	丈夫民族	娘家所在地	娘家离本村距离(千米)
1	汉	1973	1997	24	汉	张掖市	663
2	汉	1975	1999	24	汉	定西市	1264
3	汉	1968	1988	20	汉	定西市	1264
4	汉	1985	2007	22	汉	张掖市	663
5	汉	1975	2000	25	汉	定西市	1264
6	汉	1975	1999	24	汉	永登县	1057
7	汉	1987	2010	23	汉	阳关村	7
8	汉	1981	2008	27	汉	敦煌市	72
9	汉	1968	1988	20	汉	张掖市	663
10	汉	1991	2018	27	汉	阳关镇	7
11	汉	1972	2004	32	汉	瓜州县	190
12	汉	1982	2007	25	汉	阳关镇	7
13	汉	1979	2006	27	汉	瓜州县	190

续表

序号	民族	出生年	娶进年	婚龄（岁）	丈夫民族	娘家所在地	娘家离本村距离（千米）
14	汉	1964	1984	20	汉	阳关镇	7
15	汉	1971	1997	26	汉	阳关镇	7
16	汉	1980	2004	24	汉	敦煌市	72
17	汉	1966	1986	20	汉	阳关镇	7
18	汉	1975	1999	24	汉	武威市	889
19	汉	1985	2010	25	汉	敦煌市	72
20	汉	1968	1988	20	汉	敦煌市	72
21	汉	1985	2009	24	汉	阳关镇	7
22	汉	1967	1987	20	汉	阳关镇	7
23	汉	1962	1982	20	汉	敦煌市	72
24	汉	1988	2012	24	汉	营盘村	7
25	汉	1964	1984	20	汉	阳关镇	7
26	汉	1972	1997	25	汉	阳关镇	7
27	汉	1966	1986	20	汉	营盘村	7
28	汉	1959	1979	20	汉	瓜州县	190
29	汉	1962	1986	24	汉	七里镇	55
30	汉	1947	1965	18	汉	阳关镇	7
31	汉	1954	1974	20	汉	阳关镇	7
32	汉	1959	1978	19	汉	营盘村	7
33	汉	1954	1975	21	汉	营盘村	7
34	汉	1984	2008	24	汉	杨家桥	62
35	汉	1955	1975	20	汉	杨家桥	62
36	汉	1986	2010	24	汉	杨家桥	62

龙勒村娶进的36位女性中，1960—1979年娶进6人，最小婚龄和最大婚龄分别为18岁和21岁。婚姻距离大于100千米的仅有1人，娘家在瓜州县，其余5人都为镇内婚。1980—1999年娶进16人，最小婚龄20岁（9人），占比56.3%。最大婚龄26岁，仅1人。婚龄24岁的占到31.3%。婚姻距离超过100千米的有6人，娘家在定西市、张掖市、武威市、永登县等地，没有省外通婚的情况。

移民村落不同于传统村落，很少受宗亲观念的影响。早期移民来此地，其年迈的父母多在老家，他们在新环境中只能靠媒人介绍，认识可以组建家庭的女性。集体时期的大生产劳动，也为很多单身青年提供了恋爱机会。2000—2019 年娶进 14 人，婚龄最小 22 岁，娘家在张掖市，最大婚龄 32 岁，娘家在瓜州县。年龄在 24~27 的人数最多，有 11 人，占到 78.5%。娘家与本地距离超过 100 千米的有 4 人，占到这一阶段总人数的 28.6%。娘家最远的在定西市、张掖市、瓜州县等地，没有外省嫁入的女性。

从统计的这 36 人中，我们可以看出，结婚年龄与婚姻距离没有必然的联系。由后面两个阶段可以发现，远距离婚姻的女性，娶进女性多在迁出地。表现出明显的"同乡姻亲"特征。具有相同社会文化的人情感认同度更高，更容易建立婚姻关系。

表 7-8　龙勒村 2019 年 7 月健在人口中嫁出人口统计表

序号	民族	出生年	嫁出年	婚龄（岁）	婆家民族	婆家所在地	婆家离本村距离（千米）
1	汉	1974	1998	24	汉	国营林场	1
2	汉	1964	1984	20	汉	阳关镇	7
3	汉	1990	2015	25	汉	敦煌市	72
4	汉	1985	2009	24	汉	上海市	3145
5	汉	1972	1997	25	汉	寿昌村	7
6	汉	1974	1999	25	汉	敦煌市	72
7	汉	1962	1982	20	汉	阳关镇	7
8	汉	1986	2010	24	汉	敦煌市	72
9	汉	1984	2008	24	汉	敦煌市	72
10	汉	1993	2017	24	汉	敦煌市	72
11	汉	1988	2012	24	汉	敦煌市	72
12	汉	1987	2011	24	汉	寿昌村	7
13	汉	1982	2007	25	汉	寿昌村	7
14	汉	1989	2013	24	汉	营盘村	7
15	汉	1995	2019	24	汉	敦煌市	72
16	汉	1964	1984	20	汉	杨家桥	62
17	汉	1962	1982	20	汉	杨家桥	62

续表

序号	民族	出生年	嫁出年	婚龄（岁）	婆家民族	婆家所在地	婆家离本村距离（千米）
18	汉	1986	2004	18	汉	陕西省	1777
19	汉	1992	2019	27	汉	孟家桥	64
20	汉	1958	1978	20	汉	阳关镇	7
21	汉	1964	1984	20	汉	寿昌村	7
22	汉	1991	2018	27	汉	敦煌市	72
23	汉	1980	2004	24	汉	云南省	2925
24	汉	1989	2015	26	汉	新疆哈密	551
25	汉	1981	2005	24	汉	玉门镇	314
26	汉	1984	2008	24	汉	玉门镇	314

龙勒村嫁出的26人中，外嫁时间在1960—1979年的有1人，婚龄20，嫁到阳关村。1980—1999年外嫁人数8人，最小婚龄20岁（5人），占比62.5%。最大婚龄25岁（2人），占到这一时期总人数的25%。这一阶段外嫁距离都在100千米范围内。

本村人口都由阳关镇的阳关村、营盘村和寿昌村三个村迁移而来，所以外嫁点也主要在邻村和周边地区，主要有寿昌村、阳关镇、杨家桥和敦煌市。在生活和信息相对封闭的社会，人们往往依靠中间人获取有价值的婚姻信息，这一时期，在重大节日走亲串友比较频繁，"求亲男女双方居住于对方村中的亲戚朋友往往是促成或拆散一对青年男女的关键人物"。[1] 2000—2019年外嫁人数为17人，最小婚龄和最大婚龄分别为18岁（1人）和27岁（2人）。24~25岁的人数最多，有13人，占比76.5%。嫁出地超过100千米的有6人，占到同阶段35.3%。其中，省外婚4人，占比23.5%，嫁出地位于新疆、云南、陕西和上海。嫁出省外的主要分为两种情况，一类是大学毕业工作地在省外，长期在外地工作的过程中，与恋爱对象建立了稳定的情感关系。另一类是在外地长期从事第三产业，最终在当地结婚。

---

[1] [美] 杜赞奇，王福明，译. 文化权利与国家：1900—1942年的华北农村 [M]. 南京：江苏人民出版社，1995.

表 7-9 龙勒村不同范围通婚人数及比例

通婚范围	通婚人数（人）	比例
镇内婚（同镇不同村）	6	10%
市内婚（同市不同镇）	36	62%
省内婚（同省不同市）	10	18%
省外婚（不同省份）	6	10%

从以上可以看出，龙勒村通婚圈主要特征有：从阳关镇其他村娶进人数占很大比重，从敦煌周边城市（永登县、定西市、张掖市、武威市）娶进人数占比较大。嫁入敦煌市的人数比重较大，但嫁入阳关镇其他村的人数仍最多，相比于其他村嫁入外省和敦煌周边城市的人最多。

4. 阳关村的通婚情况

表 7-10 阳关村 2019 年 7 月健在人口中娶进人口统计表

序号	民族	出生年	娶进年	婚龄（岁）	丈夫民族	娘家所在地	娘家离本村距离（千米）
1	汉	1966	1989	23	汉	瓜州县	190
2	汉	1955	1975	20	汉	寿昌村	1
3	汉	1970	1989	19	汉	瓜州县	190
4	汉	1989	2009	20	汉	孟家桥	68
5	汉	1978	1994	16	汉	孟家桥	68
6	汉	1980	1998	18	汉	高台堡	69
7	汉	1951	1971	20	汉	黄渠镇	79
8	汉	1978	2004	26	汉	阿克塞县	63
9	汉	1979	2006	27	汉	寿昌村	1
10	汉	1968	2010	42	汉	七里镇	56
11	汉	1949	1968	19	汉	瓜州县	190
12	汉	1959	1983	24	汉	酒泉市	453
13	汉	1940	1960	20	汉	七里镇	56
14	汉	1959	1979	20	汉	阳关镇	1
15	汉	1970	1990	20	汉	瓜州县	190

续表

序号	民族	出生年	娶进年	婚龄（岁）	丈夫民族	娘家所在地	娘家离本村距离（千米）
16	汉	1975	1995	20	汉	阳关镇	1
17	汉	1975	1995	20	汉	敦煌飞机场	76
18	汉	1978	1998	20	汉	敦煌市	72
19	汉	1987	2013	26	汉	庆阳市	1626
20	汉	1979	2001	22	汉	寿昌村	1
21	汉	1982	2012	30	汉	杨家桥	63
22	汉	1957	1981	24	汉	乌鲁木齐市	1000
23	汉	1957	1977	20	汉	营盘村	1
24	汉	1959	1984	25	汉	酒泉市	453
25	汉	1965	1985	20	汉	龙勒村	7
26	汉	1986	2006	20	汉	吕家堡	72
27	汉	1950	1968	18	汉	营盘村	1

阳关村娶进的27人中，娶进时间在1960—1979的有7人，最小婚龄18岁，只有1人。最大婚龄20岁，有5人，占比71.4%。距离大于100千米的仅有1人，娘家在瓜州县，有6人娘家在1千米（包括1千米）之内，其中4人娘家分别位于紧挨着阳关村的营盘村、寿昌村以及阳关镇。与邻村的通婚超过50%。1980—1999年娶进12人，最小婚龄和最大婚龄分别是16岁和25岁，各有1人。婚龄在20~24的有8人，占到这一阶段的66.7%。娘家与本地距离超过100千米的有6人，刚好占到这一时期总人数的一半。娘家主要在瓜州县、酒泉市和乌鲁木齐市等地。只有一人为省外通婚。另一半都属于本市内通婚。与阳关镇其他村通婚的只有一人。2000—2019年娶进8人，最小婚龄20岁的有2人，娘家分别在孟家桥和吕家堡。最大婚龄42岁，娘家在七里镇。婚龄在22~30岁的所占比例相当。娘家与本地距离超过100千米的只有1人，位于庆阳市。有6人娘家所在地都在敦煌市范围内。其中2人娘家在寿昌村，占到33.3%。2000年以来，阳关村与邻村的通婚比例依然较高，这跟以农业为主的生计方式是分不开的，外出务工的人员尽管占到一定数量，但他们都属于季节性的短期务工。很少能够在外面扎根立足。所以大多数人最终还是会在本村周边寻找伴侣。

表 7-11　阳关村 2019 年 7 月健在人口中嫁出人口统计表

序号	民族	出生年	嫁出年	婚龄（岁）	婆家民族	婆家所在地	婆家离本村距离（千米）
1	汉	1985	2005	20	汉	上海市	3000
2	汉	1952	1970	18	汉	阳关镇	1
3	汉	1962	1982	20	汉	营盘村	1
4	汉	1972	1992	20	汉	漳县	1372
5	汉	1951	1971	20	汉	转渠口	76
6	汉	1975	1995	20	汉	敦煌市	72
7	汉	1977	1997	20	汉	阳关村	1
8	汉	1976	1998	22	汉	敦煌市	72
9	汉	1983	2004	21	汉	肃州区	70
10	汉	1989	2013	24	汉	莫高镇	75
11	汉	1972	1992	20	汉	敦煌市	72
12	汉	1974	1994	20	汉	格尔木市	520
13	汉	1989	2018	29	汉	孟家桥	66
14	汉	1959	1979	20	汉	七里镇	56
15	汉	1962	1982	20	汉	七里镇	56
16	汉	1985	2005	20	汉	西安市	1773
17	汉	1980	2001	21	汉	七里镇	56
18	汉	1982	2006	24	汉	敦煌市	72
19	汉	1944	1960	16	汉	寿昌村	1
20	汉	1989	2015	26	汉	敦煌市	72
21	汉	1948	1968	20	汉	肃北县	113
22	汉	1959	1979	20	汉	肃北县	113
23	汉	1976	1998	22	汉	敦煌市	72
24	汉	1946	1966	20	汉	寿昌村	1
25	汉	1965	1985	20	汉	敦煌市	72
26	汉	1985	2005	20	汉	莫高镇	75

阳关村嫁出的26位女性中，外嫁时间在1960—1979年的有7人，最小婚龄16岁（1人）。最大婚龄20岁（5人），占比71.4%。婚姻距离大于100千米的

只有2人，嫁出地都在肃北县。外嫁地在寿昌村的有2人，占到这一阶段总人数的28.6%。这与娶进女性这一时期的特征是一致的，婚姻圈局限在以阳关村为中心的邻村及周边乡镇。熟人作为中间人介绍认识后，在基本了解对方情况后便结婚。在移民村落成立早期，不同于以宗族血亲为基础的传统村落的是，婚姻很少受到父母的束缚，自由程度较高。但是"门当户对"的基本原则依然没有太大变化。1980—1999年外嫁人数10人，婚龄差别不大，最小婚龄20岁（8人），占比80%。最大婚龄22岁，占到这一时期总人数的20%。这一阶段外嫁距离在100千米范围内的有8人，占比80%。其中敦煌市有5人，村内婚1人，还有1人嫁到邻村——营盘村。外嫁距离大于100千米的2人中，1人外嫁到漳县，另外1人嫁出地在青海格尔木市。2000—2019年外嫁人数为9人，最小婚龄和最大婚龄分别为20岁（3人）和29岁（1人）。婚龄在20~24岁的人数最多，有7人，占比77.8%。嫁出地超过100千米的有2人，在上海、西安两地。婚姻距离100千米以内的7人中，有6人嫁出地在敦煌市内，占比66.6%。从统计表中发现，年龄与嫁出距离没有必然的联系。嫁出与娶进女性在不同阶段的婚龄和婚姻距离有相似的特征。随着时间的推移，婚姻圈呈现扩大的趋势，但是嫁到省外的比例并不高。

表7-12 阳关村不同范围通婚人数及比例

通婚范围	人数（人）	比例
镇内婚（同镇不同村）	10	19%
市内婚（同市不同镇）	29	55%
省内婚（同省不同市）	10	19%
省外婚（不同省份）	4	8%

可见，阳关村通婚圈的主要特征是：以阳关镇其他村和敦煌市其他城镇为主要通婚范围；与肃北县、阿克塞县、格尔木市等敦煌周边城市有婚姻往来；婚姻圈整体呈现外延趋势。

5. 二墩村的通婚情况

表 7-13 二墩村 2019 年 7 月健在人口中娶进人口统计表

序号	民族	出生年	娶进年	婚龄（岁）	丈夫民族	娘家所在地	娘家离本村距离（千米）
1	汉	1944	1960	16	汉	七里镇	57
2	汉	1962	1982	20	汉	营盘村	25
3	汉	1964	1984	20	汉	阿克塞县	80
4	汉	1988	2011	23	汉	张掖市	663
5	汉	1992	2017	25	汉	张掖市	663
6	汉	1989	2019	30	汉	七里镇	57
7	汉	1989	2019	30	汉	西安市	1784
8	汉	1971	1991	20	汉	青海乐都县	1080
9	汉	1942	1960	18	汉	营盘村	25
10	汉	1987	2011	24	汉	黄渠镇	90
11	汉	1966	1989	23	汉	营盘村	25
12	汉	1991	2015	24	汉	青海乐都县	1080
13	汉	1976	1999	23	汉	青海乐都县	1080
14	汉	1970	1995	25	汉	青海乐都县	1080
15	汉	1950	1970	20	汉	寿昌村	25
16	汉	1993	2016	23	汉	敦煌市	72
17	汉	1991	2013	22	汉	张掖市	663
18	汉	1977	1999	22	汉	阿克塞县	80
19	汉	1983	2007	24	汉	张掖市	663
20	汉	1984	2007	23	汉	兰州市	1154
21	汉	1956	1976	20	汉	瓜州县	190
22	汉	1960	1980	20	汉	肃州区	70
23	汉	1991	2015	24	汉	敦煌市	72
24	汉	1970	1995	25	汉	兰州永登县	1057
25	汉	1966	1986	20	汉	寿昌村	25
26	汉	1961	1982	21	汉	寿昌村	25
27	汉	1988	2010	22	汉	寿昌村	25

续表

序号	民族	出生年	娶进年	婚龄（岁）	丈夫民族	娘家所在地	娘家离本村距离（千米）
28	汉	1981	2007	26	汉	兰州市	1154
29	汉	1970	1995	25	汉	青海乐都县	1080
30	汉	1987	2010	23	汉	玉门镇常马乡	316
31	汉	1971	1995	24	汉	寿昌村	25

在二墩村娶进的31人中，1960—1979年娶进人数为4人，最小婚龄16岁（1人）。最大婚龄20岁，其人数占比为50%。距离大于100千米的仅有1人，娘家在瓜州县。其余3人来自营盘村、寿昌村和七里镇，这与二墩村的形成历史是相符的，二墩村于20世纪70年代中期建村，建村初的35户村民是从原阳关镇搬来的，而阳关镇四周分布的是营盘村、寿昌村和阳关村。

从结婚时间看，娘家所在地在营盘村和寿昌村的两位女性是在原居住点结婚后随夫搬过来的。1980—1999年娶进13人，最小婚龄20岁（5人），占到这一阶段38.5%。最大婚龄25岁（3人），占比23.1%。其余婚龄在20~24岁之间，人数分布比例均匀。娘家与本地距离超过100千米（包括100千米）的有6人，基本占到这一时期总人数的一半。娘家主要在阿克塞县、兰州永登县和青海乐都县。娘家所在地恰是迁移前的地方，男性在迁入地有一定的经济基础后，出于社会文化和心理认同，他们更愿意与老家女性成婚。剩下7人娘家与婆家距离都在100千米之内，其中寿昌村和营盘村占到38%，共有5人。这一阶段依然表现出与原居住地熟人通婚的特征。2000—2019年娶进14人，最小婚龄22岁的有2人，娘家分别在寿昌村和张掖市。最大婚龄30岁的也有2人，娘家分别位于七里镇和西安市。婚龄在23~24岁的比例最高，为57%，共有8人。娘家与本地距离超过100千米的有9人，占到这一阶段的64%，娘家所在地主要在玉门关、兰州、张掖、青海乐都县和西安等地。21世纪以来，来自本镇其他村的女性数量大幅度减少，婚姻圈呈现出较明显的扩大趋势，但依然表现出老乡婚姻的显著特征。

表7-14 二墩村2019年7月健在人口中嫁出人口统计表

序号	民族	出生年	嫁出年	婚龄（岁）	婆家民族	婆家所在地	婆家离本村距离（千米）
1	汉	1969	1989	20	汉	寿昌村	25
2	汉	1942	1960	18	汉	营盘村	25
3	汉	1959	1977	18	汉	肃州区	70
4	汉	1965	1983	18	汉	转渠口镇	86
5	汉	1981	2011	30	汉	敦煌市	72
6	汉	1992	2015	23	汉	莫高镇	86
7	汉	1971	1997	26	汉	黄渠镇	90
8	汉	1979	2004	25	汉	转渠口镇	86
9	汉	1989	2015	26	汉	敦煌市	72
10	汉	1987	2010	23	汉	敦煌市	72
11	汉	1982	2007	25	汉	敦煌市	72
12	汉	1984	2009	25	汉	敦煌市	72
13	汉	1986	2010	24	汉	敦煌市	72
14	汉	1979	2005	26	汉	营盘村	25
15	汉	1979	2012	33	汉	张掖高台	600
16	汉	1982	2007	25	汉	敦煌市	72
17	汉	1984	2009	25	汉	敦煌市	72
18	汉	1989	2012	23	汉	敦煌市	72
19	汉	1984	2009	25	汉	酒泉金塔县	524

根据二墩村19位嫁出女性的统计数据，外嫁时间在1960—1979年的有2人，婚龄都为18岁，嫁出地分别为营盘村和肃州区。1980—1999年外嫁人数3人，最小婚龄18岁，最大婚龄26岁，各1人。嫁出地分别是转渠口镇和黄渠镇，3人婚姻距离在100千米范围内，属于镇内婚。2000—2019年外嫁人数为14人，最小婚龄和最大婚龄分别为23岁（3人）和33岁（1人）。25~26岁的人数最多，有8人，占比57%。嫁出地超过100千米的有2人，占到这一时期总人数的14.3%。没有省外通婚的现象。100千米以内的12人中，嫁出地在敦煌市的有9人，占总人数的64.3%。从这个数据也能反映出二墩村的发展状况，二墩村地域狭长，农业发展滞后，该村又位于阳关镇的西北

边缘地带。在经济条件、基础设施和地理位置的限制下，一大部分人外出谋生，从事运输、餐饮、理发、销售等第三产业，去敦煌市的人口最多。在快速的城镇化进程中，更多的女性获得了就业机会和良好的发展前景，由于与恋爱对象在同一座城市，感情比较稳定，在各方面条件成熟的情况下，与对象在当地结婚。

表 7-15 二墩村不同范围通婚人数及比例

通婚范围	通婚人数（人）	比例
镇内婚（同镇不同村）	11	22%
市内婚（同市不同镇）	18	36%
省内婚（同省不同市）	13	26%
省外婚（不同省份）	8	16%

综上，二墩村的通婚有如下几个特点：除张掖市、玉门市、阿克塞县等敦煌周边城市外，从青海娶入人数较多，与20世纪八九十年代人口迁移有关。

（三）阳关人的通婚特征

综合上述调查资料我们可以看到，阳关地区通婚范围大致可分为五个区域：一是阳关本地区，即阳关村、龙勒村、寿昌村、营盘村、二墩村、国营林场之间的通婚；二是敦煌市及敦煌地区的其他乡镇，如七里镇、转渠口镇、黄渠镇、莫高镇等地；三是敦煌地区周边城市，如阿克塞、玉门、酒泉、肃北县等地；四是青海、新疆等邻近省份；五是2000年以来和国内其他地区的通婚逐渐增多。

本地区通婚的人群和与敦煌地区其他乡镇通婚的人群占绝大多数，与敦煌地区周边城市通婚的人数较少。与其他省通婚的人数最少，随着时间的推移，向外通婚的人数逐渐增长，随着网络通信、交通的快速发展，以及人口的迁移，20世纪90年代以后，与敦煌周边城市通婚的人数明显增多。与青海、新疆等邻近省份乃至其他省区通婚的人数也开始增加。如以下对象所说：

我是1998年跟丈夫从青海乐都迁过来的，2004年落的户，在老家虽说能

吃饱饭，但是攒不下什么钱，来这一开始种了七八亩地，现在种了二十多亩。❶

我的娘家在瓜州，1989年我嫁到了阳关村一队，我和我丈夫是通过我丈夫在瓜州的亲戚介绍认识的。我是我们家的老大，我们家有三个姑娘，只有我嫁到这来了，从别的地方嫁到这来的特别多。我有两个孩子，大的是儿子，小的是女儿，女儿今年二十四岁了，在学幼师，没结婚。阳关村一队我丈夫的亲戚的孩子，大约三十多岁，嫁到上海去了，在那工作生活稳定，几年没回来了，我们都是姑舅亲。❷

嫁娶流动是不平衡的，很明显娶进的女性要比嫁出的女性多。在嫁女儿方面，父母都很一致地偏向让女儿嫁个知根知底的近邻。

现在姑娘都上学，有文化，上了大学要是谈的对象合适，我们也就愿意让姑娘嫁了，但是太远就不行了，先不说近处的，姑娘嫁了人家也放心，养了这么多年的闺女谁想让她走这么远，姑娘结婚父母都得看是不是近处的，附近家的小伙子有没有合适的，要是有年龄合适的，还是愿意找近处的，他熟啊，就放心。❸

对于本地区的婚龄特点，可以从5个村各时期娶进和嫁出女性婚龄统计看出一些情况。

表7-16　阳关5个村各时期娶进女性婚龄情况　单位：岁

村名	1960—1979年婚龄		1980—1999年婚龄		2000—2019年婚龄	
	最小	最大	最小	最大	最小	最大
寿昌村	17	20	20	27	17	26
营盘村	15	24	18	25	16	35
龙勒村	18	21	20	26	22	32
阳关村	18	20	16	25	20	42
二墩村	16	20	20	25	22	30
平均值	16.8	21	18.8	25.6	19.4	33

❶ 访谈对象信息：女，汉族，1970年生；访谈时间：2019年7月24日；访谈地点：访谈对象家中。
❷ 访谈对象信息：女，汉族，1966年生；访谈时间：2019年7月12日；访谈地点：访谈对象家中。
❸ 访谈对象信息：女，汉族，1956年生；访谈时间：2019年7月16日；访谈地点：访谈对象家中。

表 7-17　阳关 5 个村各时期嫁出女性婚龄情况　单位：岁

村名	1960—1979 年婚龄		1980—1999 年婚龄		2000—2019 年婚龄	
	最小	最大	最小	最大	最小	最大
寿昌村	19	21	20	25	20	34
营盘村	14	18	14	26	18	28
龙勒村	20	20	20	25	18	27
阳关村	16	20	20	22	20	29
二墩村	18	18	18	26	23	33
平均值	17.4	19.4	18.4	24.8	19.8	30.2

采用深度访谈和社会学统计的方法，对阳关镇五个村娶进的 164 位，嫁出的 130 位共 294 名女性进行了调查。由表 7-16 和表 7-17 以及前面每个村初婚年龄的分析，我们可以发现，娶进和嫁出女性的婚龄在同一时期并没有明显差异。1950 年婚姻法规定，男子结婚法定年龄 20 岁，女子结婚法定年龄 18 岁。但受到"女子无才便是德""重男轻女"等传统观念的影响，在集体化大生产时期，娶进和嫁出的女子年龄在 14~18 岁的依然普遍存在。

1960—1979 年娶进和嫁出的婚龄主要在 16~20 岁。1980 年婚姻法重新规定，男子结婚年龄不得早于 22 岁，女子不得早于 20 岁。20 世纪 80 年代以来，城乡流动没有严格的限制，不同地域的男女接触交流的机会增多。另外，八九十年代息流通较快，部分外出求学和务工的女性受到外界的影响，她们的思想观念开始转变。女性的婚姻自主意识提高，受到家庭的影响减小。

1980—1999 年多数女性婚龄在 20~27 岁，婚龄与前一时期比较，有了明显增长。但也有少数女性的婚龄仍在 20 岁以下，可见人的意识形态在短时期是很难改变的，这主要是由当地客观条件、家庭和个人决定的。21 世纪以来，城市化进程逐步加快，城市化使城市成为一个"淘金之地"，为打工族劳动力商品化提供了市场，这个市场同时延伸为婚姻市场。❶婚姻圈扩大的同时，婚龄也在推迟。

2000—2019 年婚龄集中分布在 20~32 岁。无论外出务工还是异地求学工

---

❶ 何生海，王晓磊. 论西部农村婚姻圈的广延性与内卷化——基于西部 G 村为考察对象 [J]. 内蒙古民族大学学报（社会科学版），2013（03）：30-34.

作，女性对另一半的标准不再是"门当户对"，她们希望自己选择自己的婚姻生活，强调自我感觉和个人幸福。更愿意与和自己契合度高，有共同追求的男性结成伴侣，表现出较强的自主性和独立性。在很多婚姻中，即使父母不同意，最终也会向子女妥协。

就通婚距离来说，也可以从下表看到具体特征。

表 7-18　阳关 5 个村各时期娶进女性婚姻距离情况统计

村名	1960—1979 年婚姻距离		1980—1999 年婚姻距离		2000—2019 年婚姻距离	
	<100 千米	>100 千米	<100 千米	>100 千米	<100 千米	>100 千米
寿昌村	90.9%	9.1%	78.5%	21.5%	85.8%	14.2%
营盘村	90%	10%	76.4%	23.6%	62.5%	37.5%
龙勒村	83.4%	16.6%	62.5%	37.5%	71.5%	28.5%
阳关村	71.5%	28.5%	50%	50%	87.5%	12.5%
二墩村	75%	25%	53.8%	46.2%	35.8%	64.2%
平均比例	82.2%	17.8%	64.2%	35.8%	68.6%	31.4%

表 7-19　阳关 5 个村各时期嫁出女性婚姻距离情况统计

村名	1960—1979 年婚姻距离		1980—1999 年婚姻距离		2000—2019 年婚姻距离	
	<100 千米	>100 千米	<100 千米	>100 千米	<100 千米	>100 千米
寿昌村	100%	0%	90%	10%	53%	47%
营盘村	100%	0%	100%	0%	81.8%	18.2%
龙勒村	100%	0%	100%	0%	65%	35%
阳关村	72%	28%	80%	20%	22%	78%
二墩村	100%	0%	100%	0%	86%	14%
平均比例	94.4%	5.6%	94%	6%	61.6%	38.4%

由表 7-18 和表 7-19 阳关五个村娶进和嫁出的婚姻距离情况，我们可以看出，在 1960—1979 年，外嫁女性婚姻距离大于 100 千米的，只有阳关村占到 28%，嫁出地都在肃北县。其他四个村无一人外嫁超过 100 千米。五个村娶进女性婚姻距离大于 100 千米平均比例为 17.8%，营盘村、龙勒村、阳关村和二墩村大于 100 千米的比例都超过了 10%。可以看出，嫁出的婚姻距离较小于娶进的距离。择偶集中在阳关镇，婚姻圈局限在熟人社会。配偶多为

媒人介绍认识，近距离婚姻比较符合"门当户对"这一择偶标准，婚姻圈总体上处于一种狭小状态和呈现相对稳定的趋势。

这一差异在 1980—1999 年显得更为突出，婚姻距离大于 100 千米的女性中，娶进女性所占比例比嫁出比例高出近 30%。这一时期娶进地主要分布在酒泉市、张掖市、武威市、兰州永登县、定西市、四川省、青海乐都县、新疆等地，嫁出地主要在青海格尔木市、兰州永登县、定西市等。有意思的是，大多数女性的娶进地和嫁出地正好是原迁出地，呈现出以血亲和地缘关系为纽带的婚姻特征。正如营盘村三队的访谈，即使在城乡流动较快的情况下，"知根知底"依旧是娶嫁的重要标准。在外务工、做生意的男女青年在找对象时，更趋向于老乡。他们会考虑距离太远可能会带来一些婚姻迁移的问题。

在 2000—2019 年，不同于前两个阶段的是，无论婚姻距离大于 100 千米的比例，还是小于 100 千米的比例，嫁出和娶进比例基本都是持平的。但近距离婚姻依然是主流。2001 年我国小城镇户籍制度改革在全国全面推进。随着国家户籍制度的逐步完善，外来非农业人口婚姻迁移机会逐渐增多，必然会促进更多的农村女性嫁到务工或经商所在的城市。❶ 21 世纪以来，人口流动日益频繁，外出务工人口增加，就近择偶的模式逐渐被打破，村婚姻圈开始外延，呈现出扩大趋势。葡萄产业的发展，为当地创造了大量就业岗位，对外来人口的吸引力提高。村民收入不再局限于务农，部分村民以打工收入为主。经济和生计方式变化的同时，现代交通与通信的便捷，婚姻观念、性观念和性行为的逐步开放，以及婚姻自由权的提倡，这些都推动了婚姻圈向外延伸，但是跨省婚姻比例依然不高。尽管务工人员在增加，但是多数人外出务工时间较短，与外界社会关系不稳定，没有与异性长时间的接触，很难形成持久的婚姻关系，"熟人靠谱"的观念在人们心中根深蒂固，大多数人还是会回乡找结婚对象。

从婚姻的本质来看，它是一种文化的、社会性的制度，婚姻的缔结是"文化引诱的结果"，直接受到各种社会习俗、道德、规范和制度的影响和制约。不难发现，阳关地区的通婚范围大部分维持在敦煌市的乡镇之间，这些通婚密切的地区很容易共享同一个婚俗文化圈，在这个圈内往来更容易遵守习俗、道德的规范，如此反映在通婚圈的范围中，尤其是 20 世纪 90 年代以前出生的通婚人群，几乎固定在敦煌及其周边地区，与阳关地区各村通婚最

---

❶ 仰和芝. 人口流动进程中农村女性婚姻迁移模式的发生机制分析 [J]. 井冈山大学学报（社会科学版），2014（04）：80-89.

为紧密,敦煌市各乡镇之间的通婚同样频繁,除青海省、敦煌市周边其他省的迁入人群外,通婚范围鲜少跨出敦煌市地区。但随着现代化发展,教育、交通等方面水平的提高,传统观念中"不远嫁"的思想受到冲击,明显表现在 2000 年之后,"90 后"人群的通婚范围不断扩大,婚姻圈不断外延,不同圈层的文化相互接触,原本的婚俗文化就会出现不适应性。从婚俗中的请"东家"来看,"东家"的功能区本就局限于村队之间,当超出它的功能区与其他的婚俗文化交叉时便会产生不适应,"东家"的职能便会被分离,功能被弱化。

另一个值得关注的现象是:尽管阳关周边有 2 个少数民族自治县,即阿克塞哈萨克族自治县、肃北蒙古族自治县,且敦煌市及其周边也有不少回族人居住,但在调查中没有发现族际之间的通婚。

二、丧俗的变迁

丧俗文化是地方社会中极富特色的一种社会文化现象,包括丧葬习俗和丧葬仪式等内容。作为人生礼仪的最后一环,具有重要意义。人类学认为,仪式具有规范道德行为、巩固社会秩序、心理慰藉、消除社会结构中的压力和紧张感等功能。同时,仪式也是"按计划进行的或即兴创作的一种表演。通过这种表演形成了一种转换,即将日常生活转变到另一种关联中。而在这种关联中,日常的东西被改变了"。❶

阳关地区传统丧俗文化形成的具体时间无法追溯,但"四清"运动和"文化大革命"时期与其他时间是有一定的差异的。以下两位访谈对象是各自村里熟知丧礼的人士,也主持和操办过多次丧礼,从他们的访谈中可以看到阳关地区丧俗的基本概貌和变化情况。

以前的丧仪很费力,一切都要我们"东家"管;现在的丧礼比以前简单了很多,现在只需要找一个大师傅(厨子),一个阴阳师,"东家"只要把他们看好就行了。人去世后一般要经过下面的过程:

确定死亡:当家里有人生命垂危时,家里人便会去请"东家"(村里有威望、对婚丧仪式流程清楚的人)来商量后事,由"东家"安排整个丧仪。这时"东家"便会前往"逝者"家中。一般情况下,"逝者"已经确定死亡了,但有少数情况下:逝者佩戴呼吸机,呼吸机将空气灌入肺中,即使"逝者"已经确定死亡,但仍有呼吸的迹象,这时"东家"会通过检查"逝者"手

---

❶ 鲍伊. 宗教人类学导论 [M]. 金泽, 等, 译, 北京: 中国人民大学出版社, 2004.

心、脚心温度（因为手心、脚心离心脏最远，供血弱，手心、脚心凉了人就不行了），挠脚心来看"逝者"是否有反应，从而确定"逝者"是否真的死亡，丧仪是否要进行。

备棺选棺：老人的棺材一般在自己六十大寿后就会请木匠做好，除了年轻的逝者或不讲究的人家会直接去城里购棺材。农村里棺木一般是选用老白杨木（老白杨树枝的小分枝多，有多子多孙的寓意），切忌不可用柳木做棺，因为柳木带邪气。棺的两侧会画上花纹（女凤男龙），有的经济条件好的家庭会直接去敦煌市里买雕刻花纹的棺，逝者的寿衣一般也是和棺材一同备下的，颜色款式是根据逝者生前的个人喜好做的，都是比较素净的颜色。

停棺：在亲人逝世后棺材备好，一般是摆在大门两边或者进门以后上房的门边（请的人来后一眼就可以看到棺材——"不见棺材不落泪"）。死者为男，棺材则摆在出门方向的左边；死者为女，则摆在出门方向的右边（男左女右），棺材的大头（死者头部的位置）朝向门，竖向摆放。

穿衣：一般穿七件，多的穿九件，包括秋衣秋裤，棉衣棉裤、外衣外裤等随意七件。男的要戴帽子，女的要勒头巾，帽子、头巾基本为黑色。鞋子不能是皮鞋，必须是布鞋。

停尸："四清"运动前，人死后必须"落草"，要将死者用麻绳系结从床上抬到由谷草穗铺垫的地上（谷草穗多，有多子多孙的寓意），置于上房正对门的墙边，条件好了之后，死者再被放到床上时下面会铺一张白布，尸体上面也会盖一块白布。停尸入棺时直接抬白布即可。现在多将死者放入冰柜中（由阴阳先生带来），气味小。尸体躺的方向和上房里床的朝向一致。整个期间儿女要不时用水为死者清洁面部、手部。

戴孝：在确定亲人咽气后，在场的儿辈和孙辈就开始戴孝（麻布）。俗话说：六尺五，连头入。（脚到头都能盖住）而儿女戴的孝实际的孝长最多到七尺。双亲中第一个去世的时候，孝长要戴到六尺七，第二个去世时要戴到七尺。"四清"运动以前，长子还要穿白上衣，白裤子，做好的白鞋，腰间必须系麻做的绳子（都是在给逝者备寿衣时一同备下的）。如果没有儿子，那么就要由大女儿来穿，在确定亲人咽气后，在场的孙辈要头戴孝帽（用孝布叠成的三角状），孝帽尖处要夹一块红布，之后在远处的儿辈孙辈闻讯赶来后也戴上孝。

请人：由"东家"安排一位不戴孝的亲戚朋友和一位戴孝的儿辈去各家请人，如果没有儿女，可以让侄儿侄女去请。带领的人必须是结了婚有小孩的，一般都为男性，要请的人一般是一个队上的人和其他队上的亲朋。每到一家门前，儿辈都要跪下，待这家人出来后磕三个头，由领着来的那位亲戚朋友向要请的这家人说明情况，戴孝的儿辈切忌对着要请人家的门磕头，只能对着门两边磕，遵循男左女右的原则（现在知道的人不多，基本不讲究这一点）。如果是儿子来请，要跪在出门方向的左边；如果是女儿来请，要跪在出门方向的右边（和门两脚的石狮子雌雄一致，出门方向左侧石狮子脚下是绣球，为雄狮；右侧石狮子脚下是小石狮，为雌狮），不能进门，全程下跪，主人家出来时要磕三个头。如果要请的人太多，会多派几个人分别领一个儿女去请。亲戚朋友第一天被请来时，可以送去花圈，也可以不送；同时家里人会从城里请阴阳师前来吹唢呐，阴阳师会带相应的纸钱等丧仪用品前来，阴阳师们会得到相应报酬。亲朋进门之后要先为死者烧纸，然后磕一个头，怀孕的人、刚出月子的妇女、太小的婴孩不可以参加葬礼。

守夜：停尸的位置前会摆放供桌，供桌上供放遗像与供品，入夜时会在供桌上点两个蜡烛，死者脚底点一个蜡烛，烛火不能断（现在用一种特制的蜡烛，三天燃不尽）。

入棺：第三天出葬前入棺，由阴阳师选定入棺时间，入棺时大儿子抬头，小儿子抬脚，亲戚朋友帮忙抬其他位置，保证尸体不能倾斜。同时儿铺女盖：儿子侄儿往棺内铺褥子，女儿侄女为死者盖被子，褥子和被子的内里除了填棉花外也可以填纸（人死后入土修坟之后。如果想要翻坟挪坟，必须三年以后，三年以后开棺之后，空气一入棺，死者的肉体会很快只剩骨头。衣服和被褥因为是纸和棉质的，也可以很快消散，不会留下，如果是其他的丝织品就会留下，一直不会消散）。棺内还要放保湿瓶，由大女儿用酒精擦一下死者的脸。随葬品必须是金的，特别注意裤带等配饰中不能有铁，随葬首饰依据家庭条件可戴可不戴。❶

不难看出，虽然"四清"运动前丧仪更加复杂，但削减后的丧仪流程依旧复杂烦琐、铺张，且具有浓厚的传统色彩。在调查中，又通过营盘村、寿昌村、二墩村、阳关村、龙勒村的五位"东家"讲述，梳理出当前阳关地区较为完整的丧俗仪式。

第一天

准备阶段：当家里有人生命垂危时，家里人便会去请"东家"（村里有威

---

❶ 访谈对象信息：男，汉族，1955年生；访谈时间：2019年7月26日；访谈地点：访谈对象家中。

望、对婚丧仪式流程清楚的人）来商量后事，"东家"确定人已经不行之后就开始安排整个丧仪。

穿衣：由"东家"为离世者穿衣戴帽，穿单不穿双，一般是穿七件；男性离世者戴黑色帽子，女性离世者勒黑色头巾。家庭条件好的可自愿为离世者戴金戒指、金镯子，除了死者身上穿的鞋子外，其余的鞋子都放入棺中作为随葬品。铁器不可放入棺中（铁的邪性大）。

女儿为离世者用酒精喷脸。化妆请人化也行，自己化也行，之后放入冷藏水晶棺（为了储藏尸体），冷藏水晶棺紧贴门的对墙，放在门两边任意一边，棺头朝床。

选棺：现在棺材购置方便了，以往提前备下棺材的老人很多，因为20世纪70年代以前没有卖棺木的地方；现在有些老人比较忌讳家里放棺材，有很多人都是事出第一天临时去城里选购棺材。棺材一般用松木或柏木做，老话说用能开花结果的树的木头做最好，但切忌用柳木做棺，因用柳木邪性大。棺木的长度一般为五尺七（一米九左右）。

戴孝：在亲人咽气后，在场的儿辈和孙辈就开始戴孝。儿辈戴长孝（头上绑白色长条麻布，以前多是戴用麻编成的长辫，但现在几乎没有麻了），孝的长度依据儿辈在家里排行不同，长度各异，家中长子、长女戴的孝一般与棺材的长度相同，一般女儿戴的孝稍短，次子次女戴的孝会比老大短一寸左右，以此类推。女婿戴半孝，长度约为长孝的一半。孙辈要戴孝帽（由麻布叠成的三角），孝帽上会别一小块红布，一般会别在孝帽头尖上或者孝帽额头前或者耳朵旁边，不同人的选择不一样，之后在远处外地的儿辈孙辈闻讯赶来后也戴上孝。

请人：由"东家"安排一位不戴孝的亲戚朋友和一位戴孝的儿辈去各家请人，每到一家门前，儿辈都要跪下，待这家人出来后磕三个头，由领着来的那位亲戚朋友向要请的这家人说明情况，戴孝的儿辈切忌对着要请人家的门磕头，只能对着门两边磕，不能进门，全程跪着。

祭奠：亲戚乡邻们来死者家中吊唁，到达后在放尸体的屋外向屋内磕头；同时家里人会从城里请阴阳师前来吹唢呐，阴阳师会带相应的纸钱等丧仪用品前来，阴阳师们会得到相应的报酬，丧仪所用的花圈、纸钱也会备好（需要向阴阳师购买）。

守夜：晚上会由子女和亲朋轮流值守，一般会做一些打牌和打麻将的娱乐活动，赶走困倦。

第二天

打坟：第二天上午，阴阳师会带人前去确定坟地以打坑挖坟，阴阳师有自己的一套风水观测方式。如遇冬天地冻无法开挖，要用碎草、柴火、煤等将冻土层融化后再打坟，一般深2米多，宽2米左右，长2.5米左右。

丧乐：在上午开始来人前，请来的阴阳师开始吹唢呐迎客。

做饭：12点吃羊肉粉汤（只吃粉汤），付礼：亲朋到后付礼钱、磕头，礼钱100元至上万元不等，最常见的是一两百元，多至几千元。离世者的孩子是不用付礼的，礼单是白色的（与婚事的红色相对），用毛笔书写。来的人在上房外的院子里磕头，磕的同时旁边跪着的儿孙也要陪磕。

挖坟坑："东家"安排的亲朋帮忙去挖坟坑，一般是一个父系家族葬在一起，坟坑的位置和朝向由阴阳师用罗盘堪舆（"文化大革命"时期是不许请阴阳师的，选坟坑的时候就用指南针自己选位置），棺头的朝向每年都会变，需要依风水而定，看当年的风朝哪个方向流。

合葬坟：夫妻当中后离世的一方会在先离世一方的旁边挖坑下葬，之后会在两个坑之间挖洞掏通。

第三天

入棺：入棺时要为死者铺褥盖被（男铺女盖：儿子、侄儿带褥子，女儿、侄女带被子），被褥数量都要为单数，（少至三个，至多九个，太多棺材中就放不下了，以前的大家族中儿女与侄儿、侄女多的也有放几十个的，现在儿子侄儿之间与女儿侄女之间可以合起来送被褥，保证最后被子褥子数量各为单数即可），铺褥盖被不能由儿女动手，儿女只负责带褥子和被子，铺褥盖被由"东家"和其他帮忙的人来完成。出葬前，死者要从水晶棺（就是现在具有恒温功能的供丧事期间停尸的棺材）抬入木棺，至少六人抬（尸体僵硬，关节难以活动），儿子抬头，四人抬背、托身体，一人抬脚。

出葬：离世后的第三天可以下葬，出葬之前要吃羊肉粉汤，离世者如果是没有子孙的老人或者是年轻人，出葬时是不可以见太阳的，必须在早晨太阳出来前完成下葬；如果是有子孙的老人离世，那么要在早晨刚出太阳后开始出葬。出葬时，阴阳师会吹唢呐一直到整个下葬结束。沿路撒纸钱（现在政府规定营盘公路上不允许撒纸钱）。

抬棺：抬棺时都是村上的人来帮忙抬，离世者的儿子只需要有个抬着棺头的样子，一般是让一个儿子抬前头，一个儿子抬后头；如果没有儿子，就让离世者的侄儿来抬头。离世者的孙子抱遗像走在前；如果离世者没有孙子就让其他孙辈男性来抱遗像。

下葬：下葬时戴孝的儿孙跪着磕头，填坑由亲朋完成，戴孝的人不可填坑。

犒劳：出葬回来后大师傅做饭，上单数菜，单数桌，炒菜、吃馒头、喝酒来待客。

下葬后的第三天

下葬后的第三天，儿女会来修葺坟地，带一些吃的、纸钱上坟，把坟地修整一下，有的还会立碑。

返七

分一七、二七、三七至七七四十九天，由阴阳师算定并给主事的子女写下，告诉离世者的子女在其父母离世后哪几个第七天需要回去上坟（烧纸、带吃的、洒酒）。❶

与婚礼中的"东家"相同，虽然丧葬仪式中的"东家"仍然发挥着重要的作用，但原本事无巨细包揽的功能也被分离出来。三天丧仪中的伙食安排全部交给了大师傅，灵堂布置、主持仪式、挑选坟地都归给了阴阳。"东家"作为自发的义务性社会角色所原有的功能归给了以盈利为目的的职业，可见现代化发展的冲击在这个过程中起到了至关重要的作用。

和其他多数农耕文明的地区一样，阳关重土厚葬的风俗习气即使在现代化发展的冲击下仍然显露痕迹，还是承载着黄土的厚重感。与婚俗相比，丧俗的变化除了在特殊年代有差异外，其他时段的变化不大，尤其是在丧礼方面几乎没有变化，只是改了一些小细节，使丧俗更加方便，如有恒温的停尸棺材，用流动的商业性餐饮服务代替亲友乡邻帮助做饭，"东家"的职能削弱等。这些变化特征在多坝沟基本一样。

我们多坝沟的人因为基本是几十年前才迁移来的，所以没有那么多讲究。但在结婚、丧事上和阳关差不多，因为我的一个亲戚在阳关的寿昌村，我多次参加过他们那边的红事、白事，基本上一样。估计我们这个地方的人主要是来自通渭、渭源、武威等甘肃地方的原因。阳关还有河南人、青海人等，但现在基本上都一样，没啥大的区别。但我们这里没有阴阳师，吹唢呐的也没有，只能从阳关或敦煌市去请。这几年也有很多阴阳师全部操办这些事，

---

❶ 对多个访谈对象的访谈内容整理而成。

只要你请他,他会解决这些事,你给他钱就行,一场丧事下来,一般也就给他两三千块钱。❶

从阳关地区婚丧礼俗的变迁中,我们可以看到现代化对传统仪式礼俗的冲击。在过往几十年的时间里,婚丧仪式文化以前所未有的速度发生着变化,"东家"作为以往婚丧仪式的关键角色,其功能上的分离与弱化不仅反映了时间上仪式文化的变迁,也体现在了空间上通婚范围的变化,通婚圈的扩大成为婚俗文化变迁的重要动力。但总体而言,相比于婚姻礼俗,丧俗礼仪更具稳定性。

---

❶ 访谈对象信息:男,汉族,1948 年生;访谈时间:2019 年 8 月 1 日;访谈地点:访谈对象家中。

第八章 阳关地区村落文化与功能

阳关是中国无数乡村中的一个，可以旁证中国许多乡村的变化情况。研究阳关在一定程度上也就是研究中国无数个乡村，阳关是很多中国村落的缩影。就像费孝通先生在《江村经济》的研究中看到当时的中国乡村现状一样，在呈现村落发展的同时，分析如何更好地建设当时的中国乡村。这是作为一位学者最伟大之处，以江村为点不断展开社会的面，这也是研究阳关村落的出发点。阳关社会就如同由移民记忆、村落经济生产模式、公共文化生活、乡村教育建设等编织而成的大网，网住了每一个生活在其中的他者，他们不仅是慢慢靠近阳关的他者，也将阳关作为点来认识当下中国的面，呈现出中国社会不断发展中村落文化的状态。

对于阳关的村落文化研究也是从两个点来展开，即村落中的民间信仰、公共文化活动。以下将从两个不同的切面来呈现新中国建立初期到现在的阳关社会。阳关是历史的记忆，是无数中国人的想象，在文学艺术、影视作品、历史文献的"诱惑"中想象出自我世界的阳关，这也成为无数人奔赴此地的动力，这足以说明阳关研究的重要性。而现在阳关这个名称的前身却是南湖，阳关是近些年为了推动旅游才更改过来的名称。或许现在的中国还有无数个"阳关"，它们都是在人群的想象中构拟出来的，成为现在村落文化的一部分。但是有新就有旧，新事物都是在旧事物中孕育而生，阳关的出现也是曾经的记忆遗留下来的。而现在的阳关依旧在新旧事物的蜕变之中，就像蝉褪去皮囊而留下曾经的记忆和实体，也带来了新生的展翅高飞。而在这皮囊之中就有上述民间信仰、公共文化的痕迹。

一、民间信仰

阳关民间信仰可以分为两个阶段来讲述，一个阶段是"文革"以前，另一个阶段是"文革"结束以后。主要以阳关的村庙变迁分析民间信仰情况及其社会功能。

(一)"文革"前的村庙与社会

"文革"以前的阳关还是村民口中的南湖,因为在各个地区都拥有许多湖泊,所以村民都称之为南湖。湖水成为村落生活的主要资源,阳关各村都拥有自己的水源点,原来的村落布局也是根据水源分布。在老人的讲述中知道了三个龙王庙,分别位于阳关村附近以及新工坝的中坝和上坝。

位于阳关村的龙王庙是其中较大的庙宇,是村民在修建渥洼池水渠时修建的一个小庙,面积只有一张课桌大小,里面放有一尊龙王的雕像,当时人们为了祈求水渠能够安全而建;位于中坝和上坝的龙王庙没有太多的老年人知道,这两个龙王庙的修建时间比较早,面积比较小,只有一尊龙王的塑像而已。龙王庙作为民间信仰的载体,它的出现、发展、消亡背后是村落文化现代化进程的缩影。在一个水源充足地区似乎对水的信仰更多才对,可在于阳关的研究调查中发现,人们并没有过多水的禁忌以及其他信仰仪式,只有在二月二龙抬头的时候才举行仪式活动。这个时候大家会在龙王庙跟前摆上一些食物,然后村里唱戏的人就开始唱戏,大家营造热闹的氛围,人数不多但格外热闹。其实在简单的祭拜仪式中发挥了龙王庙的社会功能,如同马林诺夫斯基倡导的功能论一般,在简单的仪式活动中满足了村民的心理需求,人们在枯燥无味的生产生活之余来到龙王庙,在交流中度过一天。所以龙王庙不仅发挥着水信仰的功能,还满足了人群的心理需求。村民们通过对龙王的祭祀,大家走出家门来到特定的场所,于是一套社会结构就出现了。农历的二月正处于农闲时期,人们在此期间组织各种社会活动,人群在各个社会活动中构建起村落的社会结构,所以龙王庙的社会功能具有双重性,一方面是满足村民的水源信仰,另一方面是进行村落社会结构的构建,二者都有效地阐释了功能主义。

阳关的民间信仰中最主要的还是佛教信仰,"文革"以前各村都有信仰佛教的村民,村中有世代信佛的传统家庭,还有村民前往敦煌寺庙拜佛礼经。阳关也修建了诸多寺庙,各村村民都会在特定的节日前去拜佛、求平安,各种祭祀活动出现在当时村民的日常生活之中。阳关镇在"文革"以前共有四座寺庙,分别是佛爷庙、三官庙、西佛堂、东佛堂,其中修建时间最早、规模最大的寺庙是佛爷庙,每年农历四月初八、正月十五各村都会有信徒到佛爷庙里去祈福。三官庙、西佛堂、东佛堂都位于现在的寿昌村，它们都是村民自己修建的寺庙；三官庙的时间比较早，于民国时期修建，后在村民的重建中不断扩大，三官庙做过国民党军队的临时驻扎点以及阳关镇的学校。西佛堂和东佛堂都是信仰佛教的信徒自己修建的，面积比较小，里面简单摆放着几尊塑像或几幅画像。前去的村民主要是当时的南工村、北工村的信众。

寺庙不仅是阳关村民的民间信仰的场所，也是阳关镇历史记忆的特殊载体，在访谈中，各村的老人口述了阳关镇寺庙历史的变迁状况，包括不同时期移民的社会状况、生产模式、公众文化活动、乡村教育等社会组织结构的转变。

1. 村庙与人口迁移

西佛堂位于寿昌村七、八组，寺庙是一个从江西外迁过来的人筹钱修建的，占地面积大约两亩。西佛堂是个大院子，里面有一间房子分为正殿和偏殿，正殿里有菩萨像，主要是当时南工村的人家前去拜佛、求平安，就是现在寿昌村五、六组，西佛堂在1966年"四清"运动破四旧中被拆毁。寺庙未被拆毁以前在当时发挥着双重作用，一方面村民能够在农闲时前去祈福。"文革"以前阳关以种小麦、玉米等零散的农作物为主，没有形成现在大规模的葡萄种植，所以各家农户的农忙时间比较少，能够抽出时间在农历四月初八、正月十五等时节前往西佛堂祈福。寺庙在此就印证了马林洛夫斯基所倡导的功能主义中文化是满足于人的主张，西佛堂的修建使得人们不用再去更远的佛爷庙，在清闲的时候也可以前去上香、求平安；另一方面西佛堂也成为当时南工村的一个寺庙象征，它不断地吸引当时南工村的信仰佛教村民，使得阳关镇信仰佛教的村民形成"文化圈"：南工村的"西佛圈"、北工村的"三官圈"，各村村民就在各自的文化圈中进行社会组织活动。村民们将各村独有的寺庙作为村民社会身份认同的载体。寺庙的实体已经不再简单是村民们上香祈福的场所，而是在不同分类体系下各村之间的社会认同。这就是寺庙在阳关镇社会组织中体现的结构功能，也是结构功能主义代表拉德克里夫·布朗研究中所倡导的，在田野研究中将社会看成一个系统，研究的方向就是社会整体结构中的部分，再关注到系统中各个要素之间的关系，最后将研究的方面纳入社会整体的系统之中进行分析，就会看到其在整个社会结构中的作用。西佛堂在阳关镇的社会结构中就发挥着社会整合和社会认同的作用。然而以上分析都是强调社会结构中共时性，就如同人类学家批评功能主义不注重社会历史的历时性，无法解释社会变迁一般，而西佛堂事例也能够解释阳关镇社会历史的变迁问题。

移民是阳关社会结构中的重要部分，除民国时期原有的人口之外，现在阳关的人口分别由1950年左右迁入的一些河南人，1970年左右甘肃其他地区迁入的武威人、高台人等，1990年左右迁入的青海人、四川人等构成。村中的寺庙也成为移民历史中的文化载体，西佛堂在20世纪五六十年代就曾作为南工村的移民安置点，当时从河南迁来的移民基本都将这里作为临时住所。由于初期迁入人口过多，就出现个别人家没有居住点，所以当时的南工村就安排迁来的人家居住在西佛堂，村民回忆道：

> 一九五几年的时候有好多河南人迁来南湖（阳关镇以前被称为南湖乡），村里安排的住房不够，一些人家就到西佛堂去住下，西佛堂有一个大大的院子和两间房间，可以住下几家人，我记得当时就有一户河南人家在那住，一对夫妻带着小孩。当时条件艰苦啊，河南人家的媳妇还怀着孩子，最后孕妇生完孩子就去世了。当时生下的那个小孩现在还在我们村里，都快70岁了，腿脚有些不好还到地里干活，这些年种葡萄太累了，大家都得花大把时间在种葡萄上，但生活确实比以前好多了，当时从河南迁过来的没有再逃回去的人家，现在日子都比以前好过多了。大家偶尔也会闲聊些西佛堂的事，回想当时迁来的河南人生活的艰苦。❶

西佛堂只是阳关移民的一个侧面，它作为一个移民居住点记载着阳关移民的历史。在移民历史背后更是社会人口结构的缩影，可以通过居住人物的衣食住行来剖析那个时间段移民人群的社会结构、社会控制、社会认同以及适应过程中的社会问题。西佛堂作为移民的临时居住点也是融入当地佛教信仰的契机，借此可以探讨通过宗教信仰将人群纳入社会认同之中，在本尼迪克特·安德森的《想象的共同体》一书中就假设人群认同分三个阶段，从宗教共同体到王朝共同体再到民族共同体。或许当时阳关镇的移民将佛教信仰纳入原有人群的整体结构之中。这就是西佛堂在阳关镇的移民社会中发挥的社会整合作用，使得移民人群能够更快地融入阳关镇原有的社会结构。以上就是寺庙未拆之前在阳关社会整合、移民记忆中的双重作用。

---

❶ 访谈对象信息：女，汉族，1963年生；访谈时间：2019年7月13日；访谈地点：寿昌村某路口。

2. 庙会时间与生产模式

经济基础决定上层建筑，阳关特有的经济生产模式影响着村民的村落文化的建设。而经济基础又是由生产力和生产关系决定的，于是阳关镇村落中的生产力和生产关系就是分析社会结构的基础，新进化论的代表人物怀特就强调生产技术在人类社会发展中的重要性，在此基础上提出了现代社会是以能量的获取作为文明分段的标志，这一理论还可以追溯到美国人类学大师摩尔根的《原始社会》，书中根据原始社会不同的生产技术条件把人类文明分为蒙昧时代、野蛮时代、文明时代，初步假设了人类发展的阶段性，也是古典进化论的代表作品之一。而以生产技术作为分析社会发展的方法和马克思的历史唯物主义理论极其相近，所以证明从生产技术的分析研究中可以观察到村落文化的建设，也可以从村落文化的发展建设中了解阳关镇的村落经济生产模式。

选择寺庙作为分析的截面，主要考虑的是村落中寺庙活动的时间和人群因素。这两个方面的认知是理解、分析阳关经济模式的关键，因为生产力决定生产关系，在以前中国的大部分地区，农村人群就是生产力的根本，所以才会有一家生十几个孩子的社会现象，再加上中国传统社会中"不孝有三，无后为大"等孝悌观念影响，传统村落文化中人群就是经济生产的关键要素。对时间可以概括为季节性的观念，季节性的观念就是传统社会常说的"靠天吃饭"，自然气候影响着村落的农业生产活动，也就决定了村民何时能够进行其他的社会文化活动，所以可以从村民前往寺庙的时间分析阳关镇背后村落的经济发展模式。

阳关寺庙的庙会时间大概可以分为两个时段，即农历正月十五、四月初八的农闲时节。人群层次分为不信佛、礼佛、佛教居士三类。阳关的寺庙分布也成为分析的一个要点，佛爷庙是距离阳关比较远的寺庙，所以村民们都是在重大节日才会聚集在此。三官庙、西佛堂、东佛堂则是各村村民自发组织前去祈福，时间不定。由于到寺庙距离较近，所以时常会有村民前去祈福求平安，前去的人群也是本村礼佛者居多。将佛爷庙和其他三个寺庙对比分析更能清楚看到阳关寺庙文化活动中人群、时间的差异，在此基础上建构出村落经济模式。佛爷庙是村落中修建时间最早的寺庙，承载着阳关镇居民几代人的记忆，寺庙不仅是佛教信仰者的祈福之地，也是村落文化活动中心之一。正月十五是阳关镇最为热闹的时节，各村的村民都会来到佛爷庙祈福、求平安，老人、小孩都会陪着家人来到佛爷庙，感受一年中难得的喜庆欢快。

而农历四月初八是释迦牟尼诞辰,所以前来的都是佛教居士或信佛的居民,没有正月十五热闹。

这两次庙会时间和人群背后是经济生产方式的缩影。"文革"以前阳关镇的经济发展模式是以农业种植为主,继承了民国时期的小麦、玉米等小规模的生产模式。根据这种经济生产模式,村民只需要把时间集中在农作物种植初期、收割季节这两个阶段,而且小麦、玉米作为一般的农作物,价格比较稳定,所以村民不会投入太多的人力和物力,于是各村的村民不需要花费大量的时间在农作物的照料上,村民平时的生活就有了更多的空闲时间。于是可以更多地投入村落的文化生活之中。其余农闲时间在三官庙、西佛堂、东佛堂的祈福活动也是村民经济生活模式的一个侧面,大家平时也可以来到寺庙举行自发的文化活动。寺庙不仅是阳关镇村落文化活动的场所,也是村落经济生活的剖析面。

在研究村落文化时,经济生产模式是了解人群和社会发展的出发点,它关乎着社会环境中人群的基本需求,这也是人类学研究中的重要关注点。社会文化只有先满足人群的基本需求,才能满足派生需求,才能够去体验不同村落的文化活动。所以寺庙作为村民的派生需求,是在相应的经济生产模式已经满足了村民的基本需求后才出现的。阳关的寺庙文化不仅是简单的民间信仰,也可以是不同角度下经济生产模式的分析面。

3. 村庙与公共文化活动

阳关的公共文化生活也可以在寺庙活动中得到体现,村民参与的寺庙活动也是村落公共文化的一部分,在此的分析依旧是以"文革"以前作为社会背景。公共文化活动是研究社会结构的重要侧面,公共文化活动表现在具体的社会活动中,例如端午节赛龙舟、清明节踏青等社会组织模式,此类公共文化活动都是村落文化的一部分。以寺庙活动为代表的公共文化活动分析也是了解阳关村落文化的研究方法,对公共文化活动的研究一般都会涉及活动地点、时间、人群这三个因素。再将这三个因素纳入活动的具体事件中,此一过程中就能够看到公共文化活动背后的社会事实,能够了解到地方社会的认知系统、人群的社会观念、村落的历史发展。

阳关寺庙活动主要为上述提到的正月十五在佛爷庙的祈福庆祝、农历四月初八对释迦牟尼诞辰的庆祝,这两个公共活动也是阳关镇村民在"文革"以前主要的村落文化活动。对于公共文化活动的分析也会从以佛爷庙为主要场所展开的两个活动入手。正月十五的祈福活动是当时村民参与度最高的民间信仰活动，阳关镇各村都会有人带着一家老小前来拜佛求平安，对此，年纪大一些的村民回忆道：

> 正月十五这一天人们会前往当时的佛爷庙（现在弥陀寺的前身），村民们带着家人在庙中祈求一年的平安幸福，佛爷庙中的主事师傅也会做上一锅粥来分发给前来祈福的村民，其中包括村中原本信仰佛教的信徒和一些仅仅前来凑热闹的村民。主持会在庆祝开始以前和结束以后敲响寺庙的钟声，前来的村民会集体进行一个转经仪式，大家围绕寺庙中一个半圆形场地不停地走动，随后就是给佛祖上香、念经祈祷。主事的师傅还给前来的村民念经传道，教诲大家行善积德。大家还能够在佛爷庙里看唱戏，当时的地主们负责组织村里的人们搭建戏台，大伙就在佛爷庙看从敦煌请来的戏班唱戏，直到天快黑了，人们才各自回家。❶

作为新年的公共文化活动，正月十五的庙会巩固了人们的社会关系，满足了村落生活中人群的情感需求。庙会上的节庆仪式也是分析阳关社会的重要方面，仪式研究一直是人类学研究中不可忽视的一部分，生态人类学家拉帕波特的《献给祖先的猪》就以杀猪仪式中的社会功能来分析僧巴伽人的社会，夸富宴的仪式研究也是对于夸克特人社会中再分配的经济制度的解释。所以在佛爷庙的节庆仪式也反映出阳关社会关系整合的一面，村民在寺庙看戏的过程中，即公共文化满足人群心理需求的表现，也是巩固村落社会关系的体现。地主和主事师傅在这次文化活动中都成为仪式的关键人物，前者通过戏班唱戏的公共活动来巩固自己在村落社会结构中的地位，通过这个仪式表现了自己在经济、权威上的优势。此过程在结构功能主义看来是社会能够稳定的基础，就像夸富宴的社会功能一样，宴会上大量地浪费食物归根到底是通过消费形成强大集权政权的可能，于是社会结构就保持在稳定状态。寺庙中地主仪式参与的社会结构意义就在于此。对于寺庙的主事师傅是融入阳关的社会结构，在拜佛祈福的过程中就有过渡仪式的呈现，先是有序的阈限前，主事师傅给前来的村民提供食物以让村民进入放松的状态，随后是阈限中大家开始变得无序，没有了原来社会结构的身份感，村民先是集体绕圈，到各自祈福，再到主事师傅集体布道念经，最后是阈限后村民回到有序之中。在这一个仪式过程之中村民关系

---

❶ 访谈对象信息：男，汉族，1963年生；访谈时间：2019年7月21日；访谈地点：访谈对象家中。

结构从有序到无序再到有序，人群的社会关系得到整合，同时佛教的善恶观念也整合到村落的社会观念体系之中。所以从以寺庙为公共文化活动的分析中看到了阳关社会的伦理观念体系、社会权力结构。

4. 村庙与乡村教育

乡村教育的发展直接关系着人们的认知水平，教育建设也是社会权力结构的建构。通过研究乡村教育建设中的社会现象可以看到阳关镇的社会结构、权力体系、家族观念以及寺庙的社会功能。教育人类学通常是运用人类学的方法和理论分析、解释人类社会教育发展过程中的社会现象，再通过对此类现象的理解、分析来建构出村落中的社会结构。而在此类研究之中往往最基础的两个方面是学校和学生。寺庙在阳关镇教育文化的发展变迁中占有重要地位，下面从阳关教育发展的历史脉络中探寻寺庙的社会足迹以及村落结构建设。

阳光的教育发展和寺庙有着不可分割的社会关系，寺庙在村落文化中扮演着两个角色。一方面是作为民间信仰的主要场所，在特定的时间举行村落文化活动以丰富村民的文化生活，在活动的仪式中也稳定了社会关系；另一方面是作为学校教育的主要场所，满足固定时空条件下教育发展的需求，也是村落认知体系传承的重要场所。寺庙在双重的社会功能下既保证了村落民间信仰的传承，也推动了乡村教育的发展。入户访谈中几位老人都提到三官庙、东佛堂在阳关教育发展中的历史变迁情况。

> 我记得三官庙比东佛堂和西佛堂都要大，里面有三个佛像，人们说因为有天官、地官、水官，所以叫作三官庙，1944年国民党的军队在这里驻扎过，当时还是学校，有60多个学生，我也在那儿上过学，当时为了给军队腾房间，还把三官庙分为两部分，一半是军队住，一半是学生上课，后来学生直接搬了出去。去三官庙拜佛的人比较少，在"四清"运动的时候就被拆毁，现在已经被改成葡萄地了。[1]
>
> 我记得东佛堂有一段时间做过临时的学校，乡政府打算把三官庙的学校搬到堡子村，堡子村的学校还没有修好就让学生先在东佛堂上学，其实阳关镇最早的学校不是在三官庙，是在景家房子那边，当时景家人离开阳关镇以后，他们家的房子就作为最大的学校。东佛堂新中国成立以前是本地一个道

---

[1] 访谈对象信息：男，汉族，1928年生；访谈时间：2019年7月21日；访谈地点：访谈对象家中。

姑在管理，佛堂就两间房子，墙上挂有佛像，供人们来祭拜上香。❶

关于寺庙我还是比较了解的，我以前在东佛堂上过一段时间的学，东佛堂在现在的寿昌村，寺庙就一间小房子那么大，寺庙里挂着一张佛祖的挂像。那时候的东佛堂做过一阵子的学校，学校分为初小、高小。初小就是一到三年级，高小就是四到五年级。我在那儿上了四年学就没有再去了。东佛堂的老师都是乡镇上安排的人，我记得有马玉昆和许邓科，他们都是在敦煌初中毕业的本地人。佛爷庙听说是民国初期修建的，西佛堂是本地人修建的，三官庙是一位叫方道的道士修建的，三官庙好像在1958年就被拆毁了。❷

在南工村东面还有个东佛堂，记不清楚是什么时候修建，只记得在20世纪50年代办过一个扫文盲的速成班，东佛堂比较小，里面也有佛像。另一个小时候经常去的寺庙是三官庙，地处北工村，就是现在的寿昌村三、四组，三官庙就比较大，有一个大大的院子和房屋，在1958年还有部队在那儿驻扎过，那儿还办过学校，直到"四清"运动时才被拆毁。❸

根据村民的回忆可以勾勒出寺庙作为学校的变迁史，也可以发现阳关乡村教育背后的社会结构。在阳关镇作为学校场所的寺庙就只包括三官庙和东佛堂，三官庙在中华人民共和国成立以前就已经修建，当初的社会功能有两个方面：一方面是作为民间信仰的公众场所，另一方面是作为乡村学校以及军队的临时驻扎地。在这段历史背景下可以构拟出当时的社会面貌。因为三官庙的占地面积较大，而且除去正月十五的庙会以及农历四月初八的佛祖诞辰外，多数时间处于闲置状态，为了能够更好地组织开展社会活动，乡政府就将三官庙作为阳关镇学校的首选之地。但是三官庙只是阳关学校教育变迁中的一部分，随着堡子在乡镇中成为文化、经济、管理的中心，学校也开始被规划到堡子附近，于是三官庙的第二个社会功能就被弱化。随后是在过渡时期东佛堂的接手，东佛堂的建筑面积较小，只有简单的两间房屋。通常也只是村民拜佛祈福的场所之一，在村落社会结构中的作用不大。而其作为学校修建过渡期的教育场所，可以研究分析教育变迁中的适应性问题、受教育者的社会阶层、传统观念和现代教育的融合。

就像俗话所说"麻雀虽小，五脏俱全"。虽然东佛堂的建筑面积小、村落

---

❶ 访谈对象信息：男，汉族，1963年生；访谈时间：2019年7月21日；访谈地点：访谈对象家中。
❷ 访谈对象信息：男，汉族，1939年生；访谈时间：2019年7月22日；访谈地点：访谈对象家中。
❸ 访谈对象信息：男，汉族，1939年生；访谈时间：2019年7月23日；访谈地点：访谈对象家中。

结构地位不突出，可是通过对上学人群结构的分析，依旧可以看到阳关社会的大结构。首先是教育变迁问题，教学场所从三官庙迁到东佛堂以后，上学的人数就变少了，而留下来继续接受教育的此后多在乡镇的权力结构中发挥关键作用，而那些多是当时村里干部或地主的子女，所以在教育场所的变迁中能够适应的都是在当时的社会结构中具有结构优势的人群，例如镇上马姓家族就在教育事业中占据主导地位，在东佛堂作为学校过渡时期任用的教师就只有姓马和姓许的二人。所以马氏家族在阳关教育结构中的地位，也可以反映出马氏家族在阳关社会权力结构中的重要性。

东佛堂作为民间信仰活动的场所和现代学校教育过渡的结合体是否存在冲突，这一思考也成为研究村落传统文化和现代观念碰撞的重要课题。前者是传统村落文化中的佛教信仰，后者是现代教育中的认知观念。二者的交流碰撞促进文化变迁中认知结构的再创造。东佛堂作为佛教民间信仰的场所，在阳关寺庙结构中并不突出。它只是村民农闲时求佛祈福的场所，不具备举办重要民间文化活动以及佛教信仰仪式的条件。它在彰显宗教信仰、教育发展两个社会功能的过程中，使得佛教的宗教观念融入道德教育的村落文化体系之中。这一文化交融的过程正是社会变迁中传统观念和现代观念的再创造。寺庙只是社会变迁的载体，我们能够在载体上构建出村落社会的各个方面。

一定程度上来说，早期阳关村落文化依附于民间信仰的实体——寺庙，在不同社会功能的作用下融入村落文化体系。村落的公共文化生活极大地依附寺庙的活动，村民们在各种节日时聚集于寺庙，在此欢庆节日盛典，此时寺庙的社会功能就成为公共文化的载体，公共文化依附寺庙载体融入村落文化体系。阳关教育事业也在早期建设阶段依附于三官庙和东佛堂，在双重社会需要下融入村落的文化体系。此外移民记忆也依附于西佛堂来发挥社会的整合作用，使得新的人群可以更好地融入阳关的社会体系。经济生活的依附则主要是以劳动群体的参与为分析点，由此来理解依附双方在村落社会体系中的位置。

以上就是"文革"以前寺庙中的阳关社会，寺庙在阳关中虽然只是一个点，但是也能够看到一条线，最后再到阳关社会的一个面。

（二）"文革"以后的村庙及变化

"文革"是中国社会结构解构的重要时期，中国千千万万个村落文化都经历了"文革"的解构。村落文化在一段特殊的历史时期呈现出特有的社会结构模式。对于阳关来说，寺庙的社会功能在"文革"期间彻底被清除，佛爷庙、三官庙、西佛堂、东佛堂都是在这一时期被拆毁，它们都是"四清"运动中整顿的主要对象。于是在社会的变革中，作为阳关村落文化的佛教文化被排除在村民的文化生活体系之外，直到20世纪80年代初期，原来包括民间信仰在内的村落文化开始复兴，在近十年"文革"的压抑中，人们开始回到以前的生活模式。寺庙文化的复兴则体现在新建的两座寺庙地点，一个是村民自行组织修建的老庙，另一个是由敦煌市佛教协会主持修建的弥陀寺。两者都是20世纪80年代以后村落文化复兴的缩影，也能够从分析中看到阳关镇新的社会结构模式。老庙是在20世纪80年代初期北工村（现在寿昌村4、5组）村民自发组织修建，村民们还自发建立管理组织。一位居士回忆起老庙修建中的趣事：

> 直到20世纪80年代村中没有太大的约束和控制时，我们北工的村民就在蒋子兴的带领下修建了现在的老庙，当时主要是蒋子兴领头加上几个信徒一起筹资建设，大家在村里较为边缘的地区慢慢修建起来，当时并没有得到村干部的允许，属于私自修建。信佛的村民们各自出一部分的力量，今天你一瓦，明天我一锄就修建起来。虽然当时十分辛苦，但是大家还是坚持在白天干完农活后，就去老庙聚会叩拜。老庙在几个主持师傅的管理下开始被村里的村民发现，并且发生冲突。在老庙附近放羊的老汉经常欺负当时的清云师傅，老汉将羊群随意乱放来损毁寺庙周围的环境，清云师父则不敢和老汉争斗，因为老汉负责的是公社干部的羊群。另一位振慧师父也时常与村里人发生矛盾，由于振慧师父在敦煌雷音寺出家修行时，曾和寺内的僧人发生过争斗，所以被雷音寺赶了出来，于是在村民和信徒的心中没有太好的形象。可振慧师父却每天辛苦地打扫寺庙，于是一些居士还是十分敬佩振慧师父。老庙修建完成以后信徒们开始组织协会，协会负责协助管理老庙并积极地和敦煌市宗教协会、佛教协会协商以获得正规的认可。协会内部的成员则时常与振慧师父发生争执，认为振慧师父已经被雷音寺赶出寺庙，就不再是正式的佛教师父，不希望他继续管理老庙，最后振慧师父在信徒和村政府的双重压力下离开了村子。所以老庙从那以后就没有佛教师父管理，寺庙也就处于关闭状态。钥匙交由协会的会长保管，仅仅在有人要去拜访时才给他人打开，其他时候就处于闲置状态。老庙由于长期没有人管理、祭拜，现在已经严重破损（见图8-1）。❶

---

❶ 访谈对象信息：男，汉族，1932年生；访谈时间：2019年7月17日；访谈地点：访谈对象家中。

第八章　阳关地区村落文化与功能

图 8-1　阳关寿昌老庙大门（王颜衡摄于 2019 年 7 月 14 日）

从老人的回忆中可以分析出村落文化在社会变革之后的文化整合过程，"文革"以后再建的寺庙已经不再具备以前宗教信仰、移民临时安置点、学校过渡场所、公共文化活动场所的社会功能。寺庙在新的阳关社会结构中反而成为人们文化生活的冲突点，"文革"中塑造的社会观念将寺庙文化排除在村落文化体系之外，于是在 20 世纪 80 年代以后村中已经没有太多信佛的群众。而老庙的修建则是"文革"以前群众心理上的再复兴，将已经脱离了阳关村落文化体系的寺庙文化再次建构到现有的村落体系中，必将导致文化的冲突和碰撞。

老庙文化体系再融入的模式背后是阳关社会结构的转变，村落中佛教信仰观念的断层注定了民间文化融入的失败。首先是乡镇权力和老庙的矛盾，其次是老庙管理中内部的矛盾，二者都说明了寺庙文化的复兴需要新的模式，老庙的修建只是传统村落文化渴望复兴的艰难过程，其中也是社会的不同结构下村落文化活动如何再次绽放新生命。弥陀寺的修建就是新的社会结构下民间信仰努力适应村落文化的新体系。

图 8-2　清净的阳关弥陀寺（王颜衡摄于 2019 年 7 月 18 日）

弥陀寺是现在阳关镇唯一合法存在的寺庙（见图 8-2），弥陀寺的前身就是佛爷庙，佛爷庙据说在北宋时期就修建了，分为上庙和下庙，寺庙里有道家的东西，寺庙里面修建了许多摆放佛像的房间。传说玄奘东归途中经过此地，并在此地念经布道，此后人们为了纪念玄奘就修建寺庙，后逐渐成为阳关人口中的佛爷庙。佛爷庙在"文革"时期被拆毁，现在的弥陀寺就是在以前寺庙的基础上修建而成，现在隶属于敦煌市宗教委员会、敦煌雷音寺管辖。

弥陀寺的布局主要分为三部分，首先一进院子里，有一根旗杆，后面是一尊小弥勒佛像，再后面是方形香炉祭拜地藏王菩萨。两侧竖立两座石碑，上面撰写了前来祈愿者须遵守的佛家戒律，右侧有撞钟。第二部分爬上一段台阶后是大堂，两侧是法器摆放室，中间为大殿，佛家信徒在此烧香求缘。第三部分再经过一段台阶后来到观世音菩萨上香地，该处较为空旷，观世音菩萨像立于高处，香炉前有"慈航普渡"（慈航普渡：仙佛以尘世为苦海，故以慈悲救度众生，逃离生死海，犹如以舟航渡人，故称慈航、慈舟）四字。弥陀寺在 2001 年修建而成，弥陀寺的修建得到了乡政府和敦煌宗教局的支持，其背后不仅有阳关佛教信徒的努力，还有国家政策发展的需要以及阳关村落文化建设的需要。相比于 20 世纪 80 年代初期村民自发组织修建的老庙，这一时期的寺庙文化建设进入另一个阶段。寺庙文化依旧尝试着融入阳关村落文化体系，只是文化整合的方式开始发生改变。弥陀寺新的社会功能开始出现。虽然寺庙已经不再是文化活动的中心之一，乡镇中佛教信仰人群也出现严重断层，但是寺庙却以另一种方式继续融入阳关社会结构中。现任弥陀寺的师父感慨寺庙发展的艰难道：

> 我老家是定西的，我是从定西迁到瓜州，再从瓜州迁到敦煌，我现在出家已经8年了，我是2010年在雷音寺出家，在雷音寺待了四年后，就被派到阳关镇弥陀寺待到现在。我来到阳关镇以后去过三个庙寺，第一个是老庙——属于非正规的民间组织，在寿昌村北面，在村民的自主组织下开展经济活动；第二个是阳关的西佛堂，位于阳关村的东南面，现在已经成为寺庙的遗址；第三个就是这里。现在村里信佛的人太少了，而且都是些老年人。人们就只是在正月十五来祈福、求平安，有些居士会在农历四月初八来拜佛。多数时候这弥陀寺就我一个人，每天就整理佛经、打扫寺庙。在阳关的旅游季会有很多游客前来拜佛祈福，这个时候就会给一些经济上的施舍，现在寺庙的修建都是靠募捐，正殿后面山顶的菩萨像就是有钱的老板出资修建。村里人都很少愿意花钱来修缮寺庙，大家都把钱花在城里买房、买车上，哪还有钱来资助寺庙，平时也忙着种葡萄，哪有时间来寺庙祈福。只有为数不多的老人会在一些节日来祈福、求平安。现在政府都想着发展经济，对于寺庙这种文化建设关注不多，村民也都一心向钱看。现在寺庙还经常和野麻湾生态园闹土地争端，他们经常把水都放到寺庙的田地里，后面修建了围栏把野麻湾和弥陀寺分开，算是暂时解决了问题。主要的原因是乡政府在20世纪80年代将庙湾承包给了私人，现在私人想在水源优势下修建野麻湾生态园来发展经济，但是国家又正式批准21亩土地来修建寺庙，寺庙的土地刚好和野麻湾生态园有些重合，所以我和他们就经常在这上面争论，最后在乡里的调解下搁置了。❶

弥陀寺作为阳关寺庙文化现存的代表，寺庙的建设模式是研究传统文化再次整合到村落文化体系的重要切入点，从弥陀寺师父的讲述中可以分析出寺庙文化融入的模式，这一模式初期就是从经济结构中整合到村落文化中。对比老庙修建案例的分析可知，在寺庙文化脱离村落文化后，再次将其整合到村落文化体系中的人群基础很薄弱，所以仅借助满足人们信仰心理的社会功能无法维持老庙，最终老庙成为寺庙文化再创造中的牺牲品。弥陀寺的修建在国家发展村落文化的政策下得以复兴，再通过阳关经济建设中旅游经济的推动，迎来寺庙文化的再生。这一模式就是先整合到阳关的经济结构中，

---

❶ 访谈对象信息：男，汉族，1962年生；访谈时间：2019年7月12日；访谈地点：阳关弥陀寺内。

再从经济结构中整合到村落的文化体系中。

其中必然出现寺庙文化再适应的矛盾，野麻湾的土地争端就是寺庙文化整合过程中的社会冲突，从野麻湾土地争端也能够看到现在阳关经济结构的调整，乡镇开始尝试发展多样化的经济模式，阳关葡萄种植的规模化带来村民经济收益增长的同时，也形成了一套固定化的经济模式，为了适应市场经济，进行多种经济模式的尝试成为必然。于是，阳关的旅游业快速地发展起来，借助文化资源来构建一个旅游生态圈，使其形成葡萄产业+旅游产业的双轨模式。而寺庙文化就是阳关文化资源的一个点，由此慢慢衍生出其他文化资源的线，再到生态旅游的面。野麻湾生态园则是旅游生态圈中的自然资源，是阳关旅游模式中的一部分。寺庙文化也将在社会经济发展中整合到阳关村落文化体系之中。《神堂记忆》中的孔家寺庙作为旅游景点被整合到中华文化体系之中，弥陀寺的文化整合也将会是人类学研究的重点。

在"文革"以后，阳关除去佛教信仰以外，还有基督教和伊斯兰教。后两者都是"文革"之后社会结构转变的产物，能够从分析中看到阳关社会从"文革"到现在的民间信仰变化情况。同时通过现在的民间信仰现象来剖析阳关社会的村落文化状况。基督教信仰是20世纪80年代才传入阳关的，伊斯兰教信仰则主要是由20世纪90年代左右集体前来阳关务工的回族群体传入，因为伊斯兰教信仰只是短期务工人员而不是阳关居民的，所以此处不予重点关注。

阳关村落文化中不同信仰系统的出现，能够从多个信仰体系认知村民在阳关社会发展中的生活，在入户访谈中就有一位老伯回忆基督教在20世纪80年代传入的过程：

> 我们家是阳关镇的老户，阳关镇一九九几年才开始有基督教传入，当时的基督教总部是在敦煌市七里镇，大概有200~300人，都是些退休的工人和一些公职人员。传到阳关镇以后分为两个派别，一个是基督教的仪式，比较复杂，而且思想比较邪门，那个时候的信众被要求在吃饭前祷告，所以早、中、晚饭都要祷告，村民都认为比较麻烦，传教的还说无论家里来多少人"二两米都能吃饱"，而且要求村民头上蒙布念经，还强制别人加入，最后就被村委会的干部禁止掉了，说是信邪教违法，九几年的时候村里还有一些老师、干部、共产党员信基督教。
>
> 另一个就是村委会说是可以信的，也被阳关镇派出所登记在册。我们现在信的这个，一般没有什么活动，平时也没有固定的地点，大家就是在信众

家中学学圣经的故事,教育我们不要干坏事,还有就是唱唱歌,我们村里六十几岁的信众比较多,年轻人都忙着种葡萄,没有太多时间,村里大概有二十几个人。我们都是在圣诞节才会去七里镇的基督教总部,平时就是七里镇总部派来传福音的人在下午七点到十点的三个小时内给我们讲圣经的故事,教我们唱唱歌,一个月一般就来一次,大多数时候就是冬天较闲的时候。每年圣诞节村里信众都会提前一天去七里镇,七里镇总部包吃包住。村里信基督教的人在2002—2003年有所增多,以中年人为主,年轻人都去城里打工赚钱,老年人身体又不太方便,所以信仰基督教的人就越来越少。❶

结合前面的内容分析村民简短的回忆,可以看到阳关社会在20世纪80年代村落社会的改变,"文革"对于民间信仰控制的结束,使得村民们开始接触到佛教以外的民间信仰。同时阳关社会在经济生产模式中引入了葡萄种植,经济生产结构的转变将会使得人们的生活模式发生改变,在新的生活模式适应新的经济生产结构的过程中,阳关构建了不一样的信仰结构体系。基督教在村民的生活中慢慢成为一种文化信仰,发挥它满足村民心理需求的社会作用,也成为民间信仰适应社会发展的事例。基督教信仰在发展的过程中不断地适应阳关社会,简化宗教仪式、提供文化娱乐、融入村落道德观念。它反映了宗教信仰在新的社会结构中必将适应社会的发展模式,在阳关村民的生活实践中慢慢融入阳关的信仰体系。伊斯兰教信仰则是阳关经济生产模式的重要表现形式之一,它的存在具有季节性,总是伴随着葡萄产业的种植和采摘。在村落中也主要是以回族人群为主,阳关镇从20世纪80年代开始葡萄种植,20世纪90年代形成大规模的种植,2000年后收益开始逐渐提高,现在已经是阳关大部分居民的主要收入。

阳关镇葡萄种植和宗教信仰的相关性,是经济发展中社会人口流动造成的宗教文化与地方文化体系的碰撞,可以从经济生产结构来讨论宗教文化如何融入村落文化的认知体系。在阳关季节性的信仰模式中,也出现暂居的回族人,他们似乎已经找到融入阳关社会结构的方式。少数回族人选择在阳关镇做收购羊肉的生意,在田野间总能听到"收羊咯,收羊咯"的吆喝声。这也成为阳关信仰文化融入特有的一种方式,虽然相比于季节性的回族务工人群来说规模较小,但是定居的生活模式更能长久地融入当地的信仰体系。季节性的回族人群更多是经济生产结构上的融入,是从经济结构上短暂地嵌入

---

❶ 访谈对象信息:男,1953年生,汉族;访谈时间:2019年7月18日;访谈地点:访谈对象家中。

阳关的地方生活中。在葡萄采摘的农忙季节,各村都会迎来回族"大军",阳关镇也做起季节性的生意,平时闲置的清真餐厅、小旅馆都开始营业,带着收获的喜悦阳关进入一年中最为辛苦而快乐的时期。这就是阳关特殊经济生产模式下信仰文化发展的现状,基督教信仰融入阳关地方信仰体系过程中,偏重于满足村民的文化心理需求,伊斯兰教信仰的融入则更多是从村落经济生产结构入手,对比于此前弥陀寺的分析可以看到阳关镇的信仰体系更加多元,信仰体系都还处在融入地方文化体系的初期,各自从不同的方面满足阳关社会发展的需求,将宗教信仰融入社会主义社会发展中。

二、公共文化生活

阳关的公共文化生活也同民间信仰一般经历了解构和建构的过程,在阳关社会的发展中不断适应新的社会环境、经济模式。阳关公共文化变迁背后是社会变革中村落文化体系和经济结构的转型、人群结构的变动等村落社会发展中常见的社会现象。在阳关的研究中将会从三个方面来分析村落的公共文化活动,第一方面是民间戏曲文化活动变迁,第二方面是现有集市的社会功能,第三方面是社火演出与变迁。民间戏曲和集市研究是阳关镇公共文化活动的两个不同方面的同一出发点,通过研究二者可以看到阳关社会的文化信仰体系、经济生产模式、村民的历史记忆,从中认识不同角度的阳关社会。二者的主要情况将主要从地点、时间、人群的变迁入手,而社火不仅更加凸显了迁移性村落的民间文化集成情况,更显示了民间大型文化活动随着社会结构的变化而发生变化的情况。

(一)民间戏曲

阳关人把民间戏曲称为唱戏,是阳关社会中大众参与较多的公共文化活动。阳关人在特定的节日就会有组织地开展唱戏活动,这也成为阳关人主要的精神文明活动,唱戏活动的组织模式分为两种,一是村民自发组织,二是政府组织管理。发展阶段主要是:阳关戏曲民国时期就已经有,但大多是邀请敦煌的戏班到阳关来演出,后来逐渐形成了阳关人自己的戏班,在"文革"等特殊时期停演,20世纪80年代初恢复,直到90年代中期之后逐渐衰落。在20世纪90年代以前,阳关镇的戏曲大部分都是村民自组织和村委会组织管理,90年代以后就出现了村民自我组织的模式。入户访谈时一位老人回忆自己唱戏的经历:

我是从阳关村嫁到寿昌村,是阳关镇的老居民,小时候就在阳关小学上学,现在已经重新翻修成为阳关中学。我在小时候就已经听过当时的老人们唱戏,所以对唱戏十分喜欢,记得在以前的老戏台听老人唱戏时还流眼泪呢,于是在上小学以后就开始学习唱戏。听唱戏是当时人们主要的娱乐活动。

我们以前都是在阳关镇乡政府的文化室举办唱戏活动。在20世纪80到90年代,阳关镇听戏的村民比较多,我们的热情也比较高涨,所以元旦、春节等节日都在乡政府的文化室排练演出。我们那个时候有二十几个人,被称为业余剧团,乡政府在1984年修建了新戏台,节日时大家都去新戏台看唱戏。新戏台就是现在赶集场地那个大台子,旧戏台是在寿昌村,因为坐北朝南,光线不好,破损严重就被乡上拆除了。过节唱戏的活动都是村里组织,那个时候还属于工分制,男的一天给10分,女的一天给8分,我们都是靠赚取的工分在年底来换钱和粮食。在正月初五村里的人家都去弥陀寺上香时,也会有唱戏的村民组织去唱戏热闹热闹,就是现在寺庙比较小,大家去还是以上个香、求个平安为主,那个时候大概有200来号人。但是1990年以后唱戏的人就少了,那些唱戏的人都老了,没有精力再去唱戏,加上村里没有太多人去看,都是些老人,年轻一辈不是在城里打工,就是忙着在家种葡萄,闲着的时候也是玩手机、看电视。随着国家的发展,电视、手机的普及,村里的人们就不再喜欢看唱戏了,也没有人去继承和发扬。现在都是村里几个老人在唱,戏团的名称在20世纪90年代以后就改成自乐班,大家只在农闲时候,你叫我、我叫你,在自家屋里唱着玩,还有就是在四月初八、五月初五时,大家自己唱着听。其他乡唱戏的情况比较好,他们有专业唱戏的演员在各个村子轮流演出,搞得比较热闹。阳关镇的就比较少,虽然村里也有文化发展资金,但是没有年轻人去学,现在唱戏、听戏的都是些以前喜欢的老年人,唱戏在村里已经不像以前那么热闹了。❶

阳关的唱戏其实就是秦腔,有的地方又叫"眉户戏",流行于中国西北的陕西、甘肃、青海、宁夏、新疆等地,其中以宝鸡的西府秦腔最为古老,保留了较多古老发音。2006年5月20日,经国务院批准列入第一批国家级非物质文化遗产名录。秦腔所演的剧目数以万计,传统剧目大多出自民间文人之手,题材广泛,内容纷繁。据原陕西省剧目工作室(现陕西省艺术研究

---

❶ 访谈对象信息:女,汉族,1953年生;访谈时间:2019年7月14日;访谈地点:访谈对象家中。

院）1958年挖掘整理的统计仅存约3000多本。这些剧目主要以反映历史事件的悲剧、正剧居多，表现民间生活、婚姻爱情的剧目也占有一定比例。历史剧多取材于"列国""三国""杨家将""说岳"等说部中的英雄传奇或悲剧故事，其中三国戏有108部，杨家将戏有85部；其他题材还有神话、民间故事和各种公案戏。在阳关演唱的主要曲目有《赶坡》《铡美案》《李延贵卖水》《辕门斩子》《柜中缘》等。现在，像20世纪90年代中期之前一样由村里民间统一组织的唱戏已经不存在，村民们尤其是年轻人对唱戏基本不感兴趣。而各村或超越村庄边界，一群喜爱唱戏的民间戏曲家组织建立了民间"自乐会"，每逢过节都会聚集在一起热闹一番。通过访谈得知，由于当地气候对农业条件的限制，农忙开始得早，结束得晚，从3月到11月基本没有闲暇时光，年轻人都忙于生计，因此也间接造成了秦腔如今的窘境。以下是一位被誉为"阳关唱家"的老人所说的话：

> 我主要唱的是古装戏，现代戏我也会唱一些，现代戏被称为"眉户"，我唱戏是从24岁那年开始的，到现在有42年了。我们这里主要就是秦腔，在"文革"时期不让演了之后，我们停滞了十几年，到了1982年又重新开始，像元旦、春节、中秋之类的节日里，我们就会拿出我们的作品在村里进行表演。当时我们就改名了，叫"业余剧团"，大概有个20多人，这些人老的老、走的走了，村里就剩我们几个人了。到了20世纪90年代，慢慢地戏曲就开始淡化了，人们也不再关注了，以前戏曲就是我们村里的主要文化活动。新戏台大概是在1984年修的，在那之前都是去老戏台，那时候年轻，戏词一看就能记住，也没有留下几本戏谱。俗话说"十戏九不同"，每个地方的戏曲都有自己的特色，就算是同一个戏也不同。在以前我们唱戏是给工分的，男的10分，女的8分。到了20世纪90年代，我们就变成自发组织了，又改了一次名，叫"自乐班"，农闲的时候就在村里随便找个地方开展这些活动。国家给我们的优惠是很不错的，专门给我们腾出了排练的场所，给我们提供了方便，但是没有年轻人继承这些东西了（见图8-3）。❶

从老人们简短的唱戏人生，就可以看到阳关公共文化活动的变迁过程，唱戏场所从堡子到旧戏台再到新戏台，听戏的人群从大部分的村民到现在的老年人，组织方式也从乡政府到村民自我组织，一系列社会结构的变化都是

---

❶ 访谈对象信息：女，汉族，1953年生；访谈时间：2019年7月17日；访谈地点：访谈对象家中。

村落文化适应社会发展的结果。唱戏只是阳关公共文化活动在社会发展中的缩影，我们通过这个缩影能够看到阳关的文化生活、村落文化体系。冬季的阳关只剩下部分老年人，村中出现空巢现象。其他季节大家都从敦煌市的住所来到阳关，在自家田地里忙碌着种植葡萄，镇上的商铺也都开始营业了，迎接季节性的收益。阳关镇"居城劳乡"的居住特点反映出前文提到的经济生产模式影响着村民文化活动，大家都将大量时间投入葡萄种植产业，也就没有时间开展村落公共文化活动，再加上唱戏人群结构的断层以及对乡镇公共文化活动发展的忽视，最终造成了唱戏从以前的全乡热到现在的老人热的状况。这也令人反思乡村文化如何在经济发展中找到合适的位置，如何满足人民对美好生活的向往的需求。

图 8-3　阳关"自乐会"戏班在活动（王颜衡摄于 2019 年 8 月 1 日）

阳关另一位有名的戏曲演唱爱好者也说：

  咱们学这个戏曲，六分靠的是自己的热爱，剩下四分才是之后的训练。我是从 1962 年开始学的这个。当时我上的是半天种田、半天上学的学校，那几年我就开始学这个谱子。人一旦学会了一种乐器，剩下的也就通了。我去过很多地方走南闯北，新疆的很多地方我也去过，如罗布泊、阿勒泰、哈密等地方，他们的乐器我也会一点，当时一拿到手就会弹了。在以前这个秦腔是非常火热的，平时，我们这群唱戏的兴致来了，就聚一聚、唱一唱，很是欢乐，别人家办婚礼或者丧事也会请我们唱上一整晚。节日的时候就更不用提了，热热闹闹的，气氛非常好，后来到了"四清"运动、"文革"时期就不让唱了。再到后面 1978 年改革开放的时候，村里的领导开始重新重视唱戏这些东西，就让我们重新开始唱了。现在的年轻人对戏曲不感兴趣，更喜欢从电视上、网络上去了解这些东西，没有人愿意去实际学习和了解，你硬逼人不好，也没人传承，村里唱戏的人没剩几个了。❶

"文革"时期的阳关和我国大多数地方一样，当地文化受到了比较严重的冲击，最为明显的便是"秦腔"。通过访谈笔者得知当时唱戏的人们被禁止唱秦腔，如果要唱只能唱现代戏，现代戏作为新兴的戏曲类型，不是很受老一辈人的推崇，人们对戏曲的热情慢慢消退，秦腔也不再辉煌。村里过去有很多寺庙，而在"破四旧"运动中大部分被拆除，当时被学校安排去劳动的小学生现如今都成了村里的老人，他们的回忆时而清晰，时而模糊，由于年代太过久远，因此对当时的情形无法做到准确描述。

随着唱戏的活动形式在村落文化中没落，老年人也开始寻找新的文化活动形式，部分老年人开始在电视节目中体验现代化的文化生活，一些老年人则在乡镇中心街道上用打牌、下棋来开展自己的老年文化生活。阳关镇为此还筹划并修建了老年人的日间照料中心作为老年人公共文化活动的场所。从以上分析可以看到阳关镇公共文化活动的现状，公共文化活动在传统村落唱戏文化的没落、经济生产模式的转变、社会组织结构的变化中，发展出以依托经济生活为主的集市公共文化活动以及以老年人为主的公共文化活动模式。

（二）集市

另一个需要注意的公共文化活动是阳关的集市，集市的研究能够更好地了解地方社会的经济生活。集市最早是2017年出现在阳关镇，当时是由敦煌的商贩们自己组织。那个时候还在阳关镇的转盘路上，老人们平时没事都会在那儿下棋、打牌、聊天。商贩们发现了商机，就陆陆续续地来到阳关镇。刚开始组织起来的时候时间不定，商贩们缺乏有效的管理策略，各村前来赶集的村民影响了交通秩序，大量的三轮车、摩托车阻碍了交通。所以阳关镇政府于2018年开始正式接管集市，镇政府先是对地点和时间进行整改，选择了镇政府的文化活动广场作为集市的开市地点，广场面积比以前的转盘路要大，有五个篮球场那么大，再加上一个戏台。新的赶集地点是一个较为封闭的场所，保证了商贩入驻后能够更好地进行管理，人口流动也比较方便，时间则规定为每个月三次，分别是10日、20日、30日。每月的这三天各村的

---

❶ 访谈对象信息：男，汉族，1946年生；访谈时间：2019年7月22日；访谈地点：访谈对象家中。

村民都会来到集市，距离比较远的村民都开上三轮车和摩托车前来，距离近的村民还带上一家老小来购物，这一天各村的村民都会抽出空闲时间来采购必需的生活用品。集市的商品不仅种类多，而且价格便宜。集市的摊位现在不是固定的，也不需要缴纳任何费用，各个商贩每次的位置都有所变动，但是大体布局没有变化。集市的布局可以分为7大区，蔬菜水果区、五金用品区、茶叶甜品区、服装布鞋区、食品调料区、小吃区、床上用品区。各个商品区都占据大概的位置，只有细微的改变，通常是根据商贩赶集到来的早晚排列。七大商品区中较为固定的就是蔬菜水果区、服装布鞋区、茶叶甜品区、五金用品区，基本都是从广场戏台向广场门口依次排列，在广场进口处商贩排列成三排，中间留有过道，过道宽度能够容纳三轮车，一些村民会驾驶着三轮车进入集市购买商品，多数村民则将三轮车停在广场进口处，为了能够更好地疏通交通，镇政府安排管理人员来指导村民们安放三轮车。商贩摊位分布在集市中三条主干道上，进口左边是生活用品、服装布鞋、床上用品，中间有甜品、油炸小吃、调料、商品推销摊，右边是服装布鞋、床上用品、五金用品。在戏台附近是蔬菜水果，村民必须走到广场的最里头才能购买到蔬菜水果。在戏台的右边多出一个小广场，原来是敦煌市阳关镇民兵营、阳关镇老年人日间照料中心的广场，现在成为商贩摆摊的一角，由于位置比较偏僻，不易引起村民注意，所以商贩对这个位置比较排斥，大家都不愿意在那里摆摊，商贩彼此也有摊位的竞争。大家都考虑临近摊位对自己商品销售的影响，例如，食品类的都不愿意和卖肉摊位待在一起，其他摊主都说卖肉摊容易招来苍蝇，这影响了村民对食品的好感，所以大家对摊位安排都存在争议。阳关镇政府将对集市进行规划，届时集市的摊位将会固定，商贩也要交纳一定的费用。阳关镇集市也会不断规范化、合理化。

集市不仅是村民经济生活的一部分，也成为阳关镇公共文化活动的一部分（见图8-4）。在赶集时节总能看到街旁道路上成群的老人、小孩，赶集使得村民们能够走出家门聚在一起：老人们东一堆、西一块坐在一起聊天，中年人则抽出农忙空闲采购生活用品，小孩成群地闲逛。阳关镇集市的一天就是如此，赶集那时就成为村民们的公共文化活动，一种依附于经济生活模式的公共文化活动。集市场所中提到的老年人日间照料中心是分析阳关公共文化的重要部分，前文提到阳关镇大部分村民群体忙于葡萄种植，没有多余时间参与公共文化活动，青年人群体的活动主要在校园，老年人群体就成为公共文化活动的主体。

图 8-4 阳关集市一角（王颜衡摄于 2019 年 7 月 30 日）

值得注意的是，阳关的集市并不是区域内的特殊现象，而是敦煌市各村镇都有的现象。这是随着交通的发达，在区域内形成的市场，敦煌市在全市范围内根据村民的需要，对辖区内的集市统一进行规划，最终形成了习惯性的乡村集市活动，不仅方便了乡村人们日常的购物，丰富了村民的生活，同时也活跃了市场。这一活动现在已经从政府的组织规划成为乡村自觉的集市行为，是乡村公共生活的部分。这种模式，也广泛存在于中国广大乡村。虽然阳关没有长久定居的回族、东乡族等少数民族，但这不妨碍他们加入集市行列，成为阳关集市中的一员。正如一位在阳关集市上售卖酿皮子、炸鸡和鸡肉的回族妇人所说：

我们家是 20 多年前从甘肃临夏来敦煌的，就住在敦煌市区。因为我老公身体不好，也没办法去打工，所以就在家做酿皮子、收拾和整理鸡肉，我和女儿每天赶集来卖。我们每天都在赶集，每天在不同的地方。阳关算是比较远的，早上我和女儿就开着这个车赶过来，路上走差不多一个半小时。生意还可以，每次来阳关我的酿皮子都会早早卖完，炸鸡也卖得快。今天的集市也快结束了，我卖了五六百块的样子，能有个 200 多块的收入吧，还算可以。我参加阳关的集市已经两年多了。卖酿皮子的有时候还有一家，但一般都是我们一家，生意比较稳定。卖炸鸡的还有一家汉族人，生意估计和我们家差不多吧，但是没和他聊过。来买我们家酿皮子的都是当地人，因为这里没有定居的回族，只有几家做生意的。每次的集市大约下午四五点就结束了，我们也早早回家去了。[1]

---

[1] 访谈对象信息：女，回族，1966 年生；访谈时间：2019 年 7 月 30 日；访谈地点：阳关集市。

（三）社火

阳关地区的另一种民间公共文化活动就是社火演出，它的变迁也代表了阳关地区社会文化的变迁，其特点集中体现了阳关作为一个移民乡村的特质。一般而言，甘肃东部和河西走廊地区的非回族主体村庄都有社火表演，人们认为表演社火不仅是为了庆祝过去一年的收获，更主要的是为了祈求在新的一年中庄稼丰收、牲畜平安。

社火，古为"社伙"，北方为"射虎"，南方为"秧歌"等，后为"社火"。作为民间的一种综合性、群众性娱神娱人的文化活动，社火主要祈求风调雨顺、驱邪禳灾。所谓"社火娱神，香火娱人"，更是体现了中国传统农业社会生活风俗景观的集体性庆典狂欢活动。其形式多样化，有"背社火""马社火""地社火""黑社火""白社火""血社火""车社火"等；内容上有化装表演的高台、舞狮舞龙、跑旱船、扭秧歌等，一般在中国传统节日——春节时举行。各地风俗略有差异，但多在正月里开始，直至正月十五日或十六日结束。因此，很多地方有"闹社火""要社火"或"扮社火"的叫法，按现代的说法又被誉为中国民间的"狂欢节"。

作为一种传统的民间文娱活动，社火流行于整个河西走廊地区，可以说，演出社火是河西走廊许多乡村除回族以外的群众在冬季农闲季节举行的规模盛大、集祭祀、娱乐为一体的群众性民间综合民俗活动，也是本地区人们最大的群众性表演活动。耍社火时参与的演员众多，有的村子几乎是倾巢出动，表演时间一般是一至三天。过程是早晨从"火神会"里化妆（"火神会"是每年在村里由会头们选定的普通人家，负责社火表演的日常训练、饮食等）出发，按每年所走的路线进行表演。表演的节目繁杂，有拉花姐、高跷、藏舞、光棍舞、八洞神仙、唐僧师徒、花鼓、旱船、耍棍子等。

演出前一两个月就由"会头"（即组织社火演出的管理者）筹备，一一书面通知群众需要装扮的"身子"，即角色。人们一般不能拒绝安排演出的角色，否则会受到处罚。社火中的许多节目要练习几天甚至十几天才能演出，所以演出前的练习是很刻苦的。

社火演出在民间形成已久，同时伴随着大量民间传说、民间信仰、歌舞等民间文化，民国时期也曾非常盛行。在"文革"时期中断，停止出演，之后又恢复。自20世纪80年代后期以来，河西走廊的社火出现了两个大的倾向：一是城镇和靠近城镇的村落社火趋向规模、简单和统一；二是山区的社火表演性日益增强。在城镇和靠近城镇的村落，社火除集体表演外，也多有企事业单位参与，因有着强大的经济条件和人力资源，这些地区的社火大量模仿中原地区的大型彩车、太平鼓、锣鼓队、秧歌队、长袖舞、老年舞等，而基本上取消了传统社火中"神"的一面。其最大的特点就是社火的阵容很大、道具整齐、服装和表演内容统一，那种从社火的演出节目上判断它是哪个地区社火的经验已经不实用。所以，这些"社火"已经变成了正月里为人们娱乐而娱乐的节目巡演，与传统的社火演出目的大不相同。同时，受统一性的影响，各地的社火也就没什么特色了，而是千篇一律，大大减少了传统社火中的村庄魅力。在城镇社火大阵容的冲击下，乡村地区的社火活动中，人们逐渐在表演上下功夫，通过大量女性的参与、增强观赏性等手段，使自己的社火在传统基础上更具表演性，以此保持社火的魅力，使其得以继续运作。毋庸讳言，浅脑山地区的社火与从前相比，在服装、道具、器材方面也做了很大的改进。整齐、鲜艳、统一也是他们最终的目标，但与城镇相比有很大的差距。在此基础上，他们革新了一系列社火节目中的唱词，使传统社火唱词被新近的创作所取代，以此增强观赏性。随着近年来网络的发展和其对人们日常生活的影响，河西走廊各地社火之间的互相模仿和学习非常普遍。这种变化一方面体现出社火之间的互相影响日益加大，社火的"麦当劳"化越发明显，使诸多地方性的社火失去了特色；另一方面，社火中的现代元素越来越多，使社火无论技艺上还是音乐、唱词上，都表现出诸多的现代内容。

对于阳关而言，由于本身是一个移民乡村，社火形成后基本上没有形成传统社火那样的以"神"为核心的文化表演活动，而是体现出以集体娱乐为核心的显著特质。这一特点，一方面可以体现出阳关社火的汇集性，即汇集了各地移民带来的原住地社火中的因子之后在阳关重新整合；另一方面也体现出其出演的无法固有持续性，表现出没有神圣统御的脆弱性，即表演只是为了让人们高兴，而不是为了献给某个"神灵"。

阳关社火的基本状况和变化从以下两个访谈便可认知，一位常年参与阳关社火演出的当事人说：

我1963年出生在营盘村，汉族，1967年跟着父母到新疆奎屯的新疆生产建设兵团128团生活，在那里上了5年小学，1977年从奎屯返回这里。我初中毕业以后在营盘林场居住，我在生产队劳动。1982年林场解散后分到了营盘三队。刚初中毕业的时候在乡镇的文艺宣传队待了三年。2003—2007年当小队对长，2014—2017任村监督委员会主任。我父亲兄弟姐妹中的三个都在这，父亲是2014年去世的，我们兄弟姐妹六个（四个姐姐还有一个弟弟），他们都在新疆。我有两个女儿，一个在敦煌市区，另一个在新疆昌吉，毕业后分别在那里打工。

我是从刚上初中的时候开始接触社火的，我父亲1978年开始扎龙，在这以前只有秧歌。营盘耍龙，阳关村和北工村是踩高跷，南工村是秧歌队，分工明确，四五十对人参与到社火中。我们村划旱船、赶驴，刚开始耍社火的时候给工分，那个时候自己出钱。生产队买来白布自己画龙皮，里面的夹层、扎龙头，都是村里的手艺人在自己做，现在都是买成品。旱船也是自己做，高跷由每个表演者自备，高跷的高度不到1米的样子。当时有文艺队，服装从那里借，都是汉服。主要角色有猪八戒、白骨精、芝麻官、小姐、丫鬟、相公和大头和尚等，几个村扮演高跷的角色基本一样。高跷要踩着鼓点走，我踩过两年高跷，那个时候我们村有龙和狮子，上了岁数的老人抱着小孩从狮子和龙下面穿过，意思是求得平安吉祥。龙一般是十三节，有的时候短一些，不会那么严格地讲究。有的时候中间的布坏了，就把那一段割了，龙就少了一段，也没有人说什么。

高跷单独走，没有其他的花样穿插在其中。原来我们一般是冬天农闲的时候训练，现在农村的人越来越少，耍社火也组织不起来。社火一般是村委会出一部分资金，寻找有威望的人组织。大多也是年轻人参加，几个村联合演出的时候由镇政府来协商确定。前几年各小队自己玩，也会应邀去一些村民家中。去村民家演出时主人在门前放鞭炮，龙就进入院子里转一圈以后出来。镇政府一般是初七或初八上班，所以四个村的人集中起来在这个时候一起耍社火，主要是给镇政府拜年的意思。以前正月十五一整天闹社火是最热闹的时候，当时镇政府在学校后面，有戏台，都会组织唱戏，就是唱秦腔。

高跷表演的时候有专门的路线，有固定的领头人和路线，各个队没有固定的路线。寿昌村有自己的社火队，我们也不去其他村表演社火，自己在村里演自己的。20世纪90年代晚期村民们对社火的重视度降低了，现在已经基本上组织不起来了，只在妇女节等节日跳广场舞，停止闹社火已经有几年了，现在闹社火找不到人，村里人都出去了。没人的时候，享受低保的人家里出人闹社火，后来享受低保的人也要出一部分钱。刚恢复闹社火那会儿，村长通知，村民也乐于闹社火，可以挣到1~2个工分，现在不行了。演社火的音乐主要是鼓、镲钹、锣配合敲打的。南工村前几年打了腰鼓，把铁水烧开以后打铁花。演社火的时候村民给的钱和红包都要上交以后再分配，那会儿的娱乐活动也少，村民参与的积极性和热情都很高。基本上就是电视机普及以后社火也就日渐衰败，参与度也越来越低。

原来每年正月十五是社火的集中时期，正月十二左右大街小巷进行社火汇演，村民可以挣些外快。社火都是自己编，要保证队伍不乱。❶

另一位阳关社火组织和参与的对象说：

我是1962年出生在这个村里，一辈子就是个农民。1957年爷爷带着家人从酒泉那边迁到这里来，当时我父亲还没有结婚。我爷爷他们那一辈人就在这里耍社火，父亲他们一辈人也耍。我们村里社火中的高跷队、旱船在阳关很有名的，都是在鼓、锣、镲钹配合敲打的音乐中表演，没有唢呐。鼓点是最主要的，高跷和旱船的鼓点不一样，但我们都是凭着以前听到过的鼓点来击鼓，实质上没有人认真地研究或考虑过这个鼓点的节奏，都是凭着印象自己揣摩着打鼓。你让我现在敲这几种鼓点，我还真的敲不出来，但到时候一到正式场合里，就会凭着感觉敲了。总的说来，高跷的鼓点与秧歌的差不多，就是那个节奏；耍龙的鼓点比较快，因为要表现出龙的形象来；旱船的鼓点较缓慢。

现在也没有年轻人到我这里来学敲鼓的技巧，会敲的越来越少，你敲错了大多数人也不知道，反正差不多就行。现在年轻人们不喜欢演社火，所以社火一年不如一年，都快停止了。每年的演出嘛，也就正月初七镇政府上班后去简单表演一下，象征性地走个过场就完了。主要原因是年轻人不想玩社火，再说领导也不重视。因为葡萄一收完，年轻人们大多数就进敦煌市生活了，春节时也大多不回村里来，没人演啊。❷

无论民间信仰还是公共文化活动，都只是我们在人类学研究之中认识他者过程的一部分，我们要经历从认识一个社会到认识人群的过程，这也是人类学家不断追求的结果。从马林诺夫斯基的《西太平洋的航海者》、拉德克利夫·布朗的《安达曼岛人》都是在呈现原始社会的社会结构，从社会的不同结构中反映出其特有的社会功能，再通过详细的分析使得读者可以认识远在他乡的陌生人，这一直是人类学所追求的最终目的。不断在田野调查中认识

---

❶ 访谈对象信息：男，汉族，1963年生；访谈时间：2019年8月2日；访谈地点：阳关镇街道一餐厅内。
❷ 访谈对象信息：男，汉族，1962年生；访谈时间：2019年8月3日；访谈地点：访谈对象家中。

异域文化中的人群，通过民族志写作来呈现异域文化的社会，最后达到认识他者的过程。

阳关镇的寺庙和公共文化活动成为一双眼睛，带着我们认识时间长河中的阳关社会。在寺庙位置、时间、功能的变迁中认识到阳关移民社会的发展历程，看到了移民如何融入阳关村落文化体系之中，分析出庙会背后经济生产结构的特点，了解村落中民众的公共文化生活，认识到了寺庙背后的阳关教育事业。寺庙在"文革"之后的变迁更是成为现代村落文化研究的重点，村落传统寺庙文化的没落、村落经济发展和文化建设的融合、旅游经济和文化建设的冲突、民间信仰和社会主义社会发展的整合等社会现象。而这一系列阳关社会现象的呈现都体现出文化依附，寺庙的社会功能出现双重化，也就是其他社会系统的依附，"文革"以前的村落教育系统、移民系统、公共文化系统、经济生产系统，"文革"以后的戏曲文化系统和集市文化系统，都从不同的角度依附于寺庙的社会功能，并且最终由多个系统构拟出阳关社会的基本现状。阳关村落社会的文化依附模式或许也是现在中国千千万万个村落已经经历、正在经历、即将经历的过程。它们将通过文化依附来彰显各自文化体系的社会功能。

步入20世纪80年代，重新建构属于自己的社会结构，这是中国社会转型的重要时期，中国乡村注定都将是其中波纹上的涟漪，村里的传统村落文化也开始褪去身影，秦腔、眉户、社火、庙会等注定成为历史。村落传统文化的断层是目前阳关地方社会变迁中最为深刻的印象，每一户老人的交谈都透露出现在村落文化的单薄。然而其作为人类学不仅仅是文化现象的呈现。阳关经历几次移民，先是20世纪五六十年代来自河南、甘肃等地的村民，后是20世纪八九十年代来自青海、四川等地的村民。移民村落的社会结构使得文化习俗传承出现重新汇集现象，新迁入的村民对传统习俗没有情感基础，葡萄种植也占去大量时间，老户中的青年人又多进城务工，所以村落文化断层是阳关现在发展的必然，再加上国家现代化进程科学技术的发展以及经济生活的丰富，电视、手机、"K歌"、电影、旅游等不断解构村落人群的文化生活，最终出现阳关镇现在的村落文化断层现象。

现在的阳关不再是历史上守卫疆土的边塞要地，而是中国乡村发展的缩影，阳关规模化的种植是诸多村落发展的首要模式。阳关根据特定的自然环境构建出特定的社会组织结构，季节性的组织结构成为其社会特质的重点，似乎以后村落将成为生产要地，而不再是村民的居住要地，居城劳乡的两栖模式已经形成，从3月初到10中旬，村民集中忙于除草、剪枝、上药、收摘等农活，虽然村中有较多的人口流动，但是都是开展各自的经济生产活动。冬季闲暇时又赶回敦煌城享受城市发展中的生活，于是留下阳关镇的稀疏人影，成就不一样的两栖村落。这便是时下阳关地方公共文化的现状，也是影响未来阳关地方社会的最大因素。

第九章 阳关的神话传说和民间故事

神话是一个民族或一个地区人们的集体记忆，凝聚着他们的基本世界观和价值观，在相当长的时间内是相对稳定的。神话最初是用来满足人们对大自然未解之谜的好奇，由于过去人们的文化水平、科技水平有限，因此有些神话传说如今看来十分荒谬，毫无根据可言。但是在当时那段时期它其实起到了自身的作用，一时间满足了人们对未知世界的渴望。随着人类的认识能力的提高，随着自然科学知识的普及，人通过神话感觉和把握世界的现象消失了。阳关当地的民间传说相当丰富多彩，而在这些故事的背后透露出的是当地人对生活的态度，即使有的传说与历史事实有着较大的差异，但是人们依旧愿意去相信该传说的真实性，这也在一定程度上说明了神话传说和故事的功能不仅仅停留在记录和重现当时的社会现状，更具有一定的管理、教育的意义。每个地区都有当地流传至今的故事和神话传说，而这些故事往往能体现当地人的生活，对不同地区的传说进行对比便能发现不同地区人们生活方式的差异。接下来讲几个当地的民间传说并对其进行分析。

一、神话传说

总的来看，阳关的神话传说不是很多，我们通过当地的文化宣传物品和田野调查，搜集到了以下内容。

（一）阳关和龙勒

现在，阳关地区带"阳关"二字的地名不仅有阳关镇、阳关村，还有阳关遗址和阳关景区，而阳关景区所在的村名就叫龙勒，相关传说如下。

相传，周朝时有一匹龙马，体态魁伟，骨骼非凡，天子特为它制作了一副镶有白玉块的笼头和嚼子佩戴在龙马的头上,人称"龙勒"。有一年龙马朝发咸阳,暮至敦煌红山口下,因渴甚暴饮而殉难于此,遗下宝勒化作雄峰一座,形如土龙,以后这座山遂名龙勒山。山下有数十米深的大水沟一条,水势汹涌,湍流不绝,形成天险危地。汉武帝时,敦煌刺史阳明根据此处依水傍山,踞险当川的地理特点建关于此,有一夫当关,万夫莫开的气势。为纪念阳明建关之功,故名阳关。

当地人把这一传说刻写在石碑上,该石碑位于阳关镇上(见图9-1)。

图 9-1　阳关传说石碑(艾力摄于 2019 年 7 月 13 日)

(二) 包公石棺

阳关地区流传的包公石棺传说如下。

远在上古时期,这一带,曾经是阳关城南的清泉村。村庄依山傍水,土地肥沃,村民勤劳,与世无争,日子过得其乐融融。但不知何年何月,地主唐员外勾结外鬼,无事生非,草菅人命,搅得村里人妻离子散,鸡犬难宁。据说有一天,唐员外家的羊倌石老五,在古董滩牧羊时意外拾到一匹金马驹。这事很快被唐员外知道了,于是,他贼眼一眯,毒计顿生。他向县衙送去几十两银子,然后理直气壮地诬告石老五在他家行窃,偷走了他家的祖传之宝,石老五有口无处诉,只有暗示媳妇乘月黑之夜,将那只金马驹扔进村口的清泉里。后来,石老五没有熬过重刑的折磨,含冤死在了县衙的大堂上。当天夜里,石老五托梦于媳妇,说包大人在阴间遭小人毒害,被禁锢在石棺材中。可喜的是,石棺材已游到阳关,阳关就是包大人转世的地方。石老五悄声对媳妇吩咐一番后,便驾鹤西去。第二天,石家媳妇让儿子去古董滩牧羊,儿子回来后奇怪地对她说,在古董滩的丛林中有口石棺材。石家媳妇听完,顿时喜上眉梢,便把梦中的事全部告诉儿子,儿子听说包大人转世,知道为父亲申冤的机会到了,于是他天天去石棺材旁叩头跪拜。不久,孩子怪异的举动,引起了唐员外的怀疑。满腹疑惑的唐员外,便派家丁日夜潜伏在石老五的破房周围,随时偷听母子俩的谈话。当他得知包大人转世的事,如五雷轰顶,他心急如焚,茶饭不思。不久的一天,天气晴朗,碧空如洗,烈日当头,但雷声隆隆,起初忽紧忽慢,忽强忽弱,后来干脆就成了一声接一声的炸雷,叫人肝胆欲裂。石家媳妇便打发儿子,让他赶紧赶到石棺材那儿去,还告诫他,无论发生什么事都不要害怕,石棺材问什么话都要如实回答。当孩子到那儿时,唐员外及外来劫匪骑着高头大马,把石棺材围了个水泄不通。当这孩子艰难地爬上一棵大树时,他才看清石棺材正在快速地旋转,并不时冒着一道道彩色的光芒,石棺材突然传来闷闷的问话声:"这是什么地方?""这是阳……"还没等孩子说完,就被劫匪用暗箭射下树来。唐员外露着狰狞的笑脸,得意地对着石棺材大声吼道:"这是鬼门关!"语音刚落,但见石棺材轰然一声栽在地上。很快,这事被传到了天庭,结果玉帝震怒,他大袖一挥,顿时雷鸣电闪,狂风肆虐,飞沙走石,天昏地暗,他想用一抹黄沙来惩罚恶人的罪孽。虽然棺木未被掩埋,包大人不愿伤及无辜的百姓,便祈求玉帝不要为了他让生灵涂炭,但村庄还是被茫茫的黄沙给淹没了。从伤痛中醒过来的孩子,赶忙从沙底下钻出来,这才发现那石棺材快被风沙给掩埋掉了,于是他赶紧找来铁锤对石棺材狠命地砸,他知道包大人还被囚禁在里面,他砸啊砸啊,不知砸了多少个年月,却只砸掉了石棺材的一个角,后来不论他怎么砸,石棺材都纹丝不动。

这个传说体现了当地人对公平公正的向往。在我国历史记载中"包公"一向是以铁面无私著称,而传说故事中提到的年代正值地主当道,蛮横无理,老百姓生活在水深火热之中,因此"包公石棺"的出现也是合情合理,在与强势的当权者的斗争中平民百姓处于弱势地位,才会刻画出"包公"这么一个历史人物的形象来获取心灵的慰藉。传说故事往往体现的是人们对美好生活的向往,而处在动荡的时代,这一点表现得尤为明显。

"包公"作为一个中国古代著名历史人物,其事迹主要是在河南开封,与甘肃阳关可谓相差千里,但是却在阳关地区流传着"包公墓"的传说。历史人物数不胜数,为什么偏偏是"包公",而不是其他人呢?在访谈村民过程中得知，20世纪50年代从河南迁来了一大批人口，并且逐渐定居在了这里。而"包公墓"这一历史传说很可能是这个时期从河南迁来的人们所构想加工出来的。这一现象也反映了20世纪50年代人们迁徙到本地的一个历史事件。正所谓"外行看热闹，内行看门道"，对于一般人来说这只是个神话传说故事，但是对于人类学家来说在这背后却蕴含着地区迁徙深层次的意蕴。

（三）寿昌金鸡

在今阳关镇寿昌村东边的沙漠包围之中，留有断断续续、残破的城墙，据记载，这就是唐寿昌县城遗址，虽然现在很破败，留下的是残垣断壁，但这里还有一个流传千年的动人传说。

在古时候，寿昌县一片繁华，客商云集，村村相连，鸡犬相闻，男耕女织，到处一派莺歌燕舞的太平景象。人们都说这都归功于这只金色的雄鸡，因为每天天还没有亮，在寿昌县的城墙上，就会有一只金色的雄鸡引颈高歌。听到这早晨雄鸡高亢嘹亮的啼叫声，经商的、种地的都早早起来经营一天的生意。在这残垣断壁中，还有人经常能看到一只金色羽毛的雄鸡，当地人都说这只雄鸡是金子做的。据说，后来一位老财主要捉住金鸡办一个百鸡寿宴，惹怒了这只金鸡，从此以后，金鸡再无影无踪了。提起这只金色的雄鸡，寿昌人恨透了一个贪得无厌的老财主。这位财主姓包，人们都称他包员外。此人生性贪财，对人刻薄，见钱眼开，背地里人们都叫他包啬皮。有一年包啬皮要过60大寿，准备办一个百鸡寿宴。他办寿宴有一个特点，所有的鸡都必须是雄性的，然而全县所有的雄鸡都被他买完了。总共买来了99只雄鸡，只差一只雄鸡怎么也买不到。此时包啬皮家养的一个家丁给包啬皮献计说：寿昌县还有一只金色的雄鸡，何不抓来凑成100只，百鸡宴不就全了嘛。包啬皮一听喜笑颜开，三角眼眯成了一条缝忙对家丁说：赶快为我张贴告示，如能抓到金鸡者赏银50两。告示张贴几天了，还是没有人献上此鸡。家丁又对包啬皮说：何不把赏银提高到100两，重赏之下必有勇夫嘛。包啬皮无可奈何地对家丁说：那就改为100两吧。眼看自己的寿诞临近，包啬皮心急如焚地说道：看来想吃此鸡已无望矣！话说寿昌县有位青年，姓高名勇已到而立之年还是单身一人。此人以种地为生，家中只有老母与自己艰难度日。有一日进城看到财主贴出的告示回家后忙对母亲说：儿子今看到包员外张贴的告示：如能抓到城墙上啼叫的金鸡，包员外要赏银100两。母亲听后忙对儿子说：此鸡是一只神鸡，来无踪去无影，我们老几辈人一直都听着这只金鸡的啼鸣而劳作。我们可不能为了区区百两纹银而伤害这只神鸡。高勇看着家贫如洗的居所，心想：父亲劳作了一辈子，什么家业也没有给我留下，现如今我都三十几岁了还是光棍一条，如此大好机会岂能错过。第二天，他瞒着母亲偷偷来到雄鸡出没的地方，然而此鸡灵性十足，想要抓它的人还没近身，它就在你的眼前划过一道金光飞腾而去。守候了好多天，高勇都无功而返。明天就是包啬皮的寿诞之日了，如果错过明天看来一个子也捞不着了。高勇苦思冥想了半天最后心生一计，他到集市买来一张罗网。到了晚上他把罗网张在雄鸡叫的地方，然后就守候在罗网的旁边。第二天东边的天空泛起了鱼肚白，此时高勇眼前闪过一道金光。高勇睁大眼球仔细观看，雄鸡展动着金色的翅膀飞落城头。此时雄鸡仰起它金色的头颅，面对东方高声地叫起来。高勇赶忙藏在罗网的后面，雄鸡叫完后展动翅膀顺着城头飞落而下。雄鸡没有看清前面的罗网，一头扎进了罗勇布下的罗网之中。高勇赶忙扑了上去，死死地按住罗网。雄鸡在罗网中挣扎了半天终因气力耗尽而无力挣扎。高勇心满意足地提着网中的金鸡，赶忙去财主家领赏。财主的寿宴已经开始，好多祝寿的人都想品尝一下金鸡的美味。然而来到寿宴听说没有抓到金鸡都有点扫兴。缺了金鸡的寿宴显得淡而无味，正在此时高勇怀抱金鸡急匆匆入门而来。财主看到网中的金鸡大喜过望，眼中放光，高兴地对家丁说：赶快将此鸡送入厨房宰杀烹煮，让客人品尝。家丁奔向高勇一把抢过罗网，把手伸进罗网。金鸡一见罗网张开，用它锋利的钢爪狠狠地抓向家丁的手臂，家丁顿时惨叫一声，手臂血流如注，仰面跌倒在地。雄鸡乘机挣脱罗网飞向宴厅，他抖动着金色的翅膀，见人就啄。顿时宴席鸡飞狗跳，杯倾碗斜，酒菜洒了一地，客人们一个个抱头鼠窜。向外跑的掉了鞋子，钻桌子的碰落了帽子，一场寿宴顷时变得一片狼藉。包啬皮拾起被客人碰落的帽子，爬起来站在凳子上气急败坏地对家丁叫着：快快将此鸡拿下。家丁挣扎着从地下爬起来，乱舞着带血的手臂在空中乱抓。金鸡看到凳子上喊叫的包啬皮，展动着金色的翅膀绕过客人扑向包啬皮。包啬皮来不及躲闪，被飞来的金鸡用它那硬如钢铁的嘴啄伤了双眼。只听一声惨叫，人们看到一道金光飞向窗外，远走高飞了。从此以后，包啬皮的生意已渐败落，人们再也没有见到这只金鸡的影子。不过，有时候每到东边发亮的时候，寿昌一带起得早的勤快的人还能听到金鸡的叫声，这金鸡祈祷着勤劳的寿昌人，世世代代健康长寿，繁荣昌盛。

这一传说一方面体现了当地人们对地域特殊鸟禽的美化和神化，另一方面也表达了人们对地域和某种神圣物种之间的连接，教导人们珍爱大自然的馈赠,与自然共存。关于寿昌金鸡,还有如下另一个版本的神话传说。

很久以前,沙州城内商贾穿行,市井繁华。安逸的城镇却孕育出一个贪婪狡诈的宋掌柜。他手下雇了一位伙计,名叫石老三。据说石老三老实巴交,为人善良,从不坑蒙拐骗,还处处乐于帮助别人,深得城内商贾们的信赖。宋掌柜见此情形,专门派他到四乡八里推销货物,还为他定下很高的销售额,如果不能按时销完,工钱就分文不给。石老三一年到头顶风冒雨,赶着驴驮,四处奔波,虽然吃尽苦头,但工钱还是常常被掌柜克扣。

这年年关,宋掌柜派石老三到远在百余里外的寿昌城卖货。石老三马不停蹄,披星戴月,终于来到寿昌城中。石老三发现古城快要荒废了,生意十分萧条。石老三给有钱人卖货,分毫不短;遇见穷人就帮他们一把。结果四驮子货物卖光了,别说赚钱,连本也亏了。石老三想到心毒手辣的宋掌柜,心里便没了主意。天黑了,他还赶着毛驴在寿昌城里漫无目的地转悠。直到深夜,石老三忽然发现自己迷路了,平日熟悉的街巷变得陌生起来,不管他怎么走就是找不到出城的路。石老三只得在一处较僻静的地方卸下驮架,等天亮了再做打算。恰在此时,突然远处传来雄鸡的啼鸣声。石老三顿觉奇怪,三更半夜哪来的鸡叫声?石老三循声走过去,发现不远处竟然有一群雄鸡在嬉戏。带头起鸣雄鸡个头硕大,毛羽鲜亮,通体金光闪耀。石老三从未见过这样的神鸡,他想看个究竟,便蹑手蹑脚地向雄鸡走过去。刚走到雄鸡近前,雄鸡却跳进了一家大商店。石老三跟着走进商店,只见货架上金银珠宝、绫罗绸缎、各色珍品,应有尽有。这时雄鸡们站在柜台上,齐声叫道:"石老三,石老三,拿块金砖过大年。石老三听完连连摇头,别人的东西怎么能白拿!石老三想退出商店,但走了半天也没能走出去。雄鸡又叫了:"石老三,石老三,不拿金砖出不了店。"石老三便拿了一块最小的金砖,果然走出了商店。待石老三再回头时,雄鸡突然消失了,身后的店铺也消失了。石老三捏着手里的金砖,心里满是疑惑。待他在黑巷中来回摸索回到自己原来的地方时,寿昌城又恢复了原貌。他赶紧收拾好驴驮,马不停蹄地赶到了沙州城中。

宋掌柜见石老三带回了金砖,喜得眉开眼笑,特意炒了几个好菜,把石老三款待了一番。酒过三巡,狡猾的宋掌柜问石老三,那四驮货物不值这块金砖的零头,金砖是怎么赚来的?石老三本来就是个老实墩子,再加酒精的作用,便把寿昌城里巧遇雄鸡的事说了出来。宋掌柜听罢,眼睛笑成了一条缝,吩咐道:"这是神鸡显灵,可千万不能往外说呀,否则要遭报应。"但他却日日想,夜夜盼,好不容易熬到了第二年的年关。宋掌柜急不可待地带着几个儿子，赶了十几个驴驮，来到荒凉的寿昌城里。等到半夜，果然听到鸡叫声，只见那群雄鸡，来到了那家大商店，这情景与石老三说的分毫不差。宋掌柜高兴极了，和几个儿子一起赶紧往驮筐里装金银财宝，直到把带来的所有驮筐都垒得尖尖的，实在没法再装了才住手。他们赶着驴驮上了路，牲口被压得喘着粗气，哼哧哼哧走不动。艰难地走了三四里地，宋掌柜忍不住揭开了一个驮筐的盖布想再看看财宝，突然一下子傻了眼，他连忙勒住牲口，让儿子们把所有的盖布都揭开，他们一看全都愣呆了。驮筐里哪有什么金银财宝，装的全是寿昌城里的砖头、瓦块、陶片。气急败坏地宋掌柜便让人找来石老三，他拿出马鞭照着石老三就是一顿猛抽，石老三痛得直打滚。在痛苦地躲避中，石老三碰翻了一驮石头，不料石头一着地就轰然一声，激起万丈尘土，继而狂风渐起。结果，一场沙尘暴将天地间吹得异常干净。

上述两则神话传说背后的意义所指几乎是一样的。

（四）渥洼池与天马

以下关于渥洼池和天马的神话传说很明显嫁接和移植了很多传说的内容，最终将这些内容安置在渥洼池上。

西汉控制了河西后，修筑边防要塞大量移民屯垦，敦煌人口猛增，除了移民，也有获罪的各级官吏，"皆徙敦煌郡"。其中河南新野的一个小官暴利长，就因犯罪被充军到敦煌，在渥洼池一带放牧。暴利长来到这里后，经常见到一群野马到池边饮水，其中一匹马长得特别魁梧俊逸，体形高大，骨骼不凡，枣红毛色，跑起来像一团烈火。暴利长深知汉武帝酷爱宝马，多次派人到西北都未能如愿。如果将这匹宝马捉住献给汉武帝，就可立功赎罪，早日和家人团聚。怎样才能捉到这匹天马呢？他想方设法在野马饮水的道路上，下了绊马索，别的野马绊倒了天马却远远躲开。他又在道路上挖了陷坑，领头野马掉进去天马又避开了，怎样靠近天马呢？他绞尽脑汁，苦思冥想，终于想出了一条妙计，他做了一个和自己形态差不多的泥人，将自己的衣服穿在泥人身上，并让泥人手拿勒马索像真人一样立于池边。起先群马一见大吃一惊，不知其为何物，都不敢近前。跳开跑到远处去张望、逡巡。后见泥人并无攻击之举，也就慢慢习以为常，又继续毫无顾忌地去池边饮水嬉戏。这时暴利长见时机已成熟，就将泥人撤掉，自己代替泥人一动不动地站在池边。太阳落山时野马群又来饮水，他趁天马经过面前时闪电般地给它套上笼头和勒嚼，天马便被捉住了，他把这匹马献给了汉武帝。为了把马说得神秘奇异，谎称这匹马是从渥洼池水中飞出来的，落入他的手纯粹是上天的旨意。此话严丝合缝，丝毫不露溜须拍马之嫌，汉武帝满心欢喜地认为这是吉祥之兆，是他最崇敬的"太一神"赐给他的，便为马起名为太一天马，并作《天马歌》："太一贡兮天马下，沾赤汗兮沫流赭。骋容与兮跇万里，今安匹兮龙为友。"以示庆贺纪念。从此，渥洼池同天马一举驰名。

相比之下，下面这个关于渥洼池和天马的传说版本，更加直白。

从前，有人在阳关下的渥洼池捉到了一匹宝马，献给了当朝皇帝。这天，正好皇帝过大寿，认为这是吉祥之兆，便封宝马为"寿昌宝骥"。又命工匠制作了一副镶金嵌玉的笼头带上，宝骥显得更威风无比。谁知，"寿昌宝骥"自从受封之后不吃不喝，坐卧不宁，每天太阳落山时向着故地方向嘶鸣。鸣声凄凉，听了之后使人伤感。马官怕宝骥有闪失，吃罪不起，便禀告皇帝说，此马患了怀念故土之症，如不放回本土，难保性命。皇帝无奈，只好忍痛割爱将宝骥放了。"寿昌宝骥"清晨从长安出发，一路飞驰，归心似箭，傍晚便回到了阳关。它站在墩墩山上一看，自己还带着皇帝赐予的"龙勒"，生气地用力一甩，就把龙勒向西南甩出百八十里，落到一座高山上，这就是现在的阳关龙勒山。当地官员为了讨好皇帝，便将龙勒县改名为"寿昌县"，县城西面的巴音郭勒海改名为"寿昌海"。

这个传说中以渥洼池为核心，将阳关、寿昌、天马、龙勒、长安、皇帝、地方官员等联系起来，可以看出背后的良苦用心。古代阳关地处我国中原王朝最为偏远的地区，而从其保留至今的神话传说来看，阳关地区对于中原王朝的归属感和认同感十分强烈，神话的文化价值还体现在它的现实意义方面，体现为对民族心理和民族精神的塑造与弘扬。

二、民间故事

阳关不多的一些民间故事，将阳关的真人真事经过再塑造和构拟，口传在阳关社会，也反映出阳关地方社会的一些特质。

（一）阳关粮爷逸事

粮爷原非"粮爷"，而是"梁爷"之敬称。据说粮爷是土生土长的阳关人，至于祖上是什么时候到阳关的，他自己也说不清楚。粮爷身高八尺有余，体格健壮如牛,是村上干活的好把式,不管是"东家"还是"西家",有困难只要说一声,粮爷立马就地赶过去,因此他深得村上人的尊敬和爱戴。

话说清朝末年,由于时局动荡,南山常有歹人出没,阳关人更是以讹传讹,长此以往,吓得连敦煌县城都很少去了。这也难怪,那时从阳关到县城还没有公路,仅有的一条也是沙漠里踩出来的临时便道,来回坐毛驴车,往往是半夜里出发,半夜里返回,要是遇上风沙雨雪,还得躲到党河峡口的鄂博店过夜。

奇怪的是,不论风声怎么急促,粮爷依旧披星戴月,若无其事地来回穿梭于阳关和敦煌城之间。这也难怪,粮爷确实有两件宝贝,一件是他的那匹白鬃大红马,粮爷爱它胜过爱自己的媳妇。每当遇上好天气,只要出敦煌城,粮爷便趴在马背上呼呼大睡,大红马驮着粮爷不紧不慢,一路直朝阳关走来,就算路边有青草诱惑,它也不会停下来贪吃一口。另一件是粮爷手里的"核桃鞭子",它是由六根约一公分宽的熟牛皮条做成的,堪称一件精美的工艺品,皮鞭长约一米五,上面依次挽着六颗核桃形状的牛皮结,这一鞭子要是抽过去,马背上顿时留下一道糖葫芦串状的伤痕,再强壮的马也受不了这道刑法。鞭杆是地道的白蜡杆,手捏的一头安着一把裤腿很长的铁铲,既可以防身,也可以从沙土中挖取东西。

有了这两件宝贝,粮爷那是如虎添翼,长年累月马不停蹄地忙活自己的营生。渐渐地,村里眼热的年轻后生都来向他取经,甚至斗胆跟着他去敦煌城粜点自家的余粮,以换点过日子的零花钱,"粮爷"的名号就在这个时候被传开的。不过,老话说得好,常在河边走,哪有不湿鞋的。有年秋收刚过,大伙儿吆三喝四地去县城里粜粮,在回来的路上就遇上了事儿。

那天下午,当他们返回党河峡口休息时,无意间发现不远处的一个沙窝里长满了一簇簇、一团团的狗尾草和灰条,大伙儿便牵着牲口过去,好让牲口饱口福。岂料,就在他们走进沙窝时,沙梁上突然冒出了两个蒙面人,他们手里都举着黑通通的家伙,看来是遇上打劫的歹徒了。突然,其中的一名歹徒朝天放了一枪,接着厉声呵斥粮爷他们,先把钱物放在沙窝里,然后各自解开裤带蹲在沙窝里,粮爷他们哪见过持枪的歹徒,赶紧按他们说的做。当歹徒们带着钱物离开沙窝时,大伙儿个个捶胸顿足,接着便是一阵鬼哭狼嚎。

让众人奇怪的是,粮爷却若无其事穿好裤子,拽着大红马悄悄地走出了沙窝。等大伙儿跟跟跄跄地爬上沙梁时发现粮爷的大红马站在那里,旁边却没了粮爷。大伙儿突然像被抽了筋似的，愣愣地蹲在大红马旁边叫苦不迭。再说粮爷，当他盯着歹徒们离去的时候，他总觉得有些不对劲，特别是歹徒手里的那枪，始终是用红布裹着半截，估计歹徒的那枪有问题。因此，他就悄悄地跟了过去。果不其然，粮爷在一道沙梁背后听到歹徒们在争吵："我们应该拿大头，要是没有我们的两把木枪吓唬，这帮人会乖乖地放下他们的钱物嘛。""我应该享大头，要是没有我的鞭炮声，你们俩的那节破树权会有个屁用。"粮爷听到这里，只觉得全身的血直往脑门上涌，他大声吆喝一声，一个箭步越过沙梁，用起鞭子，冲这三名歹徒劈头盖脸抽过去。歹徒哪经得起这顿乱鞭子，扔下钱物抱着头连滚带爬翻过沙梁跑了，粮爷拾起地上的钱物原路返了回来，众后生见状，顿时将粮爷崇拜成了神。后几年，在巢粮的道上再也没有碰见歹人抢劫的事。

再后来，有一年年关，阳关人都忙着在乡里集市上张罗年货，心里早就忘了敦煌县城的存在。粮爷却盘算着该去一趟敦煌县城。这天一大早，他带上干粮就自个儿出发了。等他返回到党河峡口时，时间已过了晌午，他把大红马牵到避风地方，美美地抽了一锅旱烟，然后将烟锅在身边的石头磕了磕、正要起身，突然他觉得眼前一闪，抬头一看，原来是一个持刀的歹徒横在前面。歹徒二话没说，一抬手就将刀架在了粮爷的脖子。粮爷唯唯诺诺地央求道："好汉饶命，这大过年的，我把钱给你就是"。歹徒听到粮爷的话，他没拿正眼瞧粮爷，只是鼻孔里轻视地"切"了一声。粮爷抖抖嗖嗖了半天，还是没有解开旧皮袄上的纽扣。于是战战兢兢地对歹徒说："老朽的手被冻得有些僵硬，解不开纽扣了啊，钱就在里层衣服兜里，好汉你就自己拿吧。"歹徒看了看瑟瑟发抖的粮爷，"唰"的一声把刀转到左手，然后伸出右手去解粮爷的纽扣。说时迟那时快，粮爷右手控着鞭杆，潇洒地在左肘前划过一道弧线，只听得"砰"的一声，歹徒跟着响声直直地翻了过去。粮爷乘机跃上马背，头也不回地朝阳关狂奔而来。

那一瞬间到底发生了什么呢？直到后来，粮爷有些腼腆地告诉大伙儿，就在歹徒直起身换刀的瞬间，他自己也站了起来，怀里正好揣着鞭杆，情急之下，他只得使出双节棍的一招，以左胳膊肘为支点，甩起的铁铲正好打中歹徒的头部，被打蒙的歹徒随即就翻了过去。只可惜，粮爷并不知道，物理上的杠杆原理，竟也被他用得那么神乎。

再后来，粮爷就蹲在家里，再也不肯离开阳关。尽管有好多后生前来请他出山，甚至还有以重礼相邀的，但他始终不为所动。粮爷说："这世上的事,哪有过三的。"尽管众人很不理解,但粮爷心里却亮堂着哩。新中国成立后,粮爷享尽清福,无疾而终,享年九十有余。

(二) 古董滩

关于阳关的古董滩,有相关的神话传说,也有以下民间故事。

相传唐天子为了和西域于阗国保持友好和睦的关系,将自己的女儿嫁给了于阗国王。皇帝下嫁公主,自然送了好多嫁妆:金银珠宝,钱币绸缎,应有尽有。送亲队带着嫁妆,经长途跋涉,来到了阳关。当时这里是绿树掩映的城镇、村庄、田园。因为出了阳关便是无际沙漠,路途艰难,送亲队伍便在此地歇息休整,做好出关准备。不料,当天晚上狂风大作,黄沙四起,天黑地暗。这风一直刮了七天七夜。待风停沙住之后,城镇、村庄、田园、送亲的队伍和嫁妆全部被埋在沙丘下。天长日久,大风刮起,流沙移动,沙丘下的东西露出地面被人们拾拣。古董滩流沙茫茫,一道道错落起伏的沙丘从东到西自然排列成二十余座大沙梁,沙梁之间是砾石平地。

这个民间故事是野史还是正史不得而知,但当地人说:"进了古董滩,空手不回还",说明该地真的有不少古代遗址遗物,也有村民说曾在这里捡到过金马驹和一把精致的将军剑。上述故事一方面显示了阳关作为地理交通要冲的重要性,是西域和唐王朝交往的必经之地;另一方面显示了当时阳关的繁华,但也显示了大漠沙尘的威力。

(三) 土匪记忆

民国时期,阳关一带常有土匪出没,在20世纪50年代初,匪患依然没有根除。在解放前兵荒马乱的年月,阳关南面的阿尔金山(当地人叫南山)成了土匪的老巢,所以阳关经常遭到土匪的抢劫。

1949年9月,敦煌解放不久,人民政府为保护南湖人民生命财产安全,责成刚由伪县政府自卫队基础上改编的县保安队调两排人马(70余名指战员,60余匹马)驻防南湖。但匪首"仁义救国军""师长"毕善录为抢夺一批枪支弹药、粮食,扩充实力,依然勾结对县保安队查抄大烟怀恨在心的当地大地主孙耀武做内应,于1950年6月13日带领刚同骑五军、包布拉纠合在一起的土匪93人(其中哈族匪徒30人,回族匪徒63人),包围并袭击了南湖。致使七位同志牺牲，四位同志负伤。牺牲的七位同志是：杨日明，山西人，县保安队副队长；贾尚彦，县保安队排长；赵功，战士，敦煌县杨家桥乡月牙泉村人；范淳，战士，敦煌县城关镇人；蒋子义，战士，敦煌县南湖乡水尾人；张万年，战士，敦煌县三危乡泾桥村人；王延存，战士，敦煌县城关镇人。

总的来看，在阳关地区，包括神话传说和民间故事等非物质性的地方性知识体系还不发达，这本身可以说明人群在一个地方住居的时间是否久远。一般而言，在一个地方居住时间越短，形成该地域的地方性知识体系就越不完善，也就难以体现出显著的"地方性"；反过来，一个迁移族群，在一地方居住的时间越久，其地方性知识就会越丰富，就越有其显著的"地方性"。这里，时间的长短是一个前提性决定因素。而且，居住时间越久的群体的地方性知识越易于将地方与非物质性的如神话、宗教、传说等结合在一起，而居住时间越短的群体的地方知识就易于体现出物质性的地方性知识，如自然资源的直接利用等方面。同时，我们也必须注意到，许多看似地方性的知识其实不是本地的，而是随着迁移人群从他地移植而来。也就是说，由于人群的迁移性，人群常把他处之"地方"自然而然、悄无声息地搬到现在之"地方"，形成了貌似时下的"地方性知识"。

通过对阳关的神话传说和民间故事的初步认知，我们可以深刻地体会到：我们不能把一个人群时下与地方的山川等紧密相关的非物质性知识如神话、传说等轻易地与事实画等号，其中必有移花接木式的地方性知识的再植。所以，可以看到人群地方性知识形塑过程中的复杂性，这种复杂性一方面来自人群已有知识技能与对地方自然资源利用能力的结合，一方面也归结为人群的迁移造成的地方性知识的堆叠、捡拾与再植。我们只有认识到这一点，才能从一种广度和深度上去审视一人群的地方性知识，认识其地方中的非地方以及非地方中的地方，无论它是物质性的还是非物质性的知识体系。也唯有如此，我们才能通过地方性知识的视角，透视到复杂的人类社会本相。

结语　阳关三叠：河西走廊西端的乡村地方社会特质

尽管中国人口的城镇化比例已经超过了人口总数的一半，且人口的城镇化步伐还在进一步加快，但在很长时期内，乡村还是中国社会重要的组成部分和主要的社会形态之一。如此，对中国乡村的关注和研究，是学界继续发力的重要领域。从乡村看到中国，从乡村看到中国社会，乃至从乡村看到中国未来，这是关注和研究乡村的主要目的。

地处河西走廊西端的阳关，乃是古代西域与中原地区交流的必经之地，更是古丝绸之路南线上的重要关隘和驿站，一句悲怆的"西出阳关无故人"使阳关名扬天下，而由此诗意谱写的《阳关三叠》更成为中国古琴曲的经典。如今的阳关，依托特殊的绿洲生态与地理位置，经过百年的发展中国西部乡村的代表。用人类学的学科视野从自然地理位置与自然生态、人口迁移历程与现状、基础设施建设和葡萄种植、民居建筑特色与庭院布局、教育变迁、旅游的发展与现状、社会关系网络变迁、婚俗和丧俗变迁、村落文化与功能、神话传说和民间故事等方面进行的考察表明，阳关地方社会呈现明显的三种交叠特质：一是村落人口由来自河西走廊中部农业地区的前期开垦者与甘肃东部地区的前期移民和来自青海河湟地区的中期地缘性移民以及四川等内陆省份的末期移民组成，此种人口迁移的结构形塑了阳关社会自迁移社会向传统乡村转变过程中的诸多特质。二是在地方社会形成的过程中，经过半个世纪从陌生、磨合到熟悉即将成为传统乡村的重要阶段，恰遇快速的城镇化，村落文化失去了传统功能。加之敦煌市区的牵引及受益于特殊农业产业的发展，村庄体现出"候鸟型"的成员住居生活形态，原本走向熟悉的地方社会迈向陌生。三是地方社会文化与遥远的"传统"和古迹之间若即若离，地方精英层、普通民众、政府部门对"传统"的掌握和利用差异巨大，以及因人口迁移带来的文化交集和重塑等，形成了三方各行其是的状态，再一次体现出中国乡村社会的复杂性与多样性。在此"三叠"的基础上，阳关地方社会中代际差异明显，每代人在不同时期的抉择因素各异，家族对地方社会的影响力有效却有限，总体形成"故地新人"式的地方社会样貌。这些阳关地方社会的特质为河西走廊地方社会的进一步研究提供了可资借鉴的经验。具体来说，阳关地方社会的三叠主要体现在以下三个方面。

一、人口叠

多数的移民社区往往是由来自不同地域的人群构成，那种整体从一个地域迁移到另一个地域而人群结构不发生变化的迁移现象毕竟少之又少。尽管乡村的迁移人口相较于城市有更多可能性，但也是难见的迁移现象。实质上，移民乡村人口的多特质是一个常态或者说是更加普遍的现象。人类学的经典作家往往把注意力放在那些几百年来甚至千年来固定一地传承已久的传统乡村或社区，由此透视衍生的社会文化特质。而事实上，人类社会的迁移现象是普遍现象，诸多的乡村具有迁移特性，而其具有的社会文化特质更加能说明人类的资源竞争及其背后围绕这些竞争显示出的结构。很显然，经典人类学家对此并没有很好的认识，少有经典著作的出现。

形成阳关人口基础的，主要是基于民国时期来自河西走廊地区的自发迁移人口，通过他们的人口繁衍，阳关形成了几大家户为主、零散家户为辅的人口结构，基本具有村落的规模和功能，南工、北工、营盘三个自然村落已有村落雏形，人口的农业活动不仅限于村落及周边区域，还涉足了多坝沟地区。20世纪70年代，村落具有了扩充的需求和能力，形成了龙勒、二墩两个村；20世纪50年代，有来自河南的政府组织人口迁入；20世纪80年代又有来自甘肃东部、青海、四川的移民迁入，阳关的人口再次扩容，不仅形成了时间迁移上的叠加，也形成了人口来源的叠加，产生了阳关地方社会的第一个特质——人口叠。

人口叠形塑了阳关地方社会的诸多形制，是理解阳关社会文化面相的基本前提。它规制了阳关语言、民间信仰、婚俗和丧俗、村落文化乃至神话传说和民间故事，使阳关地方社会在整体上表现出河西走廊特色的基础上，具有了其他地域的某些因素和特点。同时，人口叠还使得地方人口中某一人群或家户的原籍地清晰存在，表现在日常人们的各种指称上，哪怕是在阳关的第二代或第三代，"河南人""青海人""四川人"的指称自然而然地出现在自称和他称中，说明在迁移社会中，人口来源的地域影响力是持久和稳固的。尽管这种地域性的指称没有多少资源分享的划界限制意味，但人群的分界本身说明了一种边界的存在。对于一个移民社会而言，因来源地域的不同而形成的人群分界将是长久存在的，甚至随着代际的传承，以记忆的形式存在于地方社会中。

在多坝沟，虽然迁入人口集中来源于甘肃的几个地方，但同样在时间上具有20世纪70年代的较早迁入人口和90年代的晚期迁入人口，两者之间的磨合尽管没有迁入阳关镇那么复杂，但同样有着时间上的叠加和由此带来的老户、新户的分界，再一次显示了迁移社会的复杂性。由于多坝沟的人口全部为自由迁入，有着人口自由迁移中选择的调适性，就不像阳关镇人口中来自河南迁移人口那样规模性的返迁现象。需要注意的是，多坝沟只是一个小小的绿洲，能开发利用的自然资源十分有限，所以其可迁入人口的规模就决定了其地方社会的单纯性；相反，地域比较广阔，容纳人口更多的阳关镇的地方社会自然就复杂。

可见，人口叠是阳关地方社会的基本特质，影响和规制了诸多的社会文化形貌，这也是很多迁移社会的共同点。

二、社会叠

阳关的社会叠是指经过几十年的人口迁移、衍生和社会发展，正当阳关地区在20世纪90年代即将成为一个标准的"传统"乡村的时候，快速的城镇化到来，使阳关的"传统"后继乏力，地方社会处于结构性变迁的转折期，形成了传统乡村终究无法成为传统社会的转型交叠期；而其背后又是全球化的牵引与地方对全球化进程助推状态的交叠。

实质上，阳关的社会交叠在1949年时就曾出现，那时候的交叠是社会组织和管理形式的转换，生计、人口、居住格局等没有太大的变化，不是整体社会结构的转变，但也可算为社会的交叠。2000年左右开始的社会叠，其力量来自现代性影响下的城镇化，是社会各方面的转型，是更加广阔地域内的引力的作用使然。如果说，原来的转型还是那些乡村里人口的权利结构和组织的重新结构的话，那么，城镇化确实直接解构了乡村的人口结构，使人口在更加广大的范围内重新组合，地方的力量已经不再是吸附人口的力量。这里的城镇化，不仅指大量乡村人口向市镇聚集，使乡村尤其是边缘乡村（或称边缘、边远、山地村落）空心化甚至直接消失，更指乡村社会生活状态的城市化。20世纪80年代至今，尤其是2000年左右，大量人口不仅在跨区域流动与迁移，更是从乡村向市镇迁移和流动，造成市镇人口的激增和乡村人口的衰减。人口的减少就导致产业结构、社会群体、教育、非物质文化等发生一系列变化。而在市镇周边乃至整个乡村社会，即使人口没有向市镇聚集，但因经济的发展、交通的便捷、教育水平的普遍提高以及"平的世界"状态的形成，其生活状态也快速城镇化。也就是说，看似乡村人民的生活状态与城市没有多少差异，或者说差异正在快速缩小。而这种乡村的城镇化，使得依附和建基于原有乡村社会结构上的社会文化难以为继，变迁和转型是必然的。

需要指出的是，这种快速城镇化的背后力量是由现代性牵引的全球化。全球化指的是社会交往的洲际流动和模式在规模上的扩大、在广度上的增加、在速度上的递增，以及影响力的深入。它指的是人类组织在规模上的变化或变革，这些组织把遥远的社会联结起来，并扩大了权力关系在世界各地区的影响。❶ 阳关地区2000年以来的社会变迁再次证明了全球化的无孔不入，它使地方社会全方位发生了变迁，或者说发生了深刻的变迁。"全球化不仅呈现为一种从发展中国家到发达国家的跨边界人口迁移现象和运动，而且也表现为由于世界市场的力量、科技的发达、通信的发展、往来的便利和相互影响的频繁，移民接受西方社会主导的政治制度、社会思潮、价值理念、生活方式和消费观念，从而形成与此相一致的共识和规范。"❷ 因此，在全球化的浪潮冲击下，阳关社会已经无法保持原有的"恬静"局面，不管人们的主观意愿如何，阳关社会实际上正在一步步地融入全球化的大潮之中。

在全球化情境下，再普通的地域也无法摆脱全球化的进程和影响。因此，如果说阳关地区中的村落或多或少地被裹挟进全球化，成为全球化进程中的"成员"的话，那么，类似阳关地区这样具有社会创造力的地方社会则不仅具有被裹挟进"全球化"的特点，更重要的是，它们通过自己本土化的再造、延伸与扩散，更加具体地参与到了全球化的行动之中，成为全球化进程的参与者和助推者。这些现象表明，全球化已经体现在一个地域社会普通人实实在在的观念和行动当中。从这个层面上来说，全球化情境下的地域也在一步步地实现着自身的全球化，而社会再造力无疑在其中起到了加速器的作用。因此，通过对全球化下的地方和地方全球化的概括性考察，可知全球化通过地域社会彰显了自己的无所不在，而地域社会通过全球化释放了自身的能量。

---

❶ 赫尔德. 全球化与反全球化 [M]. 陈志刚，译. 北京：社会科学文献出版社，2003.
❷ 吴前进. 当代移民的本土性和全球化：跨国主义视角的分析 [J]. 现代国际关系，2004 (8)：23.

这也就是现在阳关地方社会叠的表现："居城劳乡"的生产模式，使阳关社会本身处于城镇和乡村的交叠之中；同时，全球化影响下的阳关地方社会对全球化的助推也交叠发生作用，产生了复杂的社会特质。

三、文化叠

文化叠一方面表现在阳关"故地新人"的时空交叠之中，另一方面也表现在因为不同地域人口的迁入而形成的文化汇集与磨合交叠，同时还表现在因为全球化导致的阳关人在代与代之间对文化传统传承的巨大差异上。

作为著名的古代遗址所在地，加之历史文献和文学作品的代代传承，阳关名扬天下，成为人人皆知的地名。许多外来旅游者正是怀揣着对阳关在历史上的构想，前来阳关一看究竟。然而，现实中的阳关除了孤零零的烽燧遗址和大漠景色外，一切似乎与构想无关。同时，作为地方之人的阳关人，似乎也和历史上的阳关没有任何关联，也无法关联。对于他们而言，阳关和千千万万个普普通通的乡村一样，只是一处讨生活的场所，与历史无关。如此，在文化层面上，无论现在阳关人眼中的阳关，还是旅游者想象中和眼中的阳关，甚或是时下的阳关和历史上的阳关，都是完全不同的阳关，而奇妙的是，它们却交叠在一起被全部容纳在阳关这个字眼中，创设了多维度、多时空和多层构想的"故地新人"情境，并对地方社会发挥着影响力，这便是如阳关一样具有历史文化背景的地域的复杂之处。2007年，地方政府将镇名由南湖改为阳关，将几个村落名称更改为阳关、寿昌，在村庄民居建筑外饰中大量凸显阳关的"古风古貌"便是充分的证明。时下，诸多具有历史文化的乡村已经或者说正在进行文化复古性的重建，这种重建不仅通过建筑等物质性形制来体现，而且也通过大量非物质性的历史事件还原和重构，以及神话传说和民间故事等来构建丰富厚重的"历史积淀"或影响力，以彰显地方的不一般和重要性，抛开其中的目的不说，单就这些行为而言，便使地方社会的文化进入十分复杂的交叠场之中。

同时，无论在阳关镇还是多坝沟，地域社会中的文化都具有相似性，是同属于一个地域之中的地方社会，而其迁移社会的属性决定了来自不同地方移民群体在文化具象上的差异，这些差异在早期交叠汇集后会发生这样或那样的矛盾，只能随着时间的推移才能逐渐调适，经过很长时间甚至几代之后才能形成统一的文化轨道而向前发展。比如，清明节家族上坟是宰羊还是杀猪祭奠？是清明节上坟还是"田社"（春分日）上坟？下葬归来是让乡邻亲友们吃粉汤还是寸寸面？来自武威、青海、河南的移民的选择完全不同，时至今日还是根据主人家的来源地而选择，这便是移民乡村不同群体在文化上的重叠之处。

还有，当一个地方社会中的一些公共文化活动已经有了"传统"的模样，即将培养出下一代传承人并使他们成为村庄之人时，全球化牵引的现代性却使老人们为之着迷且津津乐道的戏曲、社火、民间信仰等公共文化活动在年轻人眼中一文不值，文化在乡村的代际交叠也就甚嚣尘上。这里，老人们的文化具象操守和年轻一代的文化喜好发生了交叠，乡村变迁中的文化叠更加凸显。

最后，全球化的影响通过各种方式逐渐渗透进阳关地区社会的发展当中，成为导致阳关社会文化变迁的力量之一。随着全球化的全方位延伸，阳关地区的"地域"性文化传统被不断解构和重构，地域社会与文化正在不断延展，助推形成一个超地域的"平的世界"，即将消没的和正在形成的文化相互交织，且来自遥远他域的文化和地方文化同时在一个时空中发酵并产生作用，地方社会文化在面临严重挑战的同时也迎来机遇，村庄在"平的世界"里发展、变迁和转型。正如 Thomas L. Friedman 所说："人类历史上从来没有这样的时刻：越来越多的人会发现他们能够找到越来越多的合作对象和竞争对手，人们将和世界各地越来越多的人互相竞争和合作，人们将在越来越多的工作岗位上互相竞争和合作，人们的机会将越来越平等。"❶ 阳关地区的社会正在向这个看似竞争但实质上是合作的结构迈进，在这一过程中，一部分社会文化具象渐渐消失，另一部分又借势成长，传播到超越地域社会的广阔空间中去，但总体而言，地域性文化差异不再如从前那么大，也不那么明显。这就是全球化的走向，也是包括阳关地区在内的河西走廊地方社会的未来，更是其他地域社会的未来。

通过对阳关地方社会的考察，我们可以发现：几十年来，如阳关一样的乡村社会至少处于人口、社会和文化的三方面的交叠之中，每一个方面又处在不同小方面和因素的交叠之下，形成了转型过程中不断选择、不断调适、不断纳新的变迁。尽管村庄中的个体在各方面都存在着差异，但总的趋向却十分明朗，那就是"居城劳乡"的模式已经形成，且必将深刻地影响和重组地方社会。

---

❶ 弗里德曼. 世界是平的：21 世纪简史：3.0 版 [M]. 何帆, 肖莹莹, 郝正非, 译. 长沙：湖南科学技术出版社, 2008.

后 记

为做好对阳关的田野调查，2018年6月，我带几名学生初步考察了阳关，并参观了莫高窟、月牙泉，他们对敦煌市区和河西走廊西端地区有了初步的认识，为正式田野调查做了铺垫。之后，其中的几位才俊在平时的学习中积累了很多关于阳关和田野调查的知识。

2019年暑假，利用学生专业实习的机会，组织12位民族学专业学生对阳关进行为期一个月的正式调查。期间，学生按照自己的分工，发挥各自的田野技巧，展开调查，形成了各自领域的初步报告，本书正是在这些报告的基础上，逐步补充，一次次修改完善而成。调查和报告基础资料的撰写分工如下：

尼满承担了各种地理位置、村落示意图的绘制工作；王雪芳承担了农业结构和副业变迁、葡萄种植部分的调查和撰写工作；袁青承担了民居建筑与庭院布局的调查和报告撰写工作；王正怡承担了人口迁移历程的调查和报告撰写工作；王鑫承担了村落基础设施建设部分的调查和报告撰写工作；崔翔承担了旅游变迁部分的调查和报告撰写工作；姚鹏承担了社会关系网络的调查和报告撰写工作；王颜衡承担了村落文化部分的调查和报告撰写工作；于志疆承担了教育及变迁部分的调查和报告撰写工作；钱林柯承担了通婚和丧俗调查和报告撰写工作；艾力和孔随豪承担了神话传说、民间故事部分的调查和报告撰写工作。对以上才俊的卓越工作表示感谢。

对田野期间提供住宿的阳关中学，为调查提供各种协调的阳关镇人民政府以及接受调查和访谈的所有阳关乡亲们表达衷心的感谢。

调研准备前期和完成之后的补充调查阶段，青海油田的李得信、黄生远工程师给予多次无私的帮助和关心，深表感谢。

所有调查和书稿写作都由关丙胜策划、组织实施,并对全稿进行了四次修改、补充和完善,且负责最终的统稿。图书内容如有差错或不妥,请读者包涵并指正。

关丙胜